Wunden der Leber und Gallenblase.

Die Wunden

der

Leber und Gallenblase.

Von

Dr. Ludwig Mayer,

Dozent der Chirurgie an der Universität München, Oberarzt der chirurg. Abtheilung des städt. Krankenh. r. I., Vorstand der chirurg. Poliklinik, Ritter des Sicilian. Ordens Franz I., des k. b. Militär-Verdienstordens und des k. preuss. Kronordens.

München, 1872.

R. Oldenbourg.

Seinen

hochgeschätzten Lehrern,

insbesondere

seinem edlen Freunde und Gönner

Herrn Generalarzt Professor Dr. von Nussbaum

zum

400 jährigen Jubiläum der Universität München

in aufrichtiger Verehrung

gewidmet.

Inhalt

Einleitung.

Wenn wir in allen Lehrbüchern der Chirurgie diese Verletzungen noch immer stiefmütterlich behandelt treffen, so ist es gewiss zu rechtfertigen, in einer Monographie die zerstreuten Erfahrungen hierüber zusammenzutragen, und ich entschloss mich um so eher dazu, als Fischer's im Langenbeck'schen Archive, Bd. IX. veröffentlichte brillante Arbeit über die Herzwunden eine lebhafte Anregung zu diesem Versuche bot. Mit der Veröffentlichung dieser Abhandlung wären aber so viele und vielerlei Entschuldigungen verknüpft, dass ich lieber dieselben anzuführen unterlasse. Wenn ich selbst gerne manche Schwächen und Lücken als vorhanden freimüthig bekenne, so darf ich um so sicherer auf Nachsicht hoffen, als Jeder, der solche Arbeiten unternommen, die Schwierigkeiten und Mühseligkeiten derselben kennt, die sich noch steigerten, als die Wirren des Krieges die volle Thätigkeit zur Behandlung zahlreicher Verwundeter in Anspruch nahmen. Insbesondere fühle ich mich aber verpflichtet, Herrn Professor Rüdinger, welcher mit allbekannter Collegialität seine anatomischen Durchschnitte an gefrorenen Leichen mir zur Verfügung stellte, sowie meinem Bruder, Herrn Dr. Heinrich Mayer, em. Assistenten am pathol.-anatom. Institute dahier, der mich in der Bearbeitung des Heilungsvorganges bei Leberwunden durch Rath und That lebhaft unterstützte, meinen aufrichtigsten Dank auszusprechen.

Topographie.

Bevor wir uns weiter in das pathologische Gebiet der Leber verlieren, wollen wir den Situationsplan, die topographischen Verhältnisse des in Rede stehenden Organs in Kürze betrachten.

Die Leber, das domicilium vitae [1]), die officina sanguinis [2]) der Alten, der Sitz der Liebe [3]), des Zornes [4]) und der Furcht [5]), für uns noch zum Theil ein physiologisch-anatomisches Räthsel liegt im rechten hypochondrium. Wenn wir nun einen durch die rechte regio hypochondriaca geführten Sagittalschnitt des Körpers uns besehen, so machen sich folgende Verhältnisse geltend. (Taf. I.)

Der Schnitt verläuft lateralwärts von der Mammilarlinie, ungefähr 7 Centimeter von dem sternum entfernt, und geht nach abwärts durch das Hüftgelenk. Der hier getroffene grosse rechte Lappen der Leber befindet sich mit seiner oberen höchsten Convexität

[1]) Jecur domicilium vitae. Cic. 2. c. 55. de nat. Deor.

[2]) Creditum est olim esse principium omnium venarum et sanguinis officina. Horat. lib. 1. op. 18.

[3]) Jecur alicujus merendo flectere, h. e. cor vincere et amorem captare. Horat. lib. 1. od. 13.

Anacreon: Sprach er (Eros): „Höre lass' den Bogen
Uns versuchen, ob im Regen
Mir die Sehne nicht gelitten.“
Spannt' und mitten in die Leber
Fuhr mir's, wie der Stich der Bremse.

[4]) Quanta siccum jecur ardeat ira. Juvenal. sat. 1.

[5]) Was Bardolph betrifft, der ist weis von Leber und roth von Gesicht, vermöge dessen er verwegen drein sieht, aber nicht ficht. Shakespeare. Heinrich V.

im Niveau des 5. vorderen und des hinteren 8. Rippensegmentes, reicht 3 Centimeter über die letzte falsche Rippe am durchschnittenen unteren Rande ihrer nach vorne sehenden Fläche herab. (An dem Präparate, welchem die Beschreibung entnommen, war Leberhypertrophie vorhanden.) Der Längsdurchmesser beträgt fast 19 Centimeter; der quere Durchmesser ist 13 Centimeter von der oberen Grenze der rechten Niere nach vorne gemessen. Die obere convexe Fläche liegt in der Wölbung des Zwerchfells und reicht bis zu den hinteren Rippenenden. Ueber dem Zwerchfell grenzt dieser Lebertheil an den unteren Rand des Unterlappens und eine Partie des mittleren Lappens der rechten Lunge. Die vordere Fläche grenzt der Bauchwand an. Der hintere Abschnitt der convexen Leberfläche, welche durch Bindegewebe an's Zwerchfell angeheftet, also peritonealfrei ist, erstreckt sich bis zum oberen Nierenrande und geht in die impressio renalis über, welche 4 Centimeter misst. Die rechte Niere, welche der Leber wegen tiefer liegt als die linke, ist hier eingebettet. Die untere 8 Centimeter lange, etwas convex gekrümmte Fläche hat zunächst unter sich eine Partie Netz eingeschoben, unter welcher das colon ascendens schräg ansteigend sich befindet.

Ein anderer in der Medianlinie des Körpers laufender sagittaler Schnitt (Taf. II.) trifft den linken verdünnten Leberlappen. Derselbe füllt aber immer noch den Raum zwischen der vorderen Brustwand und den durch das Zwerchfell in die Bauchhöhle gelangenden Gebilden aus. Die convexe Fläche schmiegt sich an das centrum tendineum des diaphragma in der Weise an, dass sie der Fläche des Herzens entspricht, welche auf dem Zwerchfell ruht, d. i. wesentlich der linke Ventrikel und rechte Vorhof. Der stumpfe hintere Rand sieht gegen die Rückenwand, resp. gegen den Lumbartheil des diaphragma in der Ausdehnung des 9. 10. und 11. Brustwirbels. Die concave, untere Fläche legt sich über die vordere obere Fläche des (an diesem Präparate ziemlich ausgedehnten) Magen.

Ziehen wir durch die Brust- und Bauchhöhle einen Frontalschnitt (Taf. III.), so sehen wir deutlich, wie die Verletzungen der Organe ausser der Leber möglich sind, welche wir späterhin noch kennen lernen werden. Die Leber liegt hier im Niveau der 7. Rippe und reicht herab bis zur 11. falschen Rippe. Sie zeigt eine dreieckige Gestalt und füllt dabei die Nische zwischen Brustwand, rechter Lunge und Herz aus. Jene Fläche, welche nach aufwärts gegen das Zwerchfell gerichtet ist, grenzt, durch das diaphragma geschieden, rechts an die Basis der Lunge, in der Mitte an das Herz, welches eine leichte Impression an der Leber erzeugt; der falsche linke Rand geht über die Grenze des Herzens hinaus und deckt ebenso wie die untere Fläche des linken Lappens den Magen und Anfangstheil des duodenum. Ich erwähne hier, dass der linke Leberlappen zuweilen zungenartig verlängert ist (Luschka) und sich bis zur Milz erstreckt, ja er kann nach einer Beobachtung de Haen's dieses Organ hackenförmig umgreifen oder mit ihm so innig verwachsen sein, dass eine Abgrenzung beider unmöglich ist. (Frerichs.) Kirchberger (Wiener mediz. Wochenschrift 1867) erzählt hingegen wieder von einer Leber, deren linker Lappen ganz fehlte; die Gallenblase entsprang aus der schwach entwickelten fossa longitudinalis dextra, zugleich auch von dem circa 2" im Durchmesser haltenden Randwulst, welcher als der Anfang des linken Lappens zu betrachten war. Bei der Inspection der Leber von hinten und unten schien eine nach hinten gehende Verlängerung des rechten Lappens vorzuliegen, auf dem Durchschnitte ergab sich jedoch diess als die rechte Niere. Nach Entfernung der letzteren zeigte die Leber eine stumpfe herzförmige Gestalt. — Die äussere Fläche, welche durch einen abgestumpften Rand in die obere sich fortsetzt, liegt den Rippen und Zwischenmuskeln von der 8.—11. Rippe an; wenn man aber in horizontaler Richtung zwischen 7. und 8. Rippe eine Nadel einführt, so trifft man in einiger Entfernung von der Brustwand, den Pleurasack durchbohrend, auf die Leber. Die untere innere Seite, die Gallenblase an der bekannten Stelle aufnehmend, berührt die flexura coli dextra und einige Dünndarmschlingen, so recht passend für die Gallenblasen-Colonfisteln. Bekanntermassen ist die Verwachsung des colon mit der Gallenblase ein nicht seltener pathologischer Befund. An diesem Schnitte zeigt sich eine directe Verbindung mit den Nachbarorganen nur mittelst des ligam. suspens. hepatis.

Wenn wir uns schliesslich noch die Lageverhältnisse der Leber durch zwei Horizontalschnitte (Taf. IV. und V.) vergegenwärtigen, so sehen wir in Taf. IV., wo der Schnitt zwischen dem 9. und 10. Brustwirbel und in Taf. V., bei welcher derselbe zwischen der Intervertebralscheibe des 11. Brust- und 1. Lendenwirbels verläuft, wie der convexe Theil der Leber der Concavität des Zwerchfells und somit des Brustkorbes anliegt. Der erste Schnitt hat rechterseits noch nicht die Niere mit getroffen und zeigt, in wie nahem Verhältnisse die hintere Partie des medial gelegenen Lebertheiles hier zur Wirbelsäule steht. Die innere untere Leberfläche auf Taf. V. hat dagegen nach innen an der medialen Seite die rechte Niere in der impressio renalis hepatis aufgenommen. Zwischen dem lobus quadratus und dem an die Niere grenzenden rechten Lappen tritt die Gallenblase auf dem Querschnitt auf, welche an die Niere und die cava inferior grenzt. Weiter vorne und innen an der Gallenblase finden sich schief durchschnitten die Lebergefässe und die Pfortader. Zwischen Leber, unterer Hohlvene einerseits, der Gallenblase und den genannten Lebergefässen andererseits ist ein Theil des sacc. epiploic. auf dem Querschnitte getroffen, so dass also die genannten Gebilde vom peritoneum überkleidet sind. Ein Theil der vorderen Hälfte der impressio renalis der Leber ist, weil er peritonealfrei bleibt, direct an die tunica propria (oder capsula adiposa) der Niere angeheftet, während der hintere Abschnitt der impr. renal. und die Nierenoberfläche den sich umschlagenden Peritonealüberzug erhalten, ein Umstand, der für Abscessentleerungen und Blutergüsse von Belang sein könnte.

Die Lage der Leber kann sich durch verschiedene Einflüsse ändern. So schreibt Luschka: „Schon durch die Respirationsbewegungen erfährt dieselbe einige Verschiebung, indem sie bei tiefer Einathmung um 1 bis 1½ Centimeter nach abwärts gedrängt wird, wobei jedoch das Gebiet der Leberdämpfung keine Zu-, sondern eher eine Abnahme seiner Grösse erfährt, indem die Lunge verhältnissmässig tiefer unter die wahre obere Lebergrenze herabsteigt, die sie bei gewöhnlich ruhigem Athmen in der Höhe von 8 Centimeter überdeckt. Die Position des ganzen Körpers hat auf die Stellung des Organes einen nur geringen Einfluss, indem sie sich namentlich während des Stehens und der horizontalen Rückenlage gleich verhält, während dagegen nach den Ermittlungen von Gerhardt beim Uebergange aus der letzteren in die Seitenlage eine Drehung um das lig. coronar. hepatis eintritt, mit welcher eine unbedeutende laterale Verschiebung verknüpft zu sein pflegt.“ Portal (Sammlung auserlesener Abhandlungen B. XIX.) will sich durch eigene Versuche an der Leiche überzeugt haben, dass die Leber einer erwachsenen horizontal auf dem Rücken liegenden Person beinahe ganz unter den falschen Rippen versteckt sei, dass sie hingegen bei einer aufrecht stehenden oder sitzenden Person beträchtlich herabsinkt und beinahe immer zwei Querfinger breit über die falschen Rippen an derjenigen Stelle hervorragt, wo sie bei einer horizontalen Rückenlage versteckt war. — „Unter mancherlei Umständen kann die Stellung einer ganz gesunden Leber anomal werden, wobei sie sich bald tiefer abwärts neigt, so dass ein grösserer Theil der convexen Fläche gegen die Bauchwand gekehrt und daher der Anschein der Volumzunahme erzeugt wird, oder aber sie kann sich z. B. bei Anhäufung grosser Mengen von Gas im Magen und Darmkanal bis zu dem Grade nach aufwärts wenden, dass die Bauchwand bloss vom scharfen Saume berührt und so die Ausdehnung der Fläche des matten Percussionstones auf ein Minimum reduzirt wird. Ausserdem ändern auch pathologische Zustände die Stellung des Organes." So nennt Hyrtl „eine der gewöhnlichsten Ursachen des Verdrängens der Leber nach unten das pleuritische Exsudat der rechten pleura. Rückgratverkrümmungen und Uebermaass des Schnürens bei Frauen pflegen ebenfalls eine Depression der Leber zu erzeugen. Höherer Stand der Leber wird durch ascites, meteorismus und voluminöse Geschwülste aller Baucheingeweide bedingt." Es sind noch andere, wenn auch in geringer Zahl bekannte Lageveränderungen zu erwähnen, die bei der Diagnose einer Verletzung der Leber und der ihr angrenzenden Theile von Belang sein werden. So erzählen Beispiele von Vorfall der Leber durch die Bauchwand Jung (in seiner dissertatio: Symbola ad doctrinam de vitiis circa abdomen congenitis, Bonnae 1825) und Pinnel (nouvelle biblioth. 1828.) Neugebauer theilt in der Centralzeitung (1850) den Fall von Auftreten der Leber im Nabel als Fehler der ersten Bildung mit als Inhalt eines angeborenen Nabelbruches. In den transactions of the College of Physicians of Philadelphia berichtete Morris über folgende abnormale Lage: M. B. aged 50 years: the liver also appeared perfectly normal in structure, but instead of occupying the concavity of the diaphragma it was lying on the right side, so that the left lobe occupied the ordinary position of the right lobe, while the latter was forced downwards and forwards. This apeared to be congenital. — Lombard (recueil périodique de la Société de medicin de Paris Tom. VI. und Richter, Anfangsgründe der Wundarzneikunde 1802) fand bei einer 79 Jahre alten Frau eine breite harte Geschwulst in der linken Hüftgegend, welche als die in jene Gegend verschobene Leber erkannt wurde. Daran reihen sich die zwei einzig beobachteten Fälle von „wandernder Leber.“ Catani (Annal. univ. di med. und Virchow's und Hirsch's Jahresbericht 1866) erzählt nämlich einen solchen Fall bei einer 54jährigen Frau. Er fand die Milz von gewöhnlicher Lage und Grösse, dagegen rechts an den hellen, nicht tympanitischen Schall der Leber unmittelbar den hellen tympanitischen der Därme sich anschliessend. Auch bei linker Seitenlage war von der Leber Nichts zu fühlen oder zu percutiren in der Lebergegend. Dagegen fand sich unterhalb des Nabels gegen die rechte Inquinalgegend zu eine grosse, flache, mässig resistente Geschwulst von dumpfem, aber scharf begrenzten, nach unten zu allmählich tympanitisch werdenden Schalle. Die untere Grenze verbarg sich beim Stehen hinter dem Schambeine, konnte aber bei linker Seitenlage in der Inquinalgegend erreicht werden. Die Lageveränderung des fraglichen Körpers erfolgte bei Lageveränderung der Kranken von einer rechts oben an der Thoraxbasis gelegenen Achse aus. Im Liegen mit erhöhetem Becken gelang die Reposition der Leber an ihre Stelle. Schon beim tiefen Athmen wanderte die Leber, sobald die Hand sie nicht mehr stützte, um ihre neue Position wieder einzunehmen. — Den anderen Fall berichtet ein Jahr darauf Piatelli (Rivista clinica di Bologna u. l. c. 1867.) Es fand sich bei einer 56jähr. Frau eine die beiden unteren Drittel der rechten Seite des Unterleibes ausfüllende Geschwulst mit convexer glatter Oberfläche, oben dick und abgerundet, unten mit dünnerem, nicht bis zu Ende verfolgbarem Rande. Sie wurde durch die Respiration auf- und abbewegt und konnte auch mit der Hand verschoben werden, am leichtesten von unten nach oben. Sie konnte von links unten nach rechts oben soweit geschoben werden, dass ihr oberer Rand dicht unter dem Rippenbogen stand. Ihre Percussionsdämpfung entsprach vollständig den Umrissen der Leber; an der normalen Stelle der Leber fehlte jede Dämpfung.

Schliesslich muss auch daran gedacht werden, dass die Leber gar nicht ihre normale Lage einnimmt, sondern, dass ein situs transversus viscerum im Körper vorhanden ist [1]); und bei Wunden in der

[1]) Die mir bekannten Fälle sind folgende:

1. Baron. Versetzung aller Eingeweide. Magazin für Heilkunde. B. 11. 1826.

Gallenblasengegend ist zu erinnern, dass wenigstens einige Fälle von

2. Daniel Bryan. Fall von Versetzung der Bauch- und Brusteingeweide. Transact. of the Association of Fellows and Licentiates of the King and Queen's College of Physicians in Ireland 1824 und Magazin der Heilkunde von Gerson u. Julius. B. 7.
3. Douglas. Fall von umgekehrter Lage der Baucheingeweide. Med. and phys. Journal 1824 u. l. c. B. 6.
4. Dubled. Le foie occupait l'hypocondre gauche, avait son grand lobe tourné de ce côté, tandis que son moyen lobe, tourné à droite, recouvrait un peu le grand cul-de-sac de l'estomac. Archiv. général. de medic.
5. Gery. Transposition der Eingeweide. Leber im linken hypochondr. Archiv général de med. 1843 und Oppenheim's Zeitschrift. 1843. B. 23.
6. Gist, Roggers und Harrison: Fall von Umkehrung der Eingeweide. Magazin für Heilk. Bd. 11. u. medical Recorder. Bd. 7.
7. Hufeland's Journal B. 22. Widernatürliche Lage der Leber in der linken Seite bei einem Kinde, welches 58 Stunden gelebt hat.
8. Jessel. Situs transvers. Leber im link. hypochondr. und vergrössert, rechter Lappen zugespitzt und überragt die im rechten hypochondr. liegende Milz. Allg. mediz. Centralzeitung 1851.
9. Larrey fand bei einem Galeerensklaven die Eingeweide der Brust- und Bauchhöhle entgegengesetzt gelagert, Milz, Herz rechts, Leber links. Mediz. chirurg. Denkwürdigkeiten 1813 u. mediz. Zeitg. von Ehrhart 1814.
10. Moncreiff. Fall von Umkehrung der Brust- und Baucheingeweide. Magazin für Heilk. 1828. B. 16 u. Edinburgh med. and surg. Journal B. 29.
11. Aus Oppolzer's Klinik ist eine transposit. viscer. total. mitgetheilt in der allg. Wiener mediz. Zeitung 1859.
12. Fälle von abnormer Lage der Leber theilt auch mit Ullmann in der Zeitschr. für Natur- u Heilk. 1858.
13. Vianna und Arnaut. Versetzung der Eingeweide bei einem 27jähr. Manne. Journal de sociedade das sciencias medicas de Lisboa. 1843. u. Oppenheim's Zeitschr. 1845.
14. Aus dem patholog. anatom. Museum von hier kenne ich 2 Fälle von situs transvers.

Es ist keine Verletzung der Leber bei einem situs transvers. mitgetheilt; eine Quetschschusswunde durch die Brust, wo Magen und colon transvers. in der Brust lagen, von Williamson mitgetheilt in der London med. gazette 1842. dürfte überhaupt der einzig bekannte Fall sein.

gänzlichem Mangel derselben in der Literatur verzeichnet sich finden [2]).

[2]) 1. Amussat (arch. général de med. 1831) fand einen solchen bei einem 24jähr. Mädchen, das an einer traumatischen Gelenkentzündung starb. La vesicule biliaire manque entièrement; le canal cholédoque est formé par deux gros canaux hépatiques.

2. Cholmely erzählt von einem Kinde ohne Gallenblase. Medic. transact. published by the college of Physic. of London. Vol. VI.

3. Canton sah das Fehlen der Gallenblase bei einer 65jähr. Frau. Lancet 1847 u. Oppenheim's Zeitschr. K. 44.

4. Bei der Section eines ertrunkenen 60jähr. Mannes war keine Gallenblase vorhanden. Supplementband von Hufeland's Journal 1830.

5. Tenain. Angeborener Mangel der Gallenblase. Deutsche Klinik 1863.

6. Wergne und Drignel's Fall von gänzlichem Fehlen der Gallenblase. Magazin für Heilk. B. 16 u. mémoire de med. milit. B. 20.

Statistik.

Gerade die Statistik hat der chirurgischen Wissenschaft einen grossen Vorschub geleistet, unsere prognostischen Fragen und Antworten sind durch sie correctere geworden. Es ist daher gewiss angemessen, dieselbe gleichsam als Rahmen für unser zu besprechendes Thema vorauszuschicken, immerhin mit der Gefahr, dass dadurch manchem Leser schon der Eingang langweilig gemacht wird. Aber das geht eben nun einmal nicht anders und Billroth hat wohl Recht, wenn er schreibt: „Je exacter unsere Wissenschaft wird, um so langweiliger werden ihre literarischen Producte."

Die Zahl der Fälle, auf welche sich unsere ganze Arbeit stützt, sind 267, immerhin eine relativ geringe Summe im Vergleiche zu dem ganzen Zeitraum, von Hypokrates bis auf die letzte Zeit, welchen die Casuistik umfasst, und zu der bei seiner freien Lage leichten Verletzbarkeit des Organs. Ich muss gestehen, dass mich dieses Verhältniss erstaunte, wenn ich die Zahl von 452 Herzwunden betrachte, die Fischer in einem nahezu gleichen Zeitraume uns casuistisch mitgetheilt hat. Wenn ich auch annehmen muss, dass der eine oder andere Fall aus der Literatur mir entgangen ist, so kann ich mir jene Thatsache nur dadurch erklären, dass der rasche Tod durch Blutung so häufig auftrat, dass eine krankheitsgeschichtliche Mittheilung unmöglich war; es ist auch in Betreff einer Blutung die Leber schlechter daran als das Herz; im ersten Fall ist kein Apparat da zur Stillung einer Blutung, eine Haemorrhagie nach Verwundung des Herzens kann bei der eigenthümlichen Configuration des Herzmuskels, welche in manchen Fällen einen vollkommenen Verschluss der Wunde gestattet, dadurch von der absoluten Tödtlichkeit ausgeschlossen werden. Auf der anderen Seite wird es aber eine Reihe von Leberwunden geben, die in ihren Symptomen und ihrem Verlaufe so unbedeutend sind, dass die Diagnose einer solchen Verletzung überhaupt zweifelhaft wird, oder dass der Fall zu geringfügig erscheint, um als casuistischer Beitrag seinen Eingang in die Literatur zu finden.

Um nun aber weiter zu gehen, so sind unter obigen Fällen 228 männliche und nur 19 weibliche (und zwar 15 Rupturen, 2 Schuss- 1 Stichschnitt — 1 Stichwunde) Individuen einbegriffen. Letztere Thatsache erläutert sich wohl, abgesehen von den Verhältnissen im alltäglichen Leben dadurch, dass die Schussverletzungen im Kriege ein ziemliches Contingent zur Gesammtsumme bilden. Zu den 228 Fällen bei männlichen Individuen rechnet auch eine Leber-ruptur bei einem 4monatlichen Embryo, die Gadelins (Fall 53) zufällig fand.

Nach den Altersverhältnissen lassen sich die Verletzten folgendermassen rubriziren:

1—10	Jahre.	Männl.:	18	Weibl.:	5
10—20	„	„	20	„	3
20—30	„	„	42	„	3
30—40	„	„	17	„	1
40—50	„	„	7	„	1
50—60	„	„	5	„	1
60—70	„	„	3	„	—
über 70	„	„	3	„	1

Bei 133 Fällen ist das Alter nicht angegeben; diese Fälle, in denen das Geschlecht nicht besonders bezeichnet war, sind zu den Männern gerechnet, da die Art der Verletzung z. B. eine Schusswunde eher als an einem männlichen Individuum geschehen, erschlossen werden durfte.

Nach Analogie der Wundeintheilung bei anderen Organen, ordnen wir die Leberverletzungen, zugleich aber auch nach der Häufigkeit ihres Vorkommens: a. in Contusionen, Quetschungen, Rupturen; b. in Schusswunden; c. in Stichschnittwunden; d. in Stichwunden; und zwar betreffen diese Wunden die Leber allein oder die Gallenblase mit ihren Ausführungsgängen allein oder beide Theile zusammen.

Wenn wir die Rubrik a. näher analysiren, so glaube ich zunächst keinen Fehler begangen zu haben, wenn ich die mit Contusion, Quetschwunde, Ruptur bezeichneten Formen in eine Classe zusammenfasste, da ja diese Verletzungen doch nur gradweise Unterschiede darbieten, die differentielle Diagnose gar manchmal nicht zu machen ist, besonders in den Fällen von Genesung, die Symptomengruppe oft die gleiche erscheint und hie und da auch eine Quetschung mit einem Risse gepaart ist, wie diess z. B. Fall 127 zeigt. Diese Form der Verwundung umfasst nun 135 Fälle und zwar 120 männliche (mit dem Embryo) und 15 weibliche, in 6 Fällen war das Geschlecht nicht zu eruiren. Das Alter belief sich dabei auf:

1—10	Jahre	bei	18	männl.	4	weibl.	Indiv.
10—20	„	„	10	„	2	„	„
20—30	„	„	23	„	2	„	„
30—40	„	„	14	„	1	„	„
40—50	„	„	4	„	2	„	„
50—60	„	„	4	„	1	„	„
60—70	„	„	1	„	—	„	„
über 70	„	„	2	„	1	„	„

In den übrigen Fällen blieb das Alter unbestimmt. Es entspricht die Häufigkeit dieser Verletzungen den Aussprüchen von einer Reihe von Chirurgen. So sagt z. B. H. Fischer (Billroth und Pitha's Chirurgie B. I. S. 247): Am häufigsten wird die Leber durch Contusionen verletzt. So hat Th. Bryant (Guys Hosp. Rep. 3. Ser. Vol. VII. 1861) unter 17 mit Eingeweidezerreissungen complicirten Abdominal-Contusionen 9mal die Leber betroffen gefunden.

Rupturen der Gallenblase ohne andere Verletzungen sind 3 aufgeführt, zugleich mit Schädigung der Leber 3 (248. 249. u. 250) — also im Ganzen 6 Fälle, und zwar haben sich dieselben nur bei männlichen Individuen gefunden. Nur bei Vieren ist das Alter von 5, 15, 17 und 77 Jahren mitgetheilt. Ferner fand ich noch in der Literatur 4mal eine Ruptur des ductus communis s. choledochus, nämlich Fall 255 eines 13jähr. Knaben, Fall 256 bei einem 27jähr. Manne, Fall 258 bei einem 27jähr. Maurer; im Fall 254 ist Geschlecht und Alter nicht angegeben. Dann 3mal eine Zerreissung des ductus hepaticus und zwar im Fall 246 mit Ruptur des lobus Spigelii; Alters- und Geschlechts-Angabe fehlen; im Falle 247 war gleichzeitig eine Zerreissung der Leber in der Nähe der Gallenblase bei einem 22jähr. Fuhrmanne vorhanden. Der Fall 254 bleibt als: partial rupture of the common duct oder rupture of the gall-bladder zweifelhaft; es scheint die erstere Diagnose wohl die richtigere zu sein.

Schusswunden finde ich 61 in der Literatur mitgetheilt und

zwar 52 bei Männern, 2 bei Weibern, in 7 Fällen ist das Geschlecht nicht bezeichnet. Im Falle 151 ist neben der Leber auch die Gallenblase zerstört gewesen durch unmittelbares Aufsetzen einer Pistole auf die Lebergegend; nur der lob. Spigelii war unverletzt geblieben. Dazu sind noch zu rechnen: 6 Schusswunden der Gallenblase. In Lovell's Falle (210) war eine Gallenfistel vorhanden, die nach fünf Wochen tödtlich endete; das Projectil wurde vergeblich gesucht und scheint somit nach H. Fischer's Vermuthung hier einer der seltenen Fälle vorgelegen zu haben, wo die Kugel die Kleidungsstücke mit in die Schusswunde einstülpte und bei Bewegungen des Patienten mit jenen wieder aus der Wunde herausgerissen wurde. Was das Alter betrifft, so standen 15 männliche und die 2 weiblichen Individuen im Alter zwischen 20 und 30 Jahren; 4 Männer waren zwischen 30 und 40 Jahre alt. In den übrigen Fällen ist kein Alter verzeichnet.

Die Stich-Schnittwunden umfassen 56 solche der Leber und 4 der Gallenblase. Die Leber und Gallenblase zugleich traf man einmal bei einem 24jähr. Manne verwundet (264). Es sind hier auch die Fälle mitgezählt, wo ein bei einer penetrirenden Bauchwunde vorgefallenes Leberstück durch die Kunst abgetragen wurde. Im Ganzen betrafen diese Wunden 35 Männer, nur 1 weibliches Individuum von 17 Jahren.

Die dürftige Angabe des Alters der Individuen vertheilt sich auf

1—10	Jahre	mit	2	Individuen.
10—20	„	„	1	„
20—30	„	„	5	„
30—40	„	„	1	„
40—50	„	„	2	„
50—60	„	„	2	„
60—70	„	„	1	„
über 70	„	„	—	„

Ob die Verletzungen der Gallenblase männliche oder weibliche Individuen betrafen, ist nur im Falle 260 angegeben; die Altersangabe fehlt überall. — Im italienischen Feldzuge von 1859 waren nach Demme's Mittheilungen die Bajonettstiche der Leber verhältnissmässig häufig; sie endeten meistens unmittelbar oder doch in der ersten Zeit lethal.

Die reinen Stichwunden sind uns in der Casuistik am kargsten zugemessen, denn sie betreffen nur 3 Fälle und zwar der erste Fall die Leber bei einem $11^1/_2$jähr. Mädchen, der zweite die Gallenblase eines 2jähr. Knaben und der dritte eigentlich die vena portae bei einem 69jähr. Manne.

Wenn wir alle Fälle in die Categorieen der Civil- und Kriegspraxis bringen, so treffen auf die

Civilpraxis:

von den Rupturen der Leber:	133
Gallenblase:	7
der Leber u. Gallenblase:	5
von den Schusswunden der Leber:	20
Gallenblase:	--
von den Stichschnittwunden der Leber:	34
Gallenblase:	3
der Leber und Gallenblase:	1
von den Stichwunden der Leber etc.:	3

Kriegspraxis:

von den Rupturen der Leber:	2 (Fall 42 u. 135.)
Gallenblase:	—
Leber und Gallenblase:	—
von den Schusswunden der Leber:	41
Gallenblase:	3
von den Stichschnittwunden der Leber:	12
Gallenblase:	1 (Fall 260.)

Die Frage: Wie viele dieser Verletzungen geheilt, wie viele tödtlich abgelaufen sind, beantwortet sich folgendermassen. Genaueres bringen wir bei der Besprechung der Ausgänge sämmtlicher Verletzungen. Die Rupturen und Stichschnittwunden der Gallenblase und ihrer ducti, sowie die Verletzungen der Leber und Gallenblase zusammen endeten alle mit dem Tode; 4 geheilte Schusswunden der Gallenblase sind bekannt. Von den Wunden der Leber sind

	geheilt:	gestorben:
Rupturen:	18	117

	geheilt:	gestorben:
Schusswunden:	40	21
Stichschnittwunden:	20	26

Die Stichwunden endeten der Eigenthümlichkeit der Fälle nach alle tödtlich.

Wie verschieden die statistischen Anschauungen je nach dem Materiale ausfallen können, ist aus folgenden Mittheilungen ersichtlich. Lidell (rupture of abdominal and pelvic Viscera. The american Journal of the medical Sciences. New Series I. III. 1867) sagt: We are not surprised, then, to find that gunshot wounds of the liver are attended with a very large mortality. Dr. Otis states, in Circular Nr. 6, dated War Departement, Surgeon-General's Office, Nr. 1 st, 1865, that of 32 cases of this form of injury, in which the diagnosis was unguestionable, all but 4 terminated fatully. (Op. cit. pag. 26.) The ratio of mortality thus afforded is 87,5 per cent. — Stromeyer (Erfahrungen über Schusswunden im Jahr 1866) beobachtete unter 1092 Verwundeten 4 Verletzungen der Leber, davon sind 2 gestorben, 2 geheilt. Volkmann (deutsche Klinik 1868 Nr. 1) sah etwa unter 1000 Verletzungen 7 Fälle geheilter, penetrirender Unterleibs-Verletzungen, darunter 3 Fälle von Leberschusswunden, die sämmtlich heilten. Demme (Chirurgie der Kriegswunden) beobachtete unter 249 Abdominalschusswunden 27 penetrirende mit Eingeweide-Verletzungen und führt 4 Heilungen von Leberverletzungen aus dem italienischen Feldzuge an. Pirogoff urtheilt aus seiner reichen Erfahrung, Kriegschirurgie 1864. S. 576: „Leberwunden kommen häufiger zur Behandlung als die Magen- und Milzwunden. Ich habe aber nur complicirte und lethale gesehen."

Da, was noch späterhin bei der Prognose berücksichtigt werden wird, auch Verletzungen anderer Theile mit dem in Rede stehenden Organe verknüpft waren, welche die Mortalitäts-Statistik wesentlich werden ändern können, so gebe ich hier noch kurz eine Uebersicht über gleichzeitig andere Verletzungen, und zwar:

Bei den Rupturen der Leber waren der Häufigkeit nach mitverletzt:

1. Die Rippen: 26 mal.
2. Die Lungen: 16 „
3. Die Milz: 15 „
4. Der Schädel: 12 „

5. Die Nieren: 11 mal.
6. Die oberen Extremit: 9 „
7. Das Herz: 8 „
8. Das Zwerchfell: 6 „
9. Die unteren Extremit: 5 „
10. Die Wirbelsäule: 5 „
11. Die clavicula: 2 „
12. Der Magen: 2 „
13. Das Netz: 1 „
14. Das pericardium: 1 „
15. Die ven. cav. infer: 1 „
16. Das Becken: 1 „

Bei einer Ruptur der Gallenblase (Fall 140) waren die Abdominalmuskeln und das periton. parietale ebenfalls zerrissen. Auf die Mitverletzung der Haut und die Blutergüsse in die verchiedenen Cavitäten werden wir später noch ausführlicher zu sprechen kommen.

Bei den Schusswunden der Leber waren mitverletzt:

1. Die Rippen: 12 mal.
2. Die Lungen: 8 „
3. Das Zwerchfell: 6 „
4. Der Magen: 5 „
5. Die Milz: 4 „
6. Die Nieren: 4 „
7. Die Wirbelsäule: 3 „
8. Der Darm: 3 „
9. Das Herz: 3 „
10. Das pancreas: 2 „

Bei den Stichschnittwunden der Leber zeigten sich noch Verletzungen:

1. Des Herzens: 10 mal.
2. Des Zwerchfells: 10 „
3. Des Magens: 10 „
4. Der Gedärme: 5 „
5. Der Lunge: 3 „
6. Der Nieren: 3 „
7. Der Milz: 1 „
8. Der aorta: 1 „

9. Der ven. cav. asc. 1 mal.
10. Des Netzes 1 „

Bei den Wunden der Gallenblase war kein anderes Organ mitverletzt. Mit den Stichwunden der Leber waren zugleich der Magen und das pancreas je einmal verwundet. (S. Uebersichts-Tabelle.)

Im Alterthume lesen wir besonders in der an Schlachtengemälden reichen bluttriefenden Ilias Homer's einzelne Verletzungen der Leber. Es sind folgende:

11. Gesang: Eurypylos . . .
Traf den Phausiassohn Apisaon, den Hirten der Völker,
Unter der Brust in die Leber und löst' ihm mit einem die Kniee, . . .

13. Gesang: Deïphobos entschnellte die
blinkende Lanze und den Hippasos-Sohn
Hypsenor, den Hirten der Völker,
Traf er unter der Brust in die Leber und löst' ihm die Kniee.

17. Gesang: Lykomedes entschnellte die blinkende Lanze
Und den Hippasos Sohn Apisaon, den Hirten der Völker,
Traf er unter der Brust in die Leber und löst' ihm die Kniee.

20. Gesang: . . . Da Tros ihm (dem Achilleus) die Knie' mit den Händen berührte,
Um ihn zu bitten, da stiess in die Leber ihm jener das Schwert ein,
Und es fiel ihm die Leber heraus; ein schwärzlicher Blutstrom
Ueberdeckt' ihm die Brust und Dunkel umhüllte die Augen,
Da ihm das Leben entfloh . . .

Aus dem Mittelalter ist mir nur der Tod des Grafen Duglas an einer Leberwunde bekannt geworden. Im Kampfe Percy's gegen den schottischen Grafen Duglas fiel Letzterer durch einen Pfeil. In einer Volksballade, die Chevy-Jagd betitelt, heisst es:

Er hat getroffen den Graf Duglas
In's Brustbein tief hinein.
Durch Leber und durch Lungen beid'
Der scharfe Pfeil ihm drang . . .
(Herder.)

Unser Jahrhundert senkte unter den Eichenschatten von Wöbbelin ein kostbares Opfer, das an einer Schusswunde der Leber und des Rückgrates sein edles Leben verhauchte, in die Grube: Theodor Körner, „zugleich ein Sänger und ein Held“ . . . . (Joh. Scherr's Blücher.)

Aetiologie.

Wenn wir zunächst die aetiologischen Momente bei den Rupturen in's Auge fassen, so stehen die durch 1) „Fall" hervorgebrachten obenan und zwar sind sie vornehmlich entstanden durch den Fall des Körpers von einer bedeutenderen oder geringeren Höhe herab. 21 Personen waren von einem Stockwerke, einem Gerüste, einem Dache, einem Baume, Maste oder einer Leiter herabgestürzt; in 15 Fällen von einem Wagen, wobei es auch vorkam, dass noch ein Rad oder die Räder über den Körper gingen. In 2 Fällen schienen die zerbrochenen Rippen secundär durch das Eindringen in die Leber einen Riss des Parenchym's veranlasst zu haben; in weiteren Fällen kam es auch vor, dass der Verletzte mit dem Gesäss auffiel oder beim Sturz von einer Höhe zuerst mit den Füssen auf den Boden kam und dass so ebenfalls durch Fortpflanzung der heftigen Erschütterung secundär die Leber barst. Es kann sich auch ereignen, dass der Körper auf die linke Seite fällt und rechts die Leber zerreisst, so dass wir also directe und indirecte Einwirkungen auf das Lebergewebe unterscheiden müssen. 3 mal fielen Individuen vom Pferde, einmal entstand die Leberverletzung durch einen Sturz über die Treppe, ein weiteres Mal durch einen solchen in den Keller. Ein anderes Verhältniss ist diess, dass der Herabstürzende nicht auf den Boden, sondern mit seinem Körper auf einen anderen Gegenstand auffällt, wie auf einen Baumstamm (1 mal), einen Balken (1 mal), einen Eimer (1 mal), einen Zaunpfahl (1 mal), oder dass eine fremde Last auf den Menschen fällt, wie in einem Falle eine Bleiwalze, welche einem Manne auf die Brust fiel, die Leber rupturirte. Ferner ist dieser Vorgang verzeichnet 3 mal durch den Schlag eines Weidenbaumes, durch einen herabstürzenden Mastbaum, eine herabfallende Segelstange, eine umstürzende Eiche, je einmal. Ein Matrose fiel mit der Vorderseite des Leibes auf einen Floss und auf seinen Rücken ein eiserner Cylinder, und so entstand eine ruptura hepatis. In 3 Fällen fielen die Individuen so zu sagen stehenden Fusses auf den Boden, wodurch sie diese Verletzung davontrugen, oder sie stolperten über einen Gegenstand, z. B. einen Ast und fielen so zu Boden (1 mal).

2) Durch Ueberfahren wurden 25 mal Rupturen veranlasst und zwar waren nur einzelne Räder oder der ganze Wagen über den Leib gegangen.

3) 12 mal ist der Unfall veranlasst durch eine Quetschung, und zwar

zwischen 2 Wägen:	4	mal.
„ einer Mauer und einem Wagen:	2	„
„ zwei Buffern:	2	„
„ einem Laternpfahl und einer Mauer:	1	„
vom Wagen heraus gegen einen Baum geschleudert:	1	„
mit einem Wagen umgeworfen:	1	„
Quetschung durch ein Kammrad:	1	„

Ein Individuum erlitt dadurch, dass es einen Holzpflok fest gegen die Leber drückte, um ihn nicht stehlen zu lassen, eine Ruptur. Eine ähnliche Quetschung scheint vielleicht auch in folgendem Falle stattgefunden zu haben, den Borius in der Gâz. des hôpitaux Nr. 49. 1866. erzählt: Eine 34jährige Frau in Boiseau ging eine Meile weit, ein 3jähr. Kind auf der linken Hüfte tragend und desshalb stark nach rechts geneigt. In der rechten Hand trug sie den Regenschirm. Von da an bestand Schmerz in der Lebergegend, zu dem sich etwas Fieber gesellte. Nach 7 Wochen Abscessbildung in der Leber, nach 12 Wochen Heilung.

4) Veranlasste ein Stoss in die Lebergegend eine Ruptur

unbestimmt womit:	7	mal.
durch eine Deichsel:	4	„
durch die Hörner einer Kuh:	2	„
durch einen Holzpfahl:	2	„
durch die Faust:	2	„
durch Fusstritte:	1	„
durch Schläge:	1	„
durch Stoss mit einem Gewehrkolben:	1	„

5) Kam eine Ruptur noch vor durch

Zerreissung eines Gewehres:	1 mal.
Zerplatzen einer Bombe, Kartätsche:	2 „
durch den Schuss einer blind geladenen Pistole, resp. Luftdruck:	1 „

In allen diesen Formen ist eine Wunde der Hautdecken nicht vorhanden. Bei der Grösse des Organs allein schon ist es klar, dass dasselbe den Einwirkungen quetschender Gewalten am meisten ausgesetzt ist und am öftesten an ihren Folgen leiden wird im Verhältnisse zu den Rupturen der Milz, der Nieren, des Darmes. So ist bei 136 Rupturen der Leber, die wir verzeichnet haben, nur 15 mal die Milz, nur 11 mal die Niere und niemals der Darm zerrissen gefunden worden. Contusionen der Leber durch Gewehrprojectile habe ich nirgends verzeichnet gefunden. H. Fischer äussert sich über die Contusionen der Baucheingeweide: „Die Contusionen durch Gewehrprojektile sind selten so bedeutend, dass dadurch die Baucheingeweide beträchtlicher verletzt würden. Nur bei Prellschüssen durch ricochetirende Projektile habe ich tödtliche Zerreissungen derselben in zwei Fällen beobachtet. Die gefährlichsten Contusionen der in der Bauchhöhle eingeschlossenen Organe werden meist durch Kartätschen und Fragmente groben Geschosses (unsere zwei Fälle) hervorgebracht. Am häufigsten wird die Leber durch Contusion verletzt, theils weil sie der contundirenden Gewalt die grösste Fläche unter allen Organen der Bauchhöhle darbietet, theils weil ihr Gewebe sehr brüchig, blutreich und weich ist.“ Schon Dupuytren sagt in seinen Vorlesungen (1836): „Zuweilen erzeugen auch Kanonenkugeln, welche das rechte hypochondrium in schräger Richtung streifen, eine Contusion der Leber. . . . 1814 und 1815 habe ich solche Contusionen häufig in Folge von Verletzungen durch Bomben beobachtet.“ — Die Ursachen der Rupturen sind meistens Unglücksfälle, wobei die grosse Zahl der durch Ueberfahren getödteten Kinder (20) in die Augen fällt; in selbstmörderischer Absicht durch den Sturz aus einem Fenster waren 4 Rupturen vorgekommen, darunter einmal im Rausche (37) und einmal im Anfall des delirium tremens (41). Mord ist in keinem Falle sicher anzunehmen, aber die Fälle 112, 55 und 50 bleiben zweifelhaft. Gerichtsärztlich werden manche solcher Fälle in ihrer Entscheidung, ob Mord, Selbstmord oder Unglück vorliege, dubiös bleiben, da die Verletzungen selbst, wie es bei Wunden durch Stichschnitt- oder Schusswaffen der Fall ist, abgesehen natürlich von den übrigen concurrirenden Verhältnissen, kaum einen unterscheidenden Anhaltspunkt geben werden.

In Folge von Schlägereien und Misshandlung kamen 7 Leberrupturen vor. Interessant sind jene Fälle, wo die Kranken nach einem einfachen Falle auf den Boden, ohne über irgend einen Körper gefallen oder von einer Höhe herabgestürzt zu sein, eine Leberruptur erlitten, wie im Fall 40, 79, 86, und welche einen Beweis liefern, dass auch geringgradige Einflüsse diesen Unfall bewirken können, ganz besonders bei alten Leuten. Eine krankhafte Entartung der Leber, eine fettige Degeneration, wie sie auch wirklich in Fall 82 und 86 constatirt ist, möchte hier wohl in manchen Fällen eine Rolle spielen und dürfte auch vom Gerichtsarzte in Beurtheilung eines Falles als mildernder Umstand berücksichtigt werden. Diesen Gedanken spricht auch Lidell aus: „Die intracelluläre und interstitielle Ablagerung von Fett, bei Abnahme der Consistenz des Lebergewebes und grösserer Zerreisslichkeit desselben, mag die Gelegenheit einer Ruptur befördern und prädisponirt die Leber diesen Unfall zu erleiden bei einem sich ereignenden Unfall, d. h. die Leber, nachdem sie bereits in fettiger Degeneration im ausgedehnten Masse sich befindet, kann zerrissen werden durch eine Verletzung, die bei einer normalen Leber eine solche nicht nach sich gezogen hätte.“

Die Rupturen der Gallenblase waren zu Stande gekommen:

1) durch Fall auf den Boden vom Bett heraus nach dem Essen;
2) durch Stoss auf den Bauch mit dem Fusse;
3) durch Fall auf die Lebergegend.

Die Ruptur der Gallenblase scheint wohl nur in Folge einer durch starke Füllung bedingten Spannung der Blase bei vielleicht zugleich gehemmten Abflusse der Galle zu Stande zu kommen, sonst müsste bei der Verdecktheit der Blase, der geschützten Lage derselben durch die Leber, ihren nachgiebigen Wandungen, doch immer eher das wenig elastische Parenchym der Leber reissen.

Die Rupturen des ductus communis hatten zur Ursache:

1. einen heftigen Schlag mit einer Holzstange auf die rechte Seite;

2. eine Quetschung zwischen einer Wand und einer Feuerspritze;
3. endlich erzählt M'Swiney eine ruptue of the biliary duct, welche er dadurch erklärt, dass, da der Kranke in äusserster Noth lebte, der Mangel an Ingestis das Unterbleiben der Entleerung der Galle und dadurch das Springen der Gallenwege verursacht habe.

Die Schusswunden der Leber waren erfolgt durch:

1. Kugel: 57 mal.
2. Schrott: 5 „
3. Papier: 1 „
4. Posten: 1 „
5. Zündspiegel: 1 „
6. Platzpatrone: 1 „

Selbstmorde sind darunter 4 aufgezeichnet; als curiosum ist zu erwähnen, dass im Falle 182 sich der Selbstmörder zuvor eine Querschlitzwunde in die Oberbauchgegend beibrachte und durch diese eine Schusswunde in die Leber, wobei er die Pistole zwischen die Wundlefzen steckte. Die Verletzung im Fall 156 war im Duell entstanden; der Fall 163 beruht auf Mord.

Eine Schussverletzung der Gallenblase ist von Lovell aus dem Jahre 1866 erzählt. Es lagen in der Gallenblase Reste der Kleidungsstücke, das Projectil wurde vergeblich gesucht (siehe oben). Die übrigen 4 sind von Stromeyer, Guthrie, Thompson und Paroisse bekannt.

Die Instrumente, welche die Stich-Schittwunden der Leber veranlasst hatten, waren:

1. Messer: 12 mal.
2. Degen: 8 „
3. Säbel: 3 „
4. Bajonett: 4 „
5. Dolch: 2 „
6. Lanze: 1 „
7. Glasscherben: 1 „
8. Pflugschaar: 1 „
9. Unbestimmt war die Ursache bei 11 Fällen.

Darunter ist der Mord 4 mal vertreten, 5 Fälle sind zweifelhaft, das Duell 4 mal und der Selbstmord 5 mal.

Ich rechne hierher auch die 4 Fälle, wo durch die Wunde vorgefallene Stücke der Leber exzidirt wurden. Blanchard erzählt in seiner Anatomia practica rationalis, dass ein schmales Stück der Leber entfernt wurde durch die forceps. Dieffenbach erzählt in seinem Journal den Fall, dass eine schmale Portion der Leber durch die Scheere abgetragen wurde. Ein solcher Vorfall könnte so zu Stande kommen, dass bei eingezogener resp. contrahirter Bauchmuskulatur eine tiefe Inspiration gemacht und durch die Wirkung des Zwerchfells der Leberrand durch die Wunde gedrängt wird.

In gerichtlich-mediz. Hinsicht werden zur Constatirung eines Mordes, Selbstmordes die allgemein geltenden Anschauungen über die mögliche Richtung des Instrumentes, die Stellung des Verletzten gelten müssen. Offen gestanden halte ich es aber für unmöglich, aus der Richtung der Wunde einen bestimmten Schluss zu ziehen. Eine gerade horizontale Wunde kann von einer fremden Hand beigebracht sein, aber ebenso gut durch den Selbstmörder, wenn er sich gegen das Messer stemmte; eine Wunde von oben nach abwärts, oder von unten nach aufwärts ist ebenso durch die eigene Hand als durch fremde Hand beigebracht denkbar.

Die Instrumente, welche die Gallenblase verletzten sind in 3 Fällen nicht bestimmt, in einem Falle war sie durch einen Degenstich eröffnet.

Die Stichwunden der Leber ereigneten sich alle ohne Verletzung der äusseren Bedeckungen, indem die verletzenden Instrumente vom Magen in die Leber gelangten, 2 mal waren diese Nadeln, einmal eine Fischgräte. — 30 mal hatten die Kugeln die Leber vollständig perforirt; über etwaige Streifschüsse ist nichts zu finden, 8 mal war die Kugel unter der Haut des Rückens (5 mal), in der Achselgrube (1 mal), im rechten hinteren Theile des hypochondrium (1 mal) stecken geblieben und extrahirt, einmal zugleich mit Tuchfetzen und Rippensplittern, einmal stack die Kugel in der Lendenwirbelsäule; 5 mal wurde die Kugel aus der Leber nicht extrahirt; die Heilung erfolgte in 3 Fällen, einmal in je 16 und $7^1/_2$ Wochen, das andere Mal in $4^1/_2$ Monaten; das vierte Mal trat der Tod in 4 Monaten ein, die Kugel war $^1/_2$'' tief in die Leber eingedrungen. In einem von Guthrie erzählten Falle heilte eine Fistel nicht und erst nach 3 Jahren wurde die Kugel am Grunde der Fistel mit der

Sonde gefühlt (170). Paroisse beobachtete den Fall, dass eine Bleikugel wahrscheinlich Jahre in der Gallenblase liegen geblieben war; dieselbe war jedoch nicht verletzt, sondern die Kugel wanderte wohl durch den duct. commun. aus der Leber in die Gallenblase. Ein ähnlicher Vorgang ist von Guthrie beobachtet, wo die Kugel nach 2 Jahren ebenfalls in der unverletzten Gallenblase gefunden wurde. Interessant ist der Fall (194), in welchem nach einer Schussverletzung am 22. Tage nach der Verwundung am Nabel ein Abscess entstand; derselbe war am 119. Tage nach der Verletzung und am 102. Tage nach dem Entstehen desselben eröffnet; am 27. Tage nach der Eröffnung entleerte sich ein vollständiger Zündspiegel. Ob derselbe in oder auf der Leber gelegen ist zweifelhaft. Die Heilung erfolgte am 135. Tage. — Bei den Stichschnittwunden war einmal ein abgebrochenes Stück des verletzenden Instrumentes in der Wunde zurückgeblieben; es ist auch über die Länge, Breite desselben nichts angegeben; nur einmal ist das verletzende Instrument als 3″ lang und $^3/_4$″ breit beschrieben; durch die $^3/_4$″ breite Wunde war ein Stück der Leber vorgefallen. — Die Stich-Instrumente betreffen eine $1^1/_2$″ lange Nadel, die den Magen perforirt hatte und in der Länge von $^1/_2$″ in die Leber eingebettet war. Dieselbe befand sich wohl $1^1/_2$ Jahre an diesem Platze. Ein anderes Mal fand man bei einem 2jähr. Knaben, der innerhalb 10 Tagen starb, eine Nähnadel in der Gallenblase, die zu ihrem vierten Theile mit der Spitze nach aussen ragte. Wann und wie die Nadel hierher gekommen, ist unbekannt. Im dritten Falle fand die Section eine Fischgräte, die im Kopfe des pancreas sass und quer durch die vordere Wand der Pfortader ging; die Länge war ungefähr 3 Centimeter. Die Krankheit, anfangs zweifelhaft, später als phlebitis hepatica diagnostizirt, dauerte 6 Wochen, bis sie tödtlich endigte. — Die Schusswunden der Gallenblase anlangend, so wurden bei der Obduction einer solchen Verletzung, die nach 5 Wochen lethal endete, nur die Kleidungsstücke, nicht die Kugel in der Wunde gefunden, im allbekannten, viel citirten Falle Thompson's starb der Kranke 2 Jahre nach der Verletzung an einer Brustkrankheit und fand man die Kugel in der vernarbten Gallenblase eingeschlossen; wohl ist also dieser Fall zu unterscheiden von den beiden oben erwähnten, wo die Kugel nicht durch die Wandung der Gallenblase dorthin gekommen zu sein scheint.

Symptomatologie.

Selten sind die Symptome einer Quetschung, einer Ruptur oder auch anderer Verletzungen ganz rein, weil meist andere Organe durch die einwirkende Gewalt in Mitleidenschaft gezogen, die hervorragenden Symptome bilden, wie die Eingeweide in den drei Körperhöhlen und die Skelettheile. Ferner sind die Zeichen von Seite des verletzten Organes als solchen anfangs ganz fehlend, so „dass man sie nur mit der Verletzung der Bauchwand in Verbindung bringen zu müssen glaubt“ (Demme). Die Verletzung ist also entweder so gering, dass sie keine Symptome macht, oder die vorhandenen Zeichen sprechen nicht gerade für Laesion eines speziellen Organes, oder aber diese treten erst im Reaktionsstadium auf in Form der Entzündung u. dgl. Sonach können wir primäre und secundäre Symptome unterscheiden und ferner jene, die abhängig sind von gleichzeitigen anderen Verletzungen.

Wenn wir die vielleicht nur manchmal aus den Folgen diagnostizirbaren Contusionen und Quetschungen der Leber mehr ausser Acht lassen, so weichen doch auch die Erscheinungen, welche primär bei einer Ruptur der Leber auftreten, nicht auf eine solche ausschliesslich hin, sondern sind Symptome, die ebenso vorhanden sein können bei einer anderen grossen Verletzung des Unterleibes. Sie sind nämlich vorzüglich bedingt durch den Schok und die innere Blutung. Beide Dinge kennt schon Hippocrates, wenn er schreibt: „percusso jecore statim color cadaverum se se sparsit, oculi introcesserunt, molestia, difficultas ferendi ac aestuatio consecuta est.“ Die Heftigkeit und Grösse der Gewalt-Einwirkung äussert natürlich zunächst den Einfluss, dass der Verletzte, wenn er von einer beträchtlichen Höhe herabgestürzt ist, liegen bleibt, dass er, von einem heftigen Stosse u. dgl. getroffen, zusammenstürzt. Das Bewusstsein ist dabei aufgehoben oder erhalten.

So blieb ein Kranker, der 30′ herabgestürzt war, doch vollkommen bei Besinnung. Im ersteren Falle kann sich der Beschädigte rasch innerhalb Minuten oder nach 2, 3 Stunden erholen, oder der Kranke liegt selbst Tage im tiefsten Collaps ohne Lebenszeichen da, bis er zu sich kommt, oder es geht die Bewusstlosigkeit in Intervallen von 10 Minuten bis zu Stunden in den Tod über (F. 28). Ja manche Kranke stehen nach ihrem Sturze, meist wohl nur, wenn er nicht aus beträchtlicher Höhe, z. B. von einem Wagen herab, statt hatte, auf und gehen weiter, als wenn nichts geschehen wäre und doch sind sie in 10 Minuten todt (F. 1). Ein anderes Mal fühlt sich der Verletzte durchaus nicht schwer beschädigt und doch stirbt er ebenfalls in wenigen Minuten. In anderen Fällen fühlt der Kranke selbst die Gefährlichkeit seiner Verletzung und äussert sich darüber. Wie geringgradig der Einfluss der Verletzung aber sein kann, geht daraus hervor, dass Kranke nach der erlittenen Verletzung noch 2 Stunden (F. 117), noch $^1/_3$ Meile (F. 44), noch einige Ellen (104), überhaupt also noch eine grössere oder kleinere Strecke gehen konnten, ja dass sie selbst den ersten Tag nach dem Unfalle noch ganz wohl sich befanden, bis secundäre Blutungen oder reactive Symptome auftraten und dann oft rasch der Tod eintrat (F. 77. 251. 250). Ich erinnere mich eines Kranken auf Nussbaum's Klinik, der zwischen zwei Wägen in früher Morgenstunde auf der Landstrasse gequetscht wurde, zu Fuss noch in's Spital ging, dortselbst nur über leichte kolikartige Schmerzen um den Nabel herum klagte, von der Grösse seiner Verletzung keine Ahnung hatte und innerhalb 6 Stunden bei vollem Bewusstsein starb, und doch war der rechte Leberlappen in der Mitte bis über die Hälfte entzwei gerissen.

Hand in Hand mit den Erscheinungen des Schok's gehen die Symptome einer inneren Blutung, die oft erst deutlich und unterscheidbar werden, wenn der Kranke sich aus der nervösen Depression erholt hat, da ja auch die Blutung ähnliche Symptome bedingt. So ist die gleich mit der Verletzung auftretende Bewusstlosigkeit, die Ohnmacht theils Ursache des Schok's, theils der Blutung und kann der rasche Tod durch die eine oder andere Ursache oder durch beide zusammen bewirkt werden. Immerhin gibt es Fälle, die uns zweifelhaft lassen, wenn wir sehen, dass z. B. ein Kranker 4 Stunden nach der Verletzung stirbt und nur eine geringe Menge Blutes in der Bauchhöhle gefunden wird.

Was nun die Symptome anlangt, so bietet der Kranke das Bild einer acuten Anaemie. Das Gesicht ist bleich, farblos, wächsern, die Lippen sind bläulich-weiss, dunkle Ränder umschatten die Augen, das Auge ist unempfindlich gegen Licht, die Pupillen sind contrahirt, das Herz schlägt schwach, der Puls ist klein, kaum fühlbar, die Extremitäten sind kalt, klebriger Schweiss liegt auf der Haut; Angst, Beklemmung, unlöschbarer Durst, Uebelkeit und Erbrechen quälen den Kranken. Den Ort der Blutung finden wir bei Betrachtung des Leibes. Derselbe ist aufgetrieben, gespannt, die Percussion ist bis zu einer gewissen Ausdehnung leer, es fühlt sich dumpfe Fluktuation. Es ist aber zu bemerken, dass bei einer mässigen Blutung diese Symptome zum Theile oder ganz fehlen können, wie auch überhaupt eine ausgesprochene Anaemie. Das bleiche Gesicht, die bleichen Lippen lassen oft nur einen solchen Vorgang vermuthen. Lidell zeichnet in the americ. Journal of the medic. sc. 1867 in wenig Worten das Bild einer Ruptur so: Lacerations of the liver are usually accompanied by the effects of severe shock to the system, together with tose of internal hemorrhage. The symptoms are coldness and pallor of the lips, gums, face and the whole surface of the body, pulse small, frequent and feeble; countenance pincted and anxious; respiration sighing, restlessness; vital powers greatly depressed, with pain located in the part injured, and perhaps dulness on percussion, from extravasated blood.

Auch bei den Schussverletzungen eröffnen zunächst der Schok und die Blutung die Szene, obwohl erstere Erscheinung nicht in dem exzessiven Grade auftritt, wie diess bei den Rupturen der Fall. Es ist nur einige Male von Ohnmacht (F. 169), von Bewusstlosigkeit (F. 196) die Rede; ferner ist noch erwähnt grosse Prostration (F. 166) und grosse Hinfälligkeit (F. 207), woran die Blutung auch ihre Schuld tragen wird. Aber auch die Angaben bezüglich der Blutung, insbesondere ihrer Häufigkeit nach, lauten nicht so drastisch wie bei den Rupturen. Es ist die Rede von: Erscheinungen innerer Blutung, bedeutender, grosser, beträchtlicher Blutung, von Bluterguss in beträchtlicher Quantität, von heftiger

Blutung aus beiden Oeffnungen, 3tägiger Blutung, ungemein heftiger, 24stündiger, lebhafter, oft wiederkehrender Blutung. Daher mag es kommen, dass wir wenig rasch in den ersten Stunden eintretende Todesfälle verzeichnet finden, überhaupt die Ausgänge dieser Verletzungen günstiger sind, als bei den Rupturen. Wol häufiger konnten sich die Kranken nach der Verletzung selbst noch helfen und fremde Hilfe aufsuchen, wenn auch nur wenige Fälle verzeichnet sind, in denen Verwundete noch grössere Strecken Weges zurückzulegen vermochten. So konnte ein Kranker noch 200 Schritte gehen (F. 159), ein anderer machte noch einen ziemlichen Weg (F. 202) und ein dritter ging trotz seiner Verletzung noch $1^1/_2$ Meile weit (F. 177). Es liegt in der Natur der Sache, dass die rasche Einwirkung eines Projektiles keine so enorme Gewalt ist, wie sie bei Quetschungen vorkommt, also auch die Prostration des Nervensystems keine so tiefe sein wird. Ferner ist jede Schusswunde eine mehr oder weniger umschriebene, kanalförmig, und zugleich eine gequetschte Wunde; es wird also eine bedeutendere Blutung nur dann zu Stande kommen, wenn zufällig ein grösseres Gefäss verletzt ist und stellt sich die Verletzung also überhaupt als keine so ausgedehnte dar, abgesehen dass Quetschwunden auch noch günstigere Chancen für die Thrombose der durchtrennten Gefässe bieten. Es ist dabei nicht ausgeschlossen, wenn auch gewiss nicht immer der Fall, dass solche Verwundete, wie Demme angibt, dem Ambulancearzte ein sehr allarmirendes Bild darbieten, die Individualität und das Nervensystem spielen dabei doch immer auch eine grosse Rolle, und dass auch Larrey's Schilderung für manche, aber gewiss nicht für alle Fälle passt: Mais dans tous les cas, et quelque superficielle que soit la lesion du foie, il survient immédiatement un tel trouble dans les fonctions de la vie intérieure, qu'en très-peu de momens le malade paraît être dans le danger le plus emminent. — Es fallen mir hier unwillkürlich G. Fischer's Worte ein: „Der Autoritäten-Glaube tritt in den Hintergrund und nur aus einer möglichst grossen Zahl von Beobachtungen lassen sich allgemeine Schlüsse ziehen.“

Anders gestaltet sich die Sache wieder mit den Stich-Schnittwunden; hier stehen die Blutung und die durch dieselbe gesetzten Erscheinungen der Anaemie obenan, während die Zeichen des Schoks, jenes paralysirenden Einflusses einer plötzlichen und heftigen

Nervenverletzung auf die Herzthätigkeit mit Ausschluss der Schmerzwirkung und des Blutverlustes, wie H. Fischer ihn definirt, ganz in den Hintergrund treten. Bei diesen Verletzungen ist nur in einem einzigen Falle angeführt, dass der Kranke noch 8—10 Schritt ging, bis er ohnmächtig zusammensank (F. 223).

Die Blutung erfolgt bei den Quetschungen und Rupturen theils in's Parenchym der Leber, theils in die Bauchhöhle, bei den Schusswunden und Stichschnittwunden zugleich auch nach aussen; bei den Schusswunden oft nur durch die eine oder andere Oeffnung. Ausser diesen primären Blutungen gibt es auch secundäre, die durch Bewegungen, Lageveränderungen hervorgerufen werden, wobei besonders hervorzuheben, dass auch durch den Transport solcher Verletzten Blutungen veranlasst werden, vielleicht auch dadurch wiederholt sich ereignen, dass durch die Kraft des Herzens, wenn der Kranke sich wieder erholt, der Thrombus weggespült wird. Sie können nach Extraction eines fremden Körpers, einer Kugel, im Verlaufe einer Abscessbildung auftreten oder auch als Symptom eines pyaemischen Vorganges. Seltener sind diese Blutungen bei den Rupturen verzeichnet, häufiger bei den Schusswunden.

Die Blutungen treten in kürzeren oder längeren Intervallen einmal oder öfter auf; so dauerte eine Blutung 3 Tage lang fort, sie wiederholte sich in den ersten 8 Tagen öftere Male; oder sie trat erst nach Wochen auf, so einmal am 24. und nochmals am 39. Tage u. dgl.

Die Haemorrhagieen sind ihrer Quantität nach verschieden und werden wir, was hierüber zu finden ist, im patholog.-anatom. Theile verwerthen.

Hieran reihen wir gleich die Symptome, welche zu dem Schok und den Blutungen in innigem Verhältnisse stehen, nämlich die Ohnmachten, den Collaps und das Angstgefühl. Wir haben bereits aufmerksam gemacht, dass der Kranke nach der Verletzung ohnmächtig zusammenstürzt. Der Kranke erholt sich wieder oder es geht die Ohnmacht selbst in den Tod über. Die Dauer der Ohnmacht ist von Minuten bis zu Stunden und kann sich dieselbe im Laufe des ersten Tages wiederholen, oder sie tritt später auf in Folge von Nachblutungen oder als Zeichen des herabgekommenen Zustandes des Kranken.

An solche Ohnmachten, oder wenn dieselben fehlten, an die Verletzung schliesst sich dann weiter in manchen Fällen ein Collaps der Kräfte, ein Schwächezustand an, als Folge des Blutverlustes, der verschieden lange dauert, einige, mehrere, selbst 48 und mehr Stunden, bis zum Tode. Der Kranke ist äusserst hinfällig, die Sprache coupirt, die Stimme schwach, hauchend; oder der Kranke kann überhaupt nicht sprechen, sich nicht bewegen, liegt regungslos auf dem Rücken und scheint dem Tode näher als dem Leben. Ja der Verletzte kann unter den Erscheinungen des Collaps soporös zu Grunde gehen.

Im Verlaufe der Krankheit selbst ferner tritt grosse Schwäche, Verfall der Kräfte, Abmagerung auf theils als Folge des Fiebers, theils mag wohl auch durch die profuse Secretion von Galle aus der Wunde in manchen Fällen eine mangelhafte Assimilation der Stoffe, eine mangelhafte Ernährung veranlasst werden. In einem Falle ist von Abmagerung der unteren Extremitäten und dann des ganzen Körpers die Rede, welche im Zusammenhange stand mit gleichzeitiger Verletzung der Lendenwirbelsäule und einem cariösen Prozess derselben.

Die Angst, von der die Verletzten gequält werden, und die als „furchtbar" in manchen Fällen geschildert wird, ist theils rein nervös oder mit der Anaemie zusammenhängend. Am häufigsten liegen ihr aber Störungen in der Respiration und gleichzeitig der Herzaktion zu Grunde, wie Blutergüsse in die Pleura, in den Herzbeutel.

Gleich nach dem Unfall oder wenn sich der Kranke aus seinem bewusstlosen Zustande erholt hat oder zu den Symptomen der Blutung gesellen sich ziemlich constant Schmerzen, die so heftig sein können, dass der Kranke schreit, sich bäumt. [1]) Diese Schmerzen nun sind zu trennen von später auftretenden, welche sich zu einer hepatitis oder peritonitis gesellen und oft schon nach 24, 48 Stunden den anderen folgen. Baillie's Behauptung, dass bei Verletzung der Leber geringe Schmerzen gefühlt werden, passt nicht für alle Fälle, obwol auch solche Ausnahmen vorkommen. Die Schmerzen können zunächst in den weichen Bedeckungen ihren Sitz haben und werden schon bei der oberflächlichsten Berührung der Leber-Magengegend hervorgerufen. Oder Schmerz ist bedingt von gleichzeitiger

---

[1]) Ein schmerzhaftes Zusammenziehen des Schlundes und Halses nach der Verletzung, welches Larrey angibt, habe ich in der Casuistik nicht angegeben gefunden.

Verletzung des peritoneum parietale oder durch Zerreissung des peritonealen Ueberzuges, durch den Druck des in's cavum peritonei ergossenen Blutes oder durch das zwischen Leberoberfläche und Peritonealüberzug derselben ergossene Blut. Die sensitiven Fasern des in der Leber verzweigten sympathicus, an sich ist die Leber wohl wenig empfindlich, bringen durch erlittene Quetschung, durch Druck eines Blutcoagulum, durch Zerrung eines Aestchens, z. B. durch Hineinspiessen einer gebrochenen Rippe oder durch die Lageveränderung des Patienten Schmerz hervor. In manchen Fällen bleibt der Schmerz nicht local sondern irradiirt theils nach links hin gegen den proc. xiphoid., die Magengrube, gegen den Nabel, theils besonders nach der rechten, auch linken Schulter, seltener gegen die unteren Extremitäten. Derselbe ist bei den Rupturen nur in 4 Fällen verzeichnet (38, 39, 85, 86), bei den Schusswunden ist der Schulterschmerz und zwar auf der rechten Seite nur zweimal (159, 171) angegeben, im letzteren Falle konnte der Patient kaum glauben, dass seine Schulter nicht der verletzte Theil war. In einem anderen Falle (168) gab Patient an, dass er, als er verwundet wurde, Schmerzen im linken Hoden und scrotum empfand, die sich auf das ganze Glied erstreckten. Solche Schmerzen erwähnt schon Ryff i. J. 1545, wenn er sie auch anders deutete, denn er schreibt: „Ist aber die Substanz der Leber verwundet, so fleusst rot Blut aus der wunden mit schmerzen auf der rechten seitten, er befindet auch Beschwernuss der ganzen seitten desselbigen Ortes, fürnemlich under der kurtzen rippen biss auff das gemächt herab, und sollichs von wegen des Bluts so auss der leber fleusst, welches sich heraber setzt . . ." Ferner klagten die Patienten über Schmerzen in der Lebergegend bei Bewegungen nach der Seite hin, also bei Lageveränderungen, oder es war eine Empfindlichkeit der Ein- und Ausgangsöffnung oder des ganzen Schusskanals, oder eine umschriebene Schmerzhaftigkeit bei Druck vorhanden. Unter den Stichschnittwunden sind bei einem Bajonettstiche und zwei Degenstichen die Schmerzen geschildert als: sehr starker Schmerz in der Lebergegend, der sich nach der rechten Schulter erstreckt, und als heftiger Schmerz, ausstrahlend gegen den proc. xiphoid., auf die rechte Schulter und rechte Seite des Halses.

Im Falle 257 strahlten die Schmerzen von der Magengrube nach beiden Schultern aus. — Aber nicht blos nach der Verletzung, sondern auch im Verlaufe und selbst nach der Heilung treten Schmerzen ein. So haben wir während des Verlaufes die entzündlichen als reissend, bohrend, stechend, kneipend, dumpf geschilderten Schmerzen einer hepatitis, eines Leberabscesses, einer peritonitis. Dieselben können Anfangs local auf die Lebergegend beschränkt sein, hier jeden Druck, sei es der untersuchenden Hand, sei es eines Kleidungsstückes, jede Lageveränderung des Kranken unerträglich machen und sich dann auf's ganze peritoneum erstrecken. In dem Falle einer Ruptur waren die Schmerzen so heftig, dass jede Berührung zu den heftigsten tetanischen Anfällen führte. Ferner gibt es auch hier irradiirende Schmerzen, so gegen die Schulter, gegen den proc. xiphoid. und Nabel hin. Im Falle 165 einer Schusswunde wird von neuralgischen Schmerzen im penis während des Verlaufes der Krankheit gesprochen; ebenso im selben Falle von den heftigsten Schmerzen beim Schlingen nach Vernarbung der vorderen Wunde. Nach der Heilung bleiben noch wahrscheinlich in Folge von gebildeten peritonitischen Adhärenzen Schmerzen zurück: so Schmerzen beim Geraderichten, ziehende Schmerzen in der Seite bei Druck und Bewegung zunehmend. In einem Falle (173) haben diese ziehenden Schmerzen bei Bewegungen häufige locale Entzündungs-Recidiven veranlasst. Schliesslich brauche ich wohl kaum zu erwähnen, dass der heilende Wundkanal selbst, wie jede andere Wunde, eine verschiedene Schmerzhaftigkeit zeigen kann.

Einige Wundärzte haben je nach dem Sitze der Verletzung einen bestimmten Sitz des Schmerzes als diagnostisch verwerthbar angenommen. So soll bei Verletzung der Leber an der Convexität der Schmerz gegen die Schulter und den Hals, gegen den proc. xiphoid. aber, wenn dieselbe an der Concavität sich befindet, ausstrahlen. So schreibt Dupuytren: „Was die Symptome betrifft, so empfindet der Verwundete, wenn die convexe Fläche der Leber durch Waffen verletzt wurde, welche durch den oberen seitlichen Theil der Bauchhöhle oder durch die unteren Intercostalräume eindrangen, zuerst einen heftigen Schmerz, der sich oft bis zur rechten Schulter oder bis zum larynx verbreitet. Ward sie gegen die concave Fläche getroffen, so werden besonders am proc. xiphoid. heftige Schmerzen wahrgenommen." Desault sagt: Les symptomes de la plaie du foie sont des douleurs secondes qui s'étendent aux épaules et au larinx si elle est à sa partie convexe, et aiguës qui se portent vers l'appendice xiphoide, si elle est à l'épigastre ou est profonde et du côté concave. Auch nach Annesly soll Schulterschmerz vorzugsweise nur die Affektionen der convexen Leber-Oberfläche treffen. Die Durchsicht unserer Casuistik gibt aber gar keine Anhaltspunkte, welche eine solche Specificirung gestatteten. Filippo Lussana schreibt in seiner Monografia delle neuralgie brachiali etc. Milano 1859, über den Sitz der Schmerzen: „Die die Leberkrankheiten begleitenden neuralgischen Schmerzen, früher mit Unrecht als pathognomonische Zeichen betrachtet, betreffen zuweilen die rechten Dorso-intercostalnerven, andere Male die Zweige des plex. brachialis, am öftesten die des plex. cervicalis, woher die suprasternalen, supraclavicularen und supraacromialen Schmerzen rühren . . . .“ Nach Sacchero (Ann. de thér. 1846 u. Schmid's Jahrb. 1847), was wir der Curiosität wegen erwähnen, beruht der Schmerz an der Schulter als Zeichen der hepatitis auf einer Fortpflanzung der phlebitis hepatica durch die ven. cavae auf die ven. subclavia und scapular. Wo diese Entzündung der ven. port. bei hepat. fehlt, fehlt auch dieser Schmerz.

Eine richtige Deutung gibt wohl Luschka: „Das seröse involucrum hepatis ist mit eigenen Nerven ausgestattet, welche theils aus dem plexus diaphragmaticus herrühren, der neben sympathischen Elementen Fasern des phrenicus enthält, theils directe Zweige des letzteren sind, die zwischen den Blättern des lig. suspensorium herabsteigen. Diese Zweige des Zwerchfellnerven bedingen ohne Zweifel den im Gefolge der Leberentzündung nicht selten auftretenden Schulterschmerz, welcher als Reflexempfindung, d. h. als eine Erregung erklärt werden muss, die von lädirten peripherischen Zweigen des phrenicus auf das centrale Ende des gleich diesem aus dem vorderen Aste des vierten cervicalis entspringenden Schulterhautnerven übertragen worden ist.“

Ward (Lancet 1868) schliesst sich der anatomischen Erklärung Hilton's, welche der Luschka's ähnlich ist, an. Es gibt der rechte nerv. phrenicus einen Zweig ab, der unter der cava zur porta der Leber geht und in ein oder zwei Fädchen im lig. rotundum endet. Von den Ursprungswurzeln des phrenicus, 3. und 4. Cervicalnerven, gehen auch Hautäste ab zur rechten Schulter, in die bei Reizung der Verästelung des phrenicus von der Leber die Schmerzen ausstrahlen können, die sich aber finden werden, wenn solche Aestchen gereizt werden und nicht blos bei Abscessen an der Oberfläche des rechten Lappens wie Budd, Annesley und A. behaupten. —

Wenn wir nach Eruirung des mitgetheilten Symptomencomplexes die Haut der Lebergegend uns betrachten, so tritt bei den Quetschungen, Rupturen der Leber die Thatsache zu Tage, dass trotz der Grossartigkeit der inneren Verletzung, in specie der Leber, die äussere Haut nicht die Spur einer Verletzung zeigen kann, ein Factum, auf das besonders Casper aufmerksam gemacht hat. Unter 45 Fällen in unserer Casuistik ist nur 13 mal von einer Verletzung der Haut die Rede; es heisst dort:

1. Aussen am Körper zeigten sich die Spuren einer heftigen Contusion an der rechten Seite des Thorax, oberhalb der 4., 5. und 6. Rippe.
2. In der Oberbauchgegend eine blauliche Hautstelle, 6″ lang.
3. Unerhebliche Sugillation.
4. Handtellergrosse verbrannt aussehende Hautstelle auf der linken Brusthälfte.
5. Wallnussgrosse Ecchymose am grossen trochanter.
6. Leichte Contusionen der Haut in der Lendengegend.
7. Oberflächliche Hautschärfung links am Rücken und Brust.
8. Hautschärfung am abdomen.
9. Aeusserlich an der Brust bemerkte man eine Spur des Rades.
10. Schrunden an der äusseren Haut.
11. Am Unterleib verlief ein blaugefärbter $\frac{1}{2}$″ langer Streifen in der Haut.
12. Sugillationen am Brustkorb.
13. Lebergegend mit Blut unterlaufen.

Entweder lässt die Schnelligkeit der einwirkenden Gewalt bei der Elastizität der Haut keine Verletzung derselben zu, oder es ist die Laesion im betreffenden Organe nur durch Fortpflanzung der Erschütterung entstanden, wenn z. B. der Kranke auf das Gesäss fiel und die Leber zerriss. Ist die treffende Gewalt eine langsamer wirkende oder fiel der Verletzte auf irgend einen scharfrandigen Körper z. B. einen Balken u. dgl. auf, so ist eine Hautverletzung eher möglich. Die Zerreissung der Haut oder der Bauchmuskulatur scheint noch nie als gleichzeitige Verletzung vorgekommen zu sein. Ein reziprokes Verhältniss zwischen Haut- und Eingeweide-Verletzung ist nach dem gegebenen Materiale nicht ersichtlich i. e. die

Grösse oder Geringgradigkeit der Leberquetschung steht in keinem Verhältnisse zur Verletzung der Haut.

Bei den Schussverletzungen sehen wir die Perforirung der Haut durch das Projectil, den Pfropf etc. Dabei kann die Haut und die Schussöffnung durch Pulver geschwärzt sein; in einem Falle ist 2—3'' im Umfange der Schussöffnung die Epidermis blasenförmig aufgetrieben und fetzig losgetrennt, das corium bedeutend geröthet gewesen. Auch von einem Emphysem der Wundränder ist die Rede. Es ist entweder Eingangs- und Ausgangsöffnung oder nur erstere vorhanden und ergiesst sich theils durch eine, theils durch beide Oeffnungen Blut oder Galle. Ausfluss von Galle ist 14mal verzeichnet; entweder fliesst nur reine Galle ab oder dieselbe ist gemischt mit Blut, später mit Eiter. Oder im Verlaufe ist der Ausfluss rein serös, oder eitrig, jauchig; in einigen Fällen (2mal) wurde auch Lebersubstanz mit entleert. Der Ausfluss von Galle kann von einigen Tagen bis zu 6, 8 Wochen, ja Jahre lang dauern, wenn die Wunde fistulös geworden ist. Ueber die Quantität der abgesonderten Galle sind leider keine Angaben oder resp. nur unbestimmte vorhanden. Es tritt die Absonderung entweder gleich mit der Verletzung ein, oder erst später z. B. am 6. Tage; vermuthlich ist hier durch die Abstossung des Schorfes im Schusskanal erst ein grösserer Gallengang eröffnet worden. — Ausserdem entleerten sich noch Brandschorf, Papier, Schrottkörner, Knochenstückchen durch eine der Oeffnungen. In einem Falle (169) kam Luft aus der hinteren Wundöffnung bei gleichzeitiger Lungen- und Zwerchfell-Verletzung; wieder in einem anderen Falle (179) erfolgte aus der hinteren Oeffnung die Ausscheidung von Fäcalmaterie bei gleichzeitiger Verletzung des colon. Im Falle 201 floss reiner Harn aus der Wunde.

Nur in 2 Fällen von Stichschnittwunden ist merkwürdigerweise Gallenausfluss erwähnt. Wahrscheinlich ist dieses Symptom auch oft durch profuse Blutungen verdeckt. — Ausserdem ist zu erwähnen, dass die Haut um die Wunde herum, also die Wundränder und Umgebung angeschwollen gefunden wurden, dass die Ränder sugillirt waren, dass die Wunde klaffte, von dreieckiger, länglicher Gestalt war, und dass ausser Blut und Galle während der Heilung auch Eiter aus der Wunde abfliessen wird.

Es ist keine den Körper ganz durchdringende Stich-Schnittwunde verzeichnet. In 4 Fällen war ein Stück der Leber durch die Bauchwunde vorgefallen, hat sich in der Wunde eingeklemmt und dieselbe verschlossen.

Ein weiteres Symptom, das sich auf der Haut praegnirt ist der icterus. Ich finde denselben bei den Rupturen der Leber nur 7mal, bei den Schusswunden 11mal aufgeführt. Im ersteren Falle erfolgt wohl der lethale Ausgang zu früh. Nach H. Fischer fehlt icterus selten bei Schussverletzungen, tritt vielmehr meist bei längerer Dauer des Leidens in prononcirter Weise auf. 6mal kam er bei Stichschnittwunden vor. Der Häufigkeit nach war die Zeit des Auftretens:

1. Vom Anfange der Verletzung an:	2 mal,
2. Am 1. Tage:	1 „
3. Am 2. „	6 „
4. Am 3. „	1 „
5. Am 4. „	1 „
6. Am 6. „	1 „
7. Am 10. „	1 „
8. In der 6. Woche	1 „
9. Unbestimmte Zeit	10 „

Also unter allen Verletzungen war icterus 24mal vorhanden und war sein Auftreten am häufigsten am 2. Tage: Hyperaemie, Entzündung, Abscessbildung im Lebergewebe war seine Ursache, so dass wir es mit jener Form des icterus zu thun hatten, die durch gestörte Entleerung der Gallenwege, wodurch der Druck von Seiten des Zelleninhaltes vermehrt wird (Frerichs), entsteht, mit einem Stauungsicterus.

Wenn in den beiden ersten Fällen wirklich vom Anfange an icterus vorhanden war, so konnte man daran denken, dass die durch profuse Blutung hervorgerufene Schwankung des Seitendruckes der Lebergefässe (Frerichs) hier den icterus bedingt hatte. Ferner möchte ich noch folgende Worte von Frerichs hieher setzen, die noch einen anderen Moment als die Gelbsucht begünstigend berücksichtigen, einen Moment, der, wie wir unten sehen werden, in vielfacher Weise bei den Leberverletzungen Störungen erleidet, nämlich die Athembewegungen. Er schreibt nämlich Seite 92 seiner Klinik der Leberkrankheiten: Von grösster Wichtigkeit für die Förderung des Lebersecrets ist die Compression, welche die Gallenorgane bei der durch die Athembewegungen bedingten

Verengerung der Unterleibshöhle erleiden. Dieser Umstand war schon den älteren Aerzten bekannt: Bilis vix moveter, nisi aleunde urgeatur, neque protuditur nisi respiratione efficacia (Boerhave). Auch Bidder und Schmidt heben hervor, wie sie bei jedem ihrer Versuche die Bemerkung hätten wiederholen können, dass die Athembewegungen einen sehr bedeutenden Einfluss auf die Fortbewegung der abgesonderten Galle haben müssen. Wenn auch schwer nachweisslich sein dürfte, dass das Ausfallen dieses Moments einen genügenden Grund zur Entstehung der Gelbsucht enthalte, so ist dasselbe als mitwirkende Ursache nicht ausser Acht zu lassen. Man sieht nicht selten icterus bei pleuritis diaphragmatica dextra und bei perihepatitis der Leberconvexität, bei welcher zwar Beschränkung der freien Aktion des Zwerchfells, aber keine tiefere Laesion des Leberparenchyms oder der Gallenwege anzunehmen ist.

Das von Hennen (Principles of Military Surgery) unter den cutaneous affections erwähnte great and distressing itsching (Jucken) habe ich nirgends erwähnt gefunden. H. Fischer hat in einem Falle, in welchem sich eine Streifschussrinne durch die ganze Leberoberfläche fand, einen icterus melas und sub finem vitae alle Zeichen des icterus gravis beobachtet.

Wenn nun aber icterus doch ein relativ seltenes Symptom ist, selten im Verhältnisse zur Zahl der Leberverletzungen, so scheint mir der Grund zum Theil auch noch darin zu liegen, dass die durch die reactive Hyperaemie etc. bedingte Stauung zum Theile durch den Abfluss von Galle aus der gesetzten Verletzung selbst gehoben wird. Auf der anderen Seite ist immerhin auch sicher, dass die Verletzung selbst oft nur eine auf den Umkreis derselben beschränkte, also geringgradige Reaktion veranlassen kann, welche den icterus dann ohnehin ausschliesst.

Die Percussion der Lebergegend, sowie des Unterleibes anlangend, so kann bei geringem Blutergusse in die Peritonealhöhle ein Nachweis desselben ganz unmöglich sein, während ein bedeutender Erguss von Blut die Erscheinungen der Dämpfung, je nach dem Verhältniss der Menge in der Ausdehnung wachsend, giebt; einmal ist angegeben, dass das Zwerchfell durch den profusen Bluterguss nach aufwärts getrieben war. Ausserdem werden die gleichzeitigen Blutergüsse in die Pleura- und Pericardialhöhle durch den dumpfen Ton dieser Räume bei der Percussion nachgewiesen. Ebenso findet man bei den massenhaften peritonitischen Exsudationen Dämpfung an den abhängigen Stellen. Der Leib ist tympanitisch aufgetrieben und bei der Blutung wie der Exsudation zeigt sich bei der Palpation ausser starker Spannung des Leibes auch hie und da eine deutliche Fluctuation.

Ueber die Percussion der Leber sind die Mittheilungen gering, wohl weil die grosse Schmerzhaftigkeit, der aufgetriebene Leib dieselbe unmöglich macht. Es heisst nur: der Leberrand überragte den Rippenrand, Anschwellung der Lebergegend, Percussion bis zum Nabel herab gedämpft, Leber geschwollen. Die Palpation gestattet manchmal die Lebervergrösserung zu erkennen, wenn die Contraction der Bauchmuskulatur nicht im Wege steht. Bei der Percussion erstreckt sich die Dämpfung der geschwollenen Leber bis zum Nabel. Ist ein Leberabscess vorhanden, so ragt, wenn wir uns Niemeyer's Worte bedienen, die Leber fast immer unter den Rippenbogen hervor, und in den Fällen, in welchen die Abscesse gross und zahlreich sind, oder in welchen die Hyperaemie des Organes einen hohen Grad erreicht, kann die um das Doppelte vergrösserte Leber die rechte Thoraxhälfte ausdehnen, das hypochondrium vorwölben und tief in die Bauchhöhle hinabragen. Wenn die Leberabscesse ihren Sitz an der convexen Fläche des Organs haben und über das Niveau derselben prominiren, so trifft man bei sorgfältiger Palpation zuweilen auf leicht gewölbte Protuberanzen und es kann sogar gelingen, eine Fluctuation an denselben wahrzunehmen.

Auf Temperaturcurven und Pulswelle ist leider wenig Rücksicht genommen, und sind besonders über den Puls die verschiedensten Angaben gemacht. Seiner Veränderung liegen theils die Blutung, theils nervöse Depression oder Excitation, theils entzündliche Erscheinungen zu Grunde. Er fehlt oft anfangs gänzlich, besonders bei den Rupturen ist Pulslosigkeit am Meisten verzeichnet, ist kaum fühlbar, fadenförmig, später, wenn der Kranke sich erholt, wird er klein, schwach, frequent oder ist bei bedeutender Depression des Nervensystems langsamer; zuweilen intermittirt er. Bei dem Eintritt einer fieberhaften Reaktion wird der Puls dann weich, voll, frequent. Wenn ich die Casuistik durchgehe, so bekomme ich die Anschauung, dass in den Fällen, wo der Heilungsvorgang local beschränkt blieb, keine Leberentzündung, keine peritonitis auftrat, das

Fieber fast null war; wo Fieber auftrat lagen entzündliche Erscheinungen oder zurückgehaltener Eiter oder ein durch Gangraen von Lebertheilen oder durch zurückgehaltene fremde Körper wie Tuchfetzen u. dgl. bedingte jauchige Eiterung zu Grunde. Die höchste Temperatur, die ich verzeichnet finde, ist 40° bei einem Leberabscesse beobachtet, und eine Puls von 120 bei einer peritonitis. Auch traten einige Male Fieber miasmatischen Ursprungs im Kriege bei Soldaten auf, die durch Chiningebrauch schwanden. In wieder anderen Fällen bewirkte eine intercurrirende Krankheit, Pneumonie, Pyaemie, Fieber. Die Zeit des Eintrittes des Fiebers ist verzeichnet bei den Rupturen:

am 2. Tage in Folge von hepatitis und Abscessbilduug,
„ 2. „ „ „ „ „
„ 2. „ „ „ „ „
„ 2. „ „ „ „ „
„ 2. „ „ „ „ „
„ 2. „ „ „ peritonitis,
„ 3. „ „ „ Abscessbildung,
„ 4. „ „ „ diffuse peritonitis,
„ 6. „ „ „ Abscessbildung,
„ 15. „ „ „

bei den Schusswunden:

am 3. Tage in Folge von Eiterretention,
„ 3. „ „ „ Eiter und Gallestockung,
„ 2. „ „ „ unbestimmt,
„ 2. „ „ „ „
„ 2. „ „ „ zurückgehaltene Fremdkörper (Schrottk., Tuchfetzen und Leberstückchen.)
„ 6. „ „ „ unbestimmt,
in d. 3. Woche „ „ Pneumonie,
„ d. 3. „ „ „ miasmatischen Ursprungs;

bei den Stichschnittwunden:

am 2. Tage in Folge von peritonitis,
„ 2. „ „ „ „ „
„ 3. „ „ „ „ „
„ 3. „ „ „ „ unbestimmt,
„ 7. „ „ „ „ Abscessbildung.

Im Ganzen ist Fieber verzeichnet

bei den Rupturen:	17	mal,
„ „ Schusswunden	17	„
„ „ Stichschnittwunden	8	„

Wie gesagt sind aber alle Angaben wenig verwerthbar.

Ich reihe hieran einige Symptome, die zum Theile als Ausfluss des Fiebers zu betrachten sind, so z. B. der Durst. Er ist aber auch und in unseren Fällen wol häufiger die Folge der profusen Blutungen.

Ferner sind Unruhe, Jactationen und Schlaflosigkeit die Folge der Erschöpfung durch den Blutverlust oder durch das Fieber bedingt. Ebenso ist einmal delirium in Folge des Blutverlustes erwähnt, später tritt dasselbe im entzündlichen stadium, bei der peritonitis auf und manchmal in Form des delirium tremens.

Auch Schweiss ist ein Symptom der Blutungen, des Schoks oder er tritt im Verlaufe der Entzündung auf, kann pyaemischen Ursprungs sein. Im Hufeland. Journal B. 12. 1805 ist von einem halbseitigen nur auf der rechten Seite vorhandenen Schweiss als Symptom von Leberentzündung die Rede.

Ein weiteres Zeichen nach Leberverletzungen ist das Erbrechen, oder die Uebelkeit und der Brechreiz, ohne dass es zum wirklichen Erbrechen kommt; dasselbe ist 23 mal verzeichnet. Es tritt entweder im Gefolge einer Blutung, der Perturbation des Nervensystems auf, oder es ist die Folge einer gleichzeitigen Verletzung des Magens oder als Reflexaktion des Abdominalnervensystems bei der peritonitis aufzufassen. So tritt es also gleich nach der Verletzung auf, einmal oder öfter, oder erst am folgenden Tage als anaemisches Symptom oder in den nächsten Tagen meist im Gefolge einer hepatitis und peritonitis, kann dann längere Zeit, Tage andauern, oder nach Wochen eintreten, wenn z. B. ein Leberabscess sich in den Magen entleert, wobei natürlich dann die Entleerung eitriger Massen länger andauert. Bei Verletzungen des Magens und Blutergüssen in denselben ist das Erbrechen blutig, chocoladeförmig. Nach einer Schussverletzung trat erst am 3., 4. Tage das Erbrechen ein. In einem Falle war das Erbrechen bedingt durch vollständiges Abtrennen des Magens in der Nähe des Pförtners. Bei peritonitis, hepatitis ist dasselbe von grüner, galliger Farbe, manchmal mit Blut gemischt.

Die Ausleerungen betreffend, so herrscht manchmal hartnäckige Verstopfung, oder es ist Durchfall vorhanden. Der Stuhl ist weiss, Galle arm, oder er ist blutig, in späterer Zeit durch Entleerung eines Abscesses der Leber in den Darm kann er eitrig werden. Bei gleichzeitiger Verletzung der Wirbelsäule kam 3 Mal eine Paralyse des sphincter ani und unwillkürliche Entleerung vor.

Der Urin musste zuweilen anfangs mit dem Catheter genommen werden oder ist unfreiwillig abgegangen; er war von normaler Farbe, oder dunkelgelb, blutig; von Eiterbeimischung ist nirgends die Rede. Nach Verletzung des Rückenmarkes bei einer Schusswunde ist von einem tripperähnlichen Ausfluss aus der Harnröhre die Sprache. Zucker (Bernard) oder Eiweiss im Urin scheint nicht gesucht oder gefunden worden zu sein.

Der Schluchzer tritt nach gleichzeitiger Verletzung des Zwerchfells, bei reflectorischer Reizung desselben, bei hepatitis und peritonitis, durch Zerrung der Adhaesionen zwischen Leberoberfläche und diaphragma, durch Druck eines Abscesses auf dasselbe auf, oder er ist ein rein anaemisches Symptom. Er zeigt sich entweder gleich im Anfange der Krankheit oder in ihrem Verlaufe und kann für den Verletzten unendlich quälend werden, je continuirlicher er wird. Jedoch gehört derselbe nicht zu den häufigen Symptomen, wie Nolleson behauptet: que le hoquet soit un symptome qui accompagne assez constamment la lésion du foie oder Owen: the hiccup, another not unusual symptom of affections especially of the diaphragmatic surface of the liver.

Lage. Dieselbe ist am Rücken, auf der linken oder rechten Seite. Ein Häufigkeits-Verhältniss ist bei den mangelhaften Angaben nicht zu geben. Es sind Fälle erzählt, in welchen der Kranke nicht auf der rechten Seite liegen konnte, ferner war es dem Kranken unmöglich die Lage zu ändern, er konnte sich nicht umdrehen, so dass er während längerer Zeit in der gewählten Lage bleiben musste; das andere Mal kam es vor, dass der Kranke nicht in derselben Lage bleiben konnte, sondern zu verschiedenen Malen dieselbe änderte. Einmal konnte der Patient nicht auf der linken Seite liegen; er fühlte dort die nicht ausgetretene Kugel. Andere Male wurde überhaupt eine Seitenlage nicht ertragen, nur die Rückenlage. Nach einer Stichwunde konnte der Kranke sich nicht gerade richten, und nach einem Sturze lag der Kranke mit nach vorne gebeugten Körper da, presste die Hand gegen das sehr schmerzhaft scheinende epigastrium. Bei Rupturen, bei peritonitis wurden die unteren Extremitäten an den Leib angezogen. Die Schwere des Organes, die Zerrung der verletzten Stelle durch gebildete Adhäsionen bei Bewegungen u. dgl. werden wohl die Ursache derartiger Verhältnisse sein. In einem Falle von Livezeyd heisst es: In this case the examination revealed the cause of his assuming the position on his right side; showing that when in any other the suspensory ligament being upon the stretch, the tendency was to separate the edges of the wound, and thus, after inflammation had been set up, to give rise to the most intense pain. — Ambroise Paré spricht auch von einer Bauchlage: quelque fois le blessé se trouve mieux d'être couché sur le ventre q'en autre manière. Davon geschieht in keiner Krankengeschichte eine Erwähnung.

Respiration. Die Erscheinungen von Seite der Athmungsorgane beziehen sich zum Theile auf gleichzeitige Verletzungen des Brustkorbes und der Lungen, des Herzens, des diaphragma. Es ist 30 mal im Ganzen davon die Rede und 16 mal lagen der Schwerathmigkeit Verletzungen und Erkrankungen in und am Thorax zu Grunde, so Rippenfracturen, Lungenverletzungen, Blutergüsse in die pleura, das pericardium, Rückenmarks-laesionen, pleuritis und Pneumonie. Ausserdem beruhten die Beschwerden auf Anfüllung des Unterleibes mit Blut, auf hepatitis und peritonitis; in einem Falle trat immer Oppression auf, wenn der Ausfluss aus der Leberwunde stockte. Schliesslich blieb auch eine Kurzathmigkeit als residuum einer Leberschusswunde wahrscheinlich auf adhaesiven Prozessen zwischen Zwerchfell und Leberoberfläche beruhend, zurück. Ausserdem bedingen noch der Schok, die acute Anaemie ein kurzes, oberflächliches Athmen und dyspnoische Erscheinungen. Entsprechend der Lungenverletzung, einer Pneumonie ist auch Husten mit blutigem Auswurfe erwähnt. Einmal wurde bei einer gleichzeitigen Schussverletzung der Lunge unter grosser Anstrengung Galle ausgehustet (Fall 169). Thomson scheint mehrere solche Fälle beobachtet zu haben, denn er schreibt in den Beobachtungen aus den brittischen Militärhospitälern in Belgien nach der Schlacht bei Waterloo: „Auch ergaben sich Fälle von Leberwunden, die mit einer Lungenwunde verbunden waren, und Galle durch die Brustwunde ergossen. In diesen Fällen hatte der Schusskanal kein Ausgangsloch und in einem derselben trat die Galle aus der Oeffnung am rechten Schulterblatte hervor." (Aus dem Englischen von Buek 1820 und medic. Ztg. von Ehrhart S. 26. 1821. B. 4.) In einem Falle von Schussverletzung (201) war der Auswurf von abscheulichem urinösen Geruche in Folge der Communikation eines Nierenabscesses mit den Bronchien. Von eiterigem Auswurfe bedingt durch Perforation eines Leberabscesses in die Bronchien ist nicht die Rede. Endlich ist noch 4 mal Husten erwähnt als Begleiterscheinung bei peritonitis, hepatitis, Leberabscess. Husten und Erbrechen, sehr häufige Zufälle bei Leberabscessen hängen nach Budd nicht wie Louis und Andral behaupten von einer entzündlichen Affektion der Schleimhaut des Magens und der Lunge ab, sondern sind sympathetische Affectionen, welche allein abhängen von Irritation der Leber.

Nervöse Symptome. Ich habe bereits auf eine Reihe von Symptomen des nervösen Apparates aufmerksam gemacht, wie auf die Delirien, die dyspnoischen Erscheinungen, die verschiedenen Formen des Schmerzes, den Schluchzer etc. Es bleiben nur noch einige seltenere Reactionen des Nervensystems zu besprechen. Zunächst die Convulsionen; sie treten in einigen Fällen vor dem Tode ein. Einmal traten Convulsionen beim Vorfall eines Gänseei grossen Stückes der Leber durch eine Stichschnittwunde und Einklemmung desselben auf (Fall 248.) Hieher gehört auch Fall 266, die Stichverletzung der Leber durch eine Nadel, die vom Magen in die Leber ragte. Das Mädchen hatte ein Jahr lang epileptische Convulsionen, starb auch in einem solchen Anfalle. Wahrscheinlich hatte die beständige Reizung der Leber durch die Nadel während des Respirationsaktes und der Verdauungsbewegungen des Magens diese Convulsionen veranlasst. Ueber convulsivische Zuckungen wie sie häufig in Folge von Circulationsstörungen im Gehirn und Rückenmark durch die Blutung bedingt sein können, ist nichts speziell berichtet. Sehr interessant ist der Fall von trismus und tetanus nach Leberruptur (56). Glückselig erklärt denselben als ein secundäres Leiden, welches durch die Heftigkeit der Leberentzündung und ihre Verbreitung auf das Solargeflecht und Rückenmark bedingt wurde. Der Fall endete mit Genesung. — Endlich sind bei gleichzeitiger Verletzung des Rückenmarks paretische und paralytische Erscheinungen an den Extremitäten, sowie Anaesthesieen etc. vorhanden gewesen.

Zitternde Bewegungen des Körpers sind theils die Folge des Blutverlustes, ein rein nervöses Symptom als Folge des Schreckens u. dgl. oder sie sind später durch die allgemeinen Störungen in der Ernährung, die grosse Schwäche und Hinfälligkeit bedingt.

An dieser Stelle mache ich noch auf den einzig in der Literatur dastehenden Fall Lambron's einer traumatischen pylephlebitis aufmerksam. Eine traumatische Ruptur der Pfortader ist mir nicht bekannt, den in der Literatur bekannten Fällen von Zerreissung, die Frerichs in seinen Leberkrankheiten S. 382 anführt, lagen meist Erkrankungen der Gefässwand zu Grunde. Die Zeichen der pylephlebitis sind nach Frerichs S. 400 Folgende: „Der Beginn der Pfortaderentzündung kündigt sich an durch Schmerzen, welche, je nachdem der Stamm oder einer der Aeste oder eine der Wurzeln dieses Gefässes zuerst erkrankt, im epigastrio, im rechten oder linken hypochondrio, in der Coecal- oder Nabelgegend auftreten. Bald darauf stellen sich Schüttelfröste ein mit nachfolgender Hitze und profusen Schweissen ohne bestimmten Typus, häufiger oder seltener sich wiederholend. Gleichzeitig nehmen in der Regel Leber und Milz an Umfang zu und werden auf Druck empfindlich; Haut und Harn färben sich icterisch, während dünne, gallige Stühle in reichlicher Menge erfolgen, ausnahmsweise aber auch Constipation besteht. Weiterhin pfle n die Zeichen einen diffusen peritonitis, schmerzhafte Auftreibung des abdomen, Erbrechen etc. hervorzutreten; die Kranken fallen rasch von Fleisch und Kräften, das Eiterungsfieber nimmt den hektischen Charakter an, bis Delirien oder Somnulenz zum Tode überführen. In einzelnen Fällen zeigen sich vorher noch die Zufälle metastatischer Eiterungen in den Lungen, den Gelenken etc. und ausnahmsweise auch Ectasieen der Bauchvenenin Folgenge störten Portalstroms.

Dieser Symptomecomplex kann während des Zeitraums einer oder zweier Wochen entstehen und verlaufen (Baczynski, Mohr und Frey), meistens dauert der Prozess vier bis sechs Wochen, ehe das

Ende eintritt (Ormerod, Busk, Marotto, Lambron, Niess, Langwaagen, Leudet, Lebert etc.), oder zwei Monate (Waller), ausnahmsweise auch noch viel länger (Budd). In Fällen, wo der Krankheitsprozess sich in die Länge zieht, treten zeitweise trügliche Remissionen ein, bis neue Frostanfälle das Weiterschreiten des Prozesses zum lethalen Ausgange ankündigen."

Die Symptome nach Verletzung der Gallenblase oder eines ductus derselben sind die nämlichen, wie die bereits bei Leberverletzungen angeführten; am vorwaltendsten sind sie peritonitischer Natur. Auch hier folgt der Verletzung Bewusstlosigkeit, ein Collaps, dazu gesellt sich heftiger Schmerz im epigastrium und hypochondrium, oder im ganzen abdomen, der sich bei Druck steigert; oder derselbe fehlt vollständig. Es tritt Erbrechen, kothiger, galliger, blutiger Natur auf, Stuhlverstopfung, blutige Stühle, ganz weisse faeces erscheinen, der Urin fehlt oder ist dunkel, safrangelb, selbst blutig. Die Respiration kann mühsam, beschleunigt sein, der Leib ist aufgetrieben; einmal ist das Auftreten von Schluchzer notirt. Fieber fehlte bei den zwei Stichverletzungen gänzlich; in keinem Falle waren irgend in die Augen fallende Entzündungserscheinungen vorhanden. Es war der Puls langsam, kräftig, voll, gleich nach der Verletzung ist er sehr klein, schwach, fast unfühlbar gewesen. Icterus ist 3 mal verzeichnet, 2 mal nach Ruptur des ductus coledochus, einmal nach Ruptur der Gallenblase. Die Ursache liegt wohl in Folge der Stauung, welche durch die der Verletzung folgende Schwellung der Schleimhaut der Gallenblase, des ductus cysticus und coledochus veranlasst worden ist. Dazu gesellt sich im Verlaufe der Krankheit noch Schlaflosigkeit, Unruhe, gedrückte Stimmung, Zaghaftigkeit, grosse Mattigkeit und Abmagerung. Hinsichtlich der Lage des Kranken ist nur einmal erwähnt, dass es dem Kranken unmöglich war, zu liegen; er sass beständig im Stuhle. Ich setze hier noch bei, was Desault über diese Verletzungen schrieb: „La plaie de la vésicule du fiel, des canaux cistique, hepatique et cholédoque cause ordinairement l'epanchement de bile, quelquefois des vomissemens fréquens d'humeur verdâtre avec des efforts violens, des mouvements convulsifs de tout le corps, et toujours la tension subite du ventre avec duretés sans douleur excepté à l'hypocondre droit, à la partie blessée, sans que le malade rende des vents; la difficulté de respirer, la petitesse, la fréquence et la concentration du pouls, puis sa faiblesse ou la continuation de son état naturel pendant quelque tems, puis son intermittence; la constipation complette du ventre, la décoloration de la peau ou la jaunisse légère, l'insomnie ou un someil très-agité, le froid des extrémités les faiblesses et la morte le troisième, le cinquième ou le septiéme jour."

Verlauf und Ausgang.

Ist der Kranke dem Schok, der Blutung, der Verletzung überhaupt nicht erlegen, so folgt derselben eine Reaktion in Form der traumatischen Hyperaemie der Leber (Frerichs), mit Vergrösserung derselben, Fieber und icterus. Wie aus Fall 74 hervorzugehen scheint, kann manchmal auch eine Leberverletzung gar keine Erscheinungen machen; nach dem in der dritten Woche an einer anderen Verletzung erfolgten Tode war die Ruptur der Leber vollkommen geheilt. Der Verlauf dieses reactiven Prozesses kann verschieden lange dauern bis Genesung eintritt. Er ist im Ganzen selten bei den Rupturen, denn er ist nur 5 mal verzeichnet. Seine Dauer gewöhnlich zwischen 10 und 17 Tagen. Frerichs beobachtete diese Hyperaemie bei einem Eisenbahnarbeiter, dessen rechte Brustseite beim Wagenschieben gequetscht worden war. Hier war der Kranke 3 Wochen lang icterisch. Piorry dagegen erzählt einen Fall, veranlasst durch das Aufschlagen einer matten Pistolenkugel; da ging die Hyperaemie schon am folgenden Tage zurück. Durch diese reactive Schwellung kann es möglich sein, dass eine Blutung und Galleergiessung sistirt wird und dann nach Abschwellung der Leber wieder beginnt, denn im Falle 88 trat nach 17 Tagen Schwellung des Unterleibes auf, es zeigte sich ein Erguss, der für ascites gehalten wurde, in der That aber Blut- und Galle-Erguss war. Dieser Fall, sowie die Fälle 61, 119, 122 zeigen, dass Blut und Galleerguss nicht tödtliche peritonitis zu machen brauchen, selbst nicht bei längerem Aufenthalte in der Bauchhöhle, sondern dass die Heilung nach operativer Entfernung der Ergüsse eintreten kann. Ob in Folge eines Trauma's eine reine perihepatitis sich entwickeln kann, wage ich nicht zu entscheiden, keine der Krankengeschichten gibt dafür einen Anhaltspunkt, obwol es möglich erscheint. Oder es complizirt resp. steigert sich die Hyperaemie, die perihepatitis zu einer traumatischen peritonitis mit meist lethalem Ausgange und einem wohl kaum 3 Wochen überschreitenden Verlaufe. Es sind 7 solcher Fälle verzeichnet, von denen nur Einer (F. 21) heilte.

1. Beginn der peritonitis:	2 Tag.	Tod: 12. Tag.
2. „ „ „	2 Tag.	Heilung in 3 Wochen.
3. „ „ „	2 Tag.	Tod: 16. Tag.
4. „ „ „	6 Tag.	Tod: 12. Tag.
5. „ „ „	unbestimmt.	Tod: 9. Tag.
6. „ „ „	„	Tod: 11. Tag.
7. „ „ „	„	Tod in der 7. Woche.

In wieder anderen Fällen wird der Prozess langwieriger, es entwickelt sich eine hepatitis vera circumscripta, suppurativa, deren übersichtliches Krankheitsbild nach Frerichs (S. 119) ich hier zunächst folgen lasse: „Nach einem Stoss, Schlag oder Fall auf die Lebergegend klagen die Kranken über Schmerz und Empfindlichkeit der rechten Seite; das hypochondrium fühlt sich hart und gespannt an, und meistens lässt sich durch die Percussion oder Palpation eine Vergrösserung der Leber nachweisen. Dieselbe erstreckt sich bald nach oben in den thorax hinein, bald dagegen findet man den Rand der Drüse ungewöhnlich tief unter dem Rippensaume. Dazu gesellt sich in manchen Fällen icterus, häufiger bleibt die Hautfarbe unverändert. Gleichzeitig mit der Geschwulst und der Schmerzhaftigkeit der Leber treten in der Regel die Zufälle eines mehr oder minder heftigen Fiebers, verbunden mit gastrischen Beschwerden ein, auch die Haut wird heiss und trocken, der Puls nimmt an Frequenz zu, die Zunge bedeckt sich mit einem grauen oder gelben Belege, nicht selten stellt sich biliöses Erbrechen ein, während der Stuhl bald angehalten und träge, bald häufig und gallig wird. Entwickelt sich der Entzündungsherd nach oben, so wird die Respiration gestört, die Action der rechten Hälfte des Zwerchfells beschränkt sich, die Leberdämpfung steigt höher in den Thoraxraum hinauf, ein kurzer, trockner Husten stellt sich ein, zuweilen auch Schmerzen in der rechten Schulter.

Sobald die Eiterung beginnt, pflegen die gastrischen Beschwerden sich zu, steigern, das Fieber nimmt an Intensität zu in unregelmässigen Intervallen treten Anfälle von Frost auf, welchem Hitze und reichliche, erschöpfende Schweisse folgen. Ist der Abscess vollständig ausgebildet, so vermindert sich meistens die allgemeine Schwellung der Leber, während bei günstiger Lage des Abscesses ein umschriebener, fluctuirender tumor fühlbar wird. In vielen Fällen bleibt der Abscess von Leberparenchym umschlossen und der Nachschweiss ist unmöglich. Der weitere Verlauf kann sich sehr verschieden gestalten. Unter günstigen Umständen bildet sich die Eiterung zurück, der Abscess verkleinert sich allmälich und vernarbt, während die Symptome nach und nach zurücktreten. Schreitet die Eiterung weiter, ohne sich zu begrenzen, so 'erfolgt der lethale Ausgang, meistens unter typhoiden Zufällen oder unter denjenigen der zur Erschöpfung führenden febris hectica. In anderen Fällen entwickelt sich eine peritonitis, die anfangs local bleibt, aber bald über das ganze Bauchfell sich verbreitet und im letzteren Falle als solche tödtlich wird.

Bahnt der Abscess sich einen Weg nach aussen oder in benachbarte Organe oder Körperhöhlen, so gestalten sich die Symptome sehr verschiedenartig, je nach der Richtung, welche der Eiter einschlägt. Bei Durchbruch in das cavum peritonei ist eine in kurzer Frist lethal endende peritonitis ex perforatione die Folge. Wenn der Abscess sich nach aussen wendet, so entwickelt sich in der Lebergegend, oder nach weiterer Wirkung des Abscessinhaltes am Rücken oder in der Beckenregion eine fluctuirende, mit Eiter gefüllte Geschwulst. Oeffnet derselbe sich in den Magen, so wird der Eiter erbrochen, öffnet er sich in den Darmkanal, oder, was selten geschieht, in die Gallenwege, so geht er mit dem Stuhle ab. Beim Durchbruch in's cavum pleurae dextrum entsteht der Symptomencomplex eines pleuritischen Exsudats. Tritt der Abscess über in die angelöthete rechte Lunge, so erfolgt pneumonia suppurativa, und bei eintretender Communication des Herdes mit den Bronchien wird Eiter gewöhnlich von blutiger putrider Beschaffenheit expectorirt."

Es sind 10 Fälle von Leberabscess in der Casuistik aufgeführt. Darunter 4 Fälle von Heilung. Dieselben waren:

1. Am 6. Tage entwickelt, in der 3. Woche Aufbruch durch den Darm. Tod an Pyaemie.

2. Am 10. Tage entwickelt. Heilung in 6 Wochen.

3. Tod am 10. Tage. Der Abscess communizirte mit der rechten Pleurahöhle; oberhalb frische pleuritis dextra.

4. Tod nach 17 Tagen; linker Leberlappen ganz mit braunem Eiter gefüllt; eitriges Exsudat, wohl in Folge einer Perforation, in der Pleura- und Bauchhöhle.

5. Innerhalb 3 Wochen entwickelt. Heilung. Entleerung durch den Darm. (?)

6. Entwicklung innerhalb 7 Wochen. Entleerung in die rechte pleura. Tod nach $3^1/_2$ Monaten.

7. Innerhalb $3^1/_2$ Monaten entstanden. Langsame Genesung; nach 6 Monaten noch Absonderung durch eine Oeffnung in der Nabelgegend.

8. Innerhalb eines Jahres entstanden. Heilung.

9. Innerhalb eines Jahres entstanden. Tod. In der Section 8 Pfund Eiter entleert, Communication mit der rechten Pleurahöhle.

10. Leberabscess. Tod.

Der Ausgang nach diesen Verletzungen ist demnach Genesung oder der Tod in kürzerer oder längerer Zeit. Der Tod erfolgt entweder in Folge der Blutung und des Schoks, oder an der Grösse der Verletzung und zwar theils bei vollständiger Zermalmung des Organes, theils bei gleichzeitigen grossartigen anderen Verletzungen. Im Verlaufe tritt er dann ein in Folge von peritonitis, oder eines Leberabscesses, oder an intercurrenten Krankheiten wie Pneumonie, pleuritis, pericarditis, Pyaemie. Bei wohl nur oberflächlich in die Substanz der Leber eingedrungenen Rupturen kommt es vor, dass der Kranke die Gefahr seiner Verletzung gar nicht kennt, vielleicht nur von colikartigen Schmerzen geplagt wird, sich im Uebrigen aber wohl befindet. Er beginnt desshalb bald wieder seine gewöhnliche Lebensweise, die aber dann durch eine plötzliche Attaque resp. wohl durch eine Vergrösserung des Risses und dadurch bedingte Blutung und Gallenerguss mit ihren Folgen in's cavum peritonei meist für immer unterbrochen wird, wie diess Fall 86 zeigt. Im Fall 147 entstand, nachdem der Kranke schon ausserhalb des Bettes wegen Unbedeutendheit der Erscheinungen sich befunden hatte, plötzlich Schmerz im abdomen, und eine acute peritonitis in Folge von Galleerguss machte ein rasches Ende. Oft verlauft auch eine geringere Verletzung desswegen schlecht, weil die Leber krank, vorzüglich fettig degenerirt ist. (F. 86). Ich lasse hier eine Tabelle über Ursache und Zeit des Todes nach den Rupturen folgen:

	Zeit des Todes.	Ursache des Todes.
1.	Augenblicklicher Tod.[1]	Grösse der Verletzung.
2.	" "[2]	" " "
3.	" "[3]	Blutung.
4.	" "[4]	Grösse der Verletzung.
5.	" "[5]	" " "
6.	" "[6]	" " "
7.	" "[7]	" " "
8.	Schneller Tod.	Blutung.
9.	In einigen Minuten.	"
10.	In wenigen Minuten.[8]	"
11.	" "[9]	"
12.	10 Minuten.	"
13.	15 "[10]	"
14.	" "[11]	"
15.	" "[12]	"
16.	20 "	"
1.	$^1/_2$ Stunde.	"
2.	" "[13]	"
3.	" "	"
4.	" "	"
5.	" "	"
6.	" "[14]	"

[1]) Ruptur des linken Ventrikels, der Leber und Milz.

[2]) Ruptur der Leber und Milz, Blutung im Gehirn.

[3]) Breiige Zermalmung des rechten Leberlappens.

[4]) Pericardium zerplatzt, Fractur des Schädels, Riss in Leber und Milz.

[5]) Gehirn, Leber und Milz rupturirt.

[6]) Herz abgerissen, Lunge, Leber, Milz rupturirt.

[7]) Zerreissung der Leber, Milz, Lunge, Fractur des Schädels, Beckens, der Wirbelsäule.

[8]) Linker Lappen zerquetscht.

[9]) Lungenruptur, Blut im cavum pleurae.

[10]) Auch Blut in der Brusthöhle.

[11]) Milz durchrissen.

[12]) Auch Blutung in der Brusthöhle.

[13]) Schädelfractur.

[14]) Fractur der Schädelbasis.

	Zeit des Todes.	Ursache des Todes.
7.	³/₄ Stunden. [15]	Blutung.
8.	1 „ [16]	„
9.	„	„
10.	„ [17]	„
11.	„ [18]	„
12.	„ [19]	Grösse der Verletzung.
13.	„ [20]	Blutung.
14.	1¹/₂ Stunden.	„
15.	„ „	„
16.	2 Stunden.	„
17.	„ [21]	Schok.
18.	„ [22]	Blutung.
19.	2¹/₂ Stunden. [23]	Grösse der Verletzung.
20.	3 „	Blutung.
21.	3¹/₂ „	„
22.	4 „ [24]	Grösse der Verletzung.
23.	5 „ [25]	„ „ „
24.	„ „ [26]	Blutung.
25.	6 Stunden. [26]	„
26.	8 „ [27]	„
27.	„ „ [28]	„
28.	9 „	„
29.	12 „	„

[15]) Milz ebenfalls zerrissen.

[16]) 2¹/₂jähriges Mädchen.

[17]) Zerreissung der rechten Lunge.

[18]) Rechte pleura voll Blut.

[19]) Commotio cerebri. Zerreissung des Herzens.

[20]) Lunge zerrissen.

[21]) Zerreissung der Leber mit geringer Blutung.

[22]) Riss im linken Ventrikel.

[23]) Riss des linken Herzohres und Fractur des Schädels.

[24]) Milz, Leber und linke Niere geborsten.

[25]) Milz zerrissen, Magen vom pylorus abgerissen.

[26]) Auch in die Pleurahöhle; Oberschenkel und beide Vorderarme fracturit.

[27]) Auch im cavum pleurae Blut.

[28]) Milzruptur und Luxation der Lendenwirbel.

	Zeit des Todes.	Ursache des Todes.
30.	13 Stunden.[29])	Grösse der Verletzung.
31.	22 „	Blutung.
32.	Nach einigen Stunden.[30])	Blutung mit Galleerguss. Enteritis.
1.	1 Tag.	Blutung.
2.	„ [31])	„
3.	„	„
4.	„	„
5.	„ [32])	„
6.	$1^1/_2$ Tage.[33])	„
7.	„ „	„
8.	2 „	„
9.	„ „	Peritonitis.
10.	„ „	Blutung. Enteritis.
11.	„ „ [34])	Blutung.
12.	„ „	„
13.	$2^1/_2$ „ [35])	„
14.	„ „	Traumatisches Emphysem d. Leber.
15.	„ „	Blutung und Galleerguss.
16.	3 Tage.[36])	Haemato-pneumo-thorax.
17.	„ „	Blutung.
18.	5 Tage.	„
19.	7 „ [37])	„
20.	9 „	Peritonitis.
21.	„ „	Blutung und rechtseitige Pleuritis.
22.	10 Tage.	Leberabscess. Pleuritis.
23.	11 „	Peritonitis.
24.	12 „	„

[29]) Lunge und Niere zerrissen.

[30]) Dreijähriges Mädchen. Auch in der Pleurahöhle Blut.

[31]) $1^1/_2$jähriges Kind.

[32]) Beginnende peritonitis.

[33]) Rechte Niere ebenfalls zerrissen.

[34]) Auch Niere zerrissen.

[35]) Fettentartung der Leber, des Herzens, der Nieren.

[36]) Leber nur contundirt.

[37]) Gangrän am rechten Unterschenkel.

Zeit des Todes.	Ursache des Todes.
25. 12 Tage.	Peritonitis.
26. 14 „	?
27. „ „	Blutung.
28. 16 „	Peritonitis.
29. 17 „ [38])	Leberabscess.
30. 18 „	?
31. 19 „	Pyaemie.
1. 3. Woche. [39])	„
2. „ „ [40])	Rückenmarks-Verletzung.
3. 7. „	Peritonitis.
1. $3^1/_2$ Monat. [41])	Pericarditis.

Nach dieser Tabelle starben also 16 Fälle in den ersten 20 Minuten; die Grösse der Verletzung und die Blutung trugen die Ursache; 32 Fälle starben in den ersten 22 Stunden und auch hier spielen noch die angegebenen Momente eine Hauptrolle. Warum das eine Individuum bei der gleichen Verletzung früher, das andere später stirbt, scheint theils in der Einwirkung auf's Nervensystem, theils in der Körperbeschaffenheit des Individuums seinen Grund zu haben. Vom 1—19 Tage starben 31 Verletzte, und hier spielen die Entzündungs-Erscheinungen die Hauptrolle, nur 3 resp. 2, die Rückenmarks-Verletzung abgerechnet, lebten Wochen, nur Einer Monate lang. Bei 32 Individuen ist die Zeit des lethalen Eintrittes nicht angegeben, wesswegen ihrer keine Erwähnung geschieht.

Bei den Leberschusswunden kommen eine Reihe von Fällen vor, die in ihrem Verlaufe eine äusserst geringe Reaktion zeigen, keine erheblichen Fieberbewegungen darbieten, nicht die Symptome einer traumatischen Hyperaemie, einer hepatitis erkennen lassen, so dass die entzündlichen Erscheinungen nur auf die Umgebung des Schusskanales beschränkt bleiben.

Volkmann hebt bei seinen mitgetheilten Schussverletzungen hervor, dass fast alle Symptome fehlten, die sonst angegeben werden.

---

[38]) Eiterartiges Exsudat in der Pleura- und Bauchhöhle.

[39]) Veranlasst durch Abscessbildung in der Leber.

[40]) Ruptur der Leber geheilt.

[41]) Leberabscess communizirend mit der rechten pleura.

Vorhandene Fieberbewegungen und Frostschauer sind häufig auf Retention von Eiter, Gewebsfetzen, Kleiderfetzen etc., auf Resorbtion des Eiters zu beziehen, oder stellen ein reines Wundfieber dar. Traumatische reine Hyperaemieen sind eigentlich nur 6 nach dem Symptomencomplex zu erwähnen, nämlich Fall 166, 170, 171, 174, 175, 176, im Fall 202 einer Schrottverwundung ist von einer traumatischen Hyperaemie und perihepatitis die Rede. Nur 5 mal ist peritonitis erwähnt; Fall 178 endete in 18 Tagen mit Heilung, Fall 155 und 156 endeten am 3—5. Tage, Fall 159 schon nach 18 Stunden tödtlich. Im Falle 201 endete eine peritonitis das Leben am 90. Tage, nachdem ein Nierenabscess mit Communikation in die Bronchien sich entwickelt hatte. Von einer circumscripten hepatitis resp. Abscessbildung ist merkwürdiger Weise in keinem Falle die Rede; es müsste denn Fall 194 hieherzurechnen sein, was sehr wahrscheinlich ist. Dagegen sind wir so glücklich 42 Fälle von Heilungen zu constatiren, darunter Fälle, wie sich aus nachfolgender Tabelle I ergibt, die mit Lungenverletzungen und Pneumonieen, mit peritonitis und Darmverletzungen combinirt waren. Von zurückgebliebenen Gallenfisteln ist 2mal (152 und 170) die Rede. In wie weiten Grenzen die Zeit der Heilung schwankt ist auch aus der Tabelle ersichtlich. Fremde Körper, Abstossungen von Lebergewebe, gleichzeitige andere Verletzungen und intercurrente Krankheiten verzögern die Heilung. Tödtlich endeten 21 Fälle; darunter war in Fall 184 der in der Leber vorhandene Schusskanal vollständig ausgeheilt; auch im Falle 207 war der Schusskanal bis auf eine Cyste in seinem Verlaufe geheilt. Es sind überhaupt nach nachstehender Tabelle II von den 21 Todesfällen nur 8 die directe Folge der Leberverletzung, in allen anderen Fällen endeten intercurrente Krankheiten das Leben oder andere gleichzeitige Verletzungen. Dupuytren erwähnt in seinen Vorlesungen über die Verletzungen durch Kriegswaffen, dass er in den Julitagen im Hotel Dieu mehrere Kranke beobachtete, von denen der Eine eine Schussverletzung der Leber 20, ein Anderer 13 und ein Dritter 8 Tage überlebte. Die Ursachen des Todes sind Blutungen, der Schok, die peritonitis, wie diess auch Lidell ausspricht: Gounshot wounds of the liver tend to destroy life by the shock, the hemorrhage, and the consecutive peritonitis, wich they may occasion.

Tabelle I.

	Heilungsdauer.		Bemerkungen.
1.	24	Tage.	Kugel nicht gefunden, eingekapselt (?), wenn nicht durch die Kleidungsstücke wieder herausgerissen.
2.	54	„	
3.	6	Wochen.	
4.	7	„	
5.	7	„	
6.	2	Monate.	Wunde der rechten Lunge, Pneumonie im rechten Unterlappen.
7.	2	„	
8.	2	„	Schrottschuss.
9.	2	„	
10.	2	„	
11.	70	Tage.	
12.	9	Wochen.	
13.	10	„	
14.	10	„	Kurzathmigkeit bei jeder Anstrengung blieb zurück.
15.	$2^1/_2$	Monat.	Schrottverletzung. Heilung verzögert durch Abscessbildung an verschiedenen Körperstellen, wo Schrotte sassen.
16.	11	Wochen.	Magen, Leber und Lunge verletzt.
17.	3	Monate.	Schrottschuss. Gleichzeitige Lungenverletzung.
18.	$^1/_4$	Jahr.	
19.	$^1/_4$	„	Drückender Schmerz in der Lebergegend blieb zurück.
20.	$3^1/_2$	Monate.	Traumatische peritonitis. Colon verletzt.
21.	$3^1/_2$	„	Intermittirendes Malariafieber.
22.	$3^1/_2$	„	
23.	13	Wochen.	
24.	4	Monate.	Intercurrente Neuralgieen.
25.	4	„	Lunge verletzt.
26.	$4^1/_2$	„	Gleichzeitige linke Lunge verletzt.
27.	135	Tage.	Abscessbildung am Nabel und Zündspiegel durch den Abscess entleert.

Es erstreckte sich also die Zeit der Heilung von 24—135 Tage; in den übrigen Fällen ist die Dauer nicht angegeben; in einem Falle ist erwähnt, dass nach 2 Monaten noch eine Gallenfistel vorhanden war; unter den geheilten Fällen fanden sich drei Schrottschüsse.

Tabelle II.

Zeit des Todes:		Ursache des Todes:
1. Augenblicklicher Tod.	[1]	Grösse der Verletzung.
2. „ „	[2]	„ „
3. „ „	[3]	Blutung.
4. „ „	[4]	Grösse der Verletzung.
5. „ „	[5]	„ „
6. „ „	[6]	„ „
7. „ „	[7]	„ „
8. „ „	[8]	Blutung.
1. In einigen Stunden.		Blutung (?).
2. In 18 Stunden.		Peritonitis.
3. Am anderen Morgen.	[9]	Blutung.
1. Am 3. Tag.	[10]	Peritonitis.
2. Am 5. Tag.	[11]	„
3. Am 10. Tag.	[12]	Blutung
4. Am 14. Tag.		?
5. Am 39. Tag.	[13]	Pneumonia dupplex.

[1]) Magen, Leber, Milz zerrissen.

[2]) Leber, pancreas, Milz, Zwerchfell, Herz durchrissen.

[3]) Lunge, Milz zerrissen.

[4]) Herz, Lunge, Leber verletzt.

[5]) Leber zu Brei zermalmt.

[6]) Schrottschuss im Herz, Zwerchfell, Leber und Magen.

[7]) Magenperforation, Lunge und Zwerchfell verletzt.

[8]) Lunge, Zwerchfell, arter. intercost. verletzt.

[9]) Nur die Leber verletzt.

[10]) Nur die Leber verletzt.

[11]) Nur die Leber verletzt.

[12]) Am linken Ventrikel eine Risswunde, linke pleura voll Blut.

[13]) Pneumonie durch Embolie entstanden von der Lebervene aus. Leberschusskanal verheilt; in der Mitte desselben eine Cyste.

6. 90 Tag.[1])	Peritonitis.
1. 4 Monat.[2])	?
2. 6 Monat.[3])	Rückenmarksverletzung.

In 8 Fällen trat hier durch die Blutung und die Grösse der Verletzung bedingt der augenblickliche Tod ein; in den übrigen Fällen spielte ein Zeitraum von einigen Stunden bis zu 6 Monaten. In den Fällen, bei welchen der Tod nach einigen Tagen auftrat, war meist peritonitis die lethale Ursache; in den nach Monaten tödtlich endenden Verletzungen lag die Ursache nicht in der Verletzung selbst, sondern in gleichzeitigen anderen Laesionen oder Erkrankungen.

Auch bei den Schnittwunden kann ohne besonders hervortretende Erscheinung von Seite der Leber in kurzer Zeit Heilung erfolgen, wie Fall 249 darlegt. Die Heilung wurde nur verzögert durch Nachblutungen. Intercurrente Krankheiten, die den Verlauf gestört hätten, sind nicht vorgekommen. Dass auch Substanz-Verluste heilen können, beweisen die Fälle, in denen Stücke der Leber vorgefallen und ohne schädliche Folgen weggeschnitten, abgebunden wurden. Es sind 14 solche Fälle bekannt und erstreckte sich die Heilung in den Terminen von 14 Tagen bis zu 5 Wochen. Das Auftreten der traumatischen Leberhyperaemie ist zweimal diagnosticirt und dauerte dieselbe 3 Wochen und 26 Tage. Die circumscripte hepatitis war die Folge zweier Verletzungen; die Eine war innerhalb 16 Tagen entstanden und nach 5 Wochen in Heilung übergegangen; die Andere endete nach 40 Tagen durch hektisches Fieber tödtlich. Häufiger begleitete peritonitis die Wunden; sie ist 10 Mal aufgetreten und zwar schon in einigen Fällen am 2. Tage; tödtlich verliefen 7 Fälle und zwar in dem Zeitraume von 12, 72 Stunden, 5 und 8 Tagen; die Heilung nahm einen Zeitraum bis zu 2 Monaten in Anspruch. Die Tabelle I enthält wieder die Zeitdauer der Heilung, die II. die Ursache und die Zeit des Eintrittes des Todes.

---

[1]) Nierenabscess in Communikation mit den Bronchien.

[2]) Auch rechte Niere verletzt.

[3]) Der Kanal in der Leber war ausgeheilt.

Tabelle I.

Heilungsdauer.	Bemerkungen.
1. 14 Tage.	Vorfall eines Leberstückes und abgetragen
2. 3 Wochen.	" " " "
3. 3 "	" " " "
4. 26 Tage.	" " " "
5. 27 "	
6. 30 "	Peritonitis.
7. 30 "	Nachblutungen.
8. 5 Wochen.	Stück Leber abgetragen.
9. 5 "	Wegen Disposition zu einer Bauchhernie Bruchband.
10. 5 "	Abscess der Leber.
11. 6 "	10. Rippe gebrochen und ausgerissen. Obere Hälfte der Leber und ein Theil der rechten Lunge blosliegend. Ein Stück der Leber von der Grösse eines Schillings herausgerissen.
12. 2 Monate.	Bei dem 17 Monate später erfolgten Tode war der mittlere Lappen der Leber an die Bauchwand angewachsen, in der Mitte eine Narbe von 3''' Länge und $\frac{1}{2}$''' Breite.
13. Unbestimmt.	Peritonitis, langdauernde Reconvalescenz.
14. In einigen Wochen.	Vorfall eines Leberstückes.

Tabelle II.

Eintritt des Todes:	Ursache des Todes:
1. Augenblicklicher Tod.	Blutung.
2. " " [1])	Grösse der Verletzung.
3. Rascher Tod. [2])	Blutung.
4. " "	"
5. " "	"

[1]) Rechter Ventrikel, Magen, Darm verletzt.

[2]) Pfortader verletzt.

6.	Nach $^1/_4$ Stunde.[1])	Blutung.
7.	Nach einigen Stunden.[2])	„
8.	9 Stunden.[3])	Grösse der Verletzung.
9.	12 „ [4])	Peritonitis.
10.	12 „ [5])	„
11.	15 „ [6])	Grösse der Verletzung.
12.	36 „ [7])	Blutung.
13.	2 Tag.[8])	Grösse der Verletzung.
14.	72 Stunden.[9])	Peritonitis.
15.	In den ersten Tagen.	?
16.	Nach 5 Tagen.	Peritonitis.
17.	Nach 8 „	„
18.	Nach 9 „ [10])	Grösse der Verletzung.
19.	Nach 11 „	Uebermässiger Alkoholgenuss.
20.	1 Monat.[11])	Peritonitis.
21.	40 Tage.[12])	Hektisches Fieber.
22.	54 Tage.	„ „

Wenn wir von den begleitenden Verletzungen abstrahiren, so verliefen von 26 Todesfällen eigentlich nur 12 in Folge der Leberverletzung als solcher tödtlich, darunter nur 3 mal durch peritonitis, 5 mal durch Blutung, 2 mal davon in Folge eines Leberabscesses hektisch, einmal durch übermässigen Alkoholgenuss; in einem Falle ist die Ursache des Todes nicht angegeben. Die Zeit anlangend, so starben 5 Verletzte eines augenblicklichen Todes theils durch

[1]) Rechter Ventrikel verletzt.

[2]) Auch linker Ventrikel verletzt.

[3]) Gedärme, Lunge, rechter Ventrikel verletzt.

[4]) Gallenblase und Magen verletzt.

[5]) Magen verletzt.

[6]) Darm, Niere, aorta, ven. cava ascend. verletzt.

[7]) Wunde des rechten Ventrikels.

[8]) Magen und rechter Ventrikel verletzt.

[9]) Auch Magen perforirt.

[10]) Magen, rechter Ventrikel verletzt, die Leberwunde durch einen Pfropf geschlossen.

[11]) Perforation des Magens.

[12]) Leberabscess.

die Grösse der Verletzung, theils besonders durch die Blutung; 7 starben in den ersten 36 Stunden, 10 Fälle endeten vom 2. Tage bis zum 54. Tage lethal an peritonitis und hektischem Fieber.

Was die Gallenblase und ihre Verletzungen anlangt, so können wir wenig Tröstliches berichten. Alle Rupturen verliefen tödtlich und zwar fast immer an peritonitis.

1. Tod nach 6 Stunden. Ursache: Wahrscheinlich peritonitis.
2. „ „ 48 „ „ Peritonitis.
3. „ am 2. Tage. „ „
4. „ nach 58 Stunden. „ „
5. „ am 27. Tage. „ ? (wohl marastisch).
6. „ „ ? „ Peritonitis.
7. „ „ ? „ Wahrscheinlich peritonitis.

Dasselbe Loos traf die Stichschnittwunden.

1. Tod am 3. Tage. Ursache: peritonitis.
2. „ „ 4. „ „ „
3. „ „ 7. „ „ „
4. „ „ 7. „ „ „

Hieher gehört auch die Stichwunde Fall 267 mit dem am 10. Tage an peritonitis erfolgten lethalen Ausgange. Glücklicher erscheint der Verlauf der Schusswunden; Stromeyer und Tompson berichten Fälle von Heilung. In Lovell's Falle dauerte das Leben 5 Wochen; es hatte sich eine Gallenblasen-Fistel gebildet. In Guthrie's und dem Falle von Paroisse wurden bei den an anderen Ursachen Verstorbenen Kugeln in der Gallenblase gefunden. Der von Fryer (medico-chirurg. Transact. Vol. IV. p. 330) erzählte glückliche Fall scheint nicht ganz sicher; es wurde durch drei in Zwischenräumen angestellte Punktionen eine bedeutende Menge der Galle völlig ähnlicher Flüssigkeit entleert. Chelius bemerkt dazu, dass die ausgeleerte Flüssigkeit nicht chemisch untersucht wurde und auch von Beck wird der Fall angezweifelt.

Pathologische Anatomie.

Die Sektionsbefunde bei den Rupturen der Leber haben folgendes ergeben: Am häufigsten ereignen sich dieselben im rechten Lappen (50 mal), am seltensten im linken Lappen (7 mal); durch die Mitte der Leber sind Risse 14 mal gefunden worden; 35 mal ist überhaupt nur von Leberzerreissungen die Rede. Ausserdem ist die Convexität des Organs wieder häufiger, fast um das Doppelte, betheiligt als die Concavität, nämlich 44: 28 mal, 20 mal ist die Ruptur entweder durch die ganze Lebersubstanz gegangen oder war ein Lappen ganz zermalmt. Es kommt nicht blos ein Riss, sondern mehrere zugleich, sei es nur an der Convexität oder Concavität, oder an Convexität und Concavität vor; dieser Vorgang ist 25 mal verzeichnet und zwar können, was die Zahl der Risse anlangt, nur 2 oder viele bis zu 20 vorkommen. Ueber die Länge und Tiefe derselben sind die Angaben sehr ungenügend; nach einer Tabelle der Häufigkeit kamen vor:

Risse von	3''	Länge	8	Mal;	von	1/4''	Tiefe	7 Mal.
	1''	„	6	„	von	1/2''	„	6 „
	4''	„	5	„	von	1/2''	„	5 „
	5''	„	3	„	von	1/8''	„	2 „
	1 1/2''	„	3	„	von	1''	„	1 „
	1/2''	„	3	„	von	1 1/2''	„	1 „
	3/4''	„	2	„	von	3''	„	1 „
	2 1/2''	„	1	„	von	3/4''	„	1 „

Die Form der Risse ist entweder sternförmig mit seitlichen Ausläufern oder angulär, T förmig, halbmondförmig, bogenförmig, zikzakförmig; die Risse verlaufen quer, längs, vertikal oder horizontal zur Körperachse, mit einem oder mehreren seitlich abgehenden Rissen, im Fall 117 klafften die Ränder $^1/_4$'' weit. Es kann ein ganzes Stück der Leber abgetrennt sein, auf den Gedärmen liegen oder es sind Theile eines Lappens zu Brei zermalmt, liegen im Blute schwimmend in einer Höhle der Leber; eine Ruptur ist als taschenförmig bezeichnet und war die Tasche mit Blutcoagula angefüllt. (F. 86); eine Andere hatte nicht die Form eines Risses oder Spaltes, sondern eines verhältnissmässig grossen hiatus mit hökriger Fläche, welche das Ansehen darbot, als wäre die Leber von Thieren zerfetzt und Stücke derselben herausgerissen worden (Fall 18). Ein anderes Mal hängt das abgerissene Leberstück nur durch eine faserige Masse, selbst nur noch durch Gefässäste oder durch den peritonealen Ueberzug mit dem ganzen Organe zusammen; im Fall 134 gelangte bei einer gleichzeitigen Ruptur des diaphragma ein Theil des rechten Leberlappen durch diesen Riss in die Pleurahöhle. Die Flächen der Risse boten ein unregelmässiges selbst körniges Ansehen dar, waren mit Blutcoagula bedeckt; sie sind als lebhaft geröthet bezeichnet; das umgebende Parenchym zeigte ein durch frisches Exsudat infiltrirtes Gewebe; in anderen Fällen waren die Ränder theils durch das Fibrin des ergossenen Blutes verklebt, oder theils durch Blutcoagula und Lymphe geschlossen, der Heilung entgegensehend; im Falle 108, der durch peritonitis tödtlich endete, war nach 14 Tagen die Wunde durch Lymphe geschlossen, aber in der Mitte derselben eine gelblich gallige Masse, ein Galleerguss vorhanden; im Falle 74 war die Wunde der Leber bereits vernarbt. Sehr interessant ist Fall 102: An der incissura vesical., dem inneren Rande der Gallenblase folgend, fand sich ein Einriss in die Leber, welcher sich vom scharfen Rande dieses Organes in senkrechter Richtung 2'' in die Substanz hinein erstreckte. Zwischen den beiden Flächen dieser Ruptur fand man einen Theil des Netzes nicht blos eingeschoben, sondern bereits locker verwachsen.

Ausser diesen grösseren Rupturen kommen auch kleine Risse, Quetschungen mit Blutaustritt vor, wie Fall 101 zeigt; es liessen sich eine Menge einzelner kleiner Höhlen wahrnehmen, in welche sich überall schwarzes Blut ergossen hatte, so dass die Leber wie marmorirt aussah. Blutergüsse kommen ausserdem nicht blos in der Leber vor, sondern auch zwischen Leber und Peritonealüberzug und können hier von nur handteller Grösse sein oder eine ganze Fläche der Leber kuchenähnlich überziehen (Fall 82). Dabei können die oberflächlichen Schichten der Leber mit Blut infiltrirt sein. Es findet sich ferner die Leber zerrissen, ohne dass ihr Peritonealüberzug eine Verletzung erlitten hätte.

Ueber das Aussehen der Leber überhaupt ist mitgetheilt, dass sie anaemisch war, vergrösserte ecchymosirte Flecke zeigte (Fall 86) und einige Male ist von fettiger Degeneration die Rede; nebenbei war sie mit dem diaphragma oder Netze verwachsen. — Der Bluterguss in die Bauchhöhle ist je nach der Grösse der Verletzung verschieden; es werden bei Verletzung grosser Pfortaderäste etc. ganz enorme Quantitäten Blut ergossen, wodurch der Leib bedeutend ausgedehnt, die Athemnoth aufs höchste gesteigert werden kann; es sind Blutergüsse von einigen Unzen bis zu 12 Pfund vorgekommen, so dass bei Eröffnung der Bauchhöhle das Blut mit einer gewissen Gewalt entgegenspritzte. Das Blut ist theils coagulirt theils flüssig; coagula sind auf die Gedärme, das Netz abgesetzt, die Gedärme schwimmen im Blut; es ist nur in seltenen Fällen angegeben, dass das Blut gallegefärbt erschien. Im Falle 81 fanden sich 2 Pfd. schwarz-grüner Galle im Unterleib bei 2 Rissen an der concaven Seite der Leber. Einige Male ist nur von blutigem serum in der Bauchhöhle die Rede; bei Verwachsungen ist der Erguss oft nur auf die rechte Seite beschränkt. Von den einer Ruptur folgenden Krankheiten, der peritonitis und dem Leberabscess, kamen zur Section 3 Fälle von peritonitis, 9 Fälle von Leberabscess. Die peritonitis war eine serös-eitrige, führte zu Adhaesionen der Leber mit der Bauchhöhle und dem diaphragma, und ging in einem Falle (16) mit Abscessbildung einher; im Falle 2 hatten die Adhaesionen besonders auch mit dem Netze, zu 2 Absackungen von Eiter geführt, die so enorm waren, dass das Zwerchfell rechterseits bis zur 3. Rippe hinaufgeschoben wurde. Im Falle 84 bei einer asthenischen peritonitis fand sich eine gallige mit Lymphflocken gemischte Flüssigkeit von 240 Unzen, durch deren Druck auf die Gedärme, sowie durch die Verklebungen der einzelnen Windungen unter einander im Leben eine nicht zu beseitigende Kothstauung gegeben war. Die Abscesse befanden sich meist im rechten Lappen und waren mit serös-eitriger, blutig-eitriger Flüssigkeit oder dickem Eiter gefüllt. Die Leber war dabei oft enorm gross, nicht blos im Abscesslappen, sondern auch im linken Lappen. Dieselben lagen alle nahe der convexen Oberfläche der Leber, bildeten dortselbst starke Vorwölbungen; in der Regel waren Verwachsungen mit dem diaphragma, peritoneum vorhanden. In einigen Fällen ging caries der entsprechenden unteren Rippen mit einher. Im Falle 16 fanden sich 2 Abscesse, der Eine in der Tiefe, der Andere mehr an der Oberfläche gelegen. Neben den Abscessen existirte in einigen Fällen eine helle seröse Flüssigkeit in der Bauchhöhle in geringer Menge, ohne dass peritonitische Erscheinungen zugegen waren. Ich habe diesen serösen Erguss auch bei den Leberabscessen an Kaninchen gesehen. Im Falle 59 communizirte der Abscess mit einer in dem unteren Theile der rechten Lunge befindlichen Eiterhöhle; im Falle 60 befand sich ausnahmsweise der Abscess im linken Lappen und war ein eitriges Exsudat in der Bauchhöhle; ob in Folge einer peritonitis oder einer Entleerung des Abscesses ist nicht gesagt. Schliesslich dürfte vielleicht Fall 104 als beginnender Abscess gedeutet werden. Es heisst dort: Im hinteren Theile des im rechten Lappen befindlichen Risses war blutiger Eiter; das Gewebe der Leber um diese Stelle schien weich und zerreisslich. Ich schalte gleich hier einige Bemerkungen von Klebs über die Eiter bildenden Prozesse in der Leber ein. „Die einzelnen Abscesse der Leber können eine so bedeutende Grösse erreichen, dass die Leber vollständig ausgehöhlt, in einen Eitersack verwandelt ist. Die an der Oberfläche befindlichen erheben ein wenig die meist unveränderte serosa und verschmälern sich keilförmig gegen die Tiefe der Lebersubstanz. Die mit gelbem, zähem, meist gallefreiem Eiter gefüllte Höhle besitzt anfänglich etwas rauhe, zottige, später glatte Wandungen. — Selbst traumatische Affectionen der Leber geben nur sehr selten zur Abscessbildung Veranlassung und zwar vorzugsweise, wenn sie mit der Anwesenheit eines fremden Körpers complizirt sind.“ Sehr interessant ist der durch Chabert mitgetheilte Fall (37) von Traumatic Emphysema. Die Sektion wurde gleich nach dem Tode vorgenommen und waren keine cadaverösen Veränderungen die Ursache dieser Erscheinung. Fälle von emphysema hepatis nicht traumatischer Natur sind von Graves, Haspel, Morgagni, Stokes, Louis, Cambay, Piorry, Frerichs (s. dessen Leberkrankh. S. 350) bekannt. Die Ursache dieser Gasentwicklung ist nicht klar, es möchte aber die Erklärung von Frerichs wohl das Meiste für sich haben, der die Ursache in localen Zersetzungsproducten in der Leber sucht, zu welchen die complizirten Stoffmetamorphosen Anstoss geben können, welche in der Leber bei Gegenwart grosser Mengen von Kohlenhydraten ablaufen. Die Mittheilungen über das Verhalten der Gallenblase sind auffallend vernachlässigt; zweimal war sie bei Leberblutungen leer gefunden worden (55 und 80); bei zwei Abscessen (17 und 104) ist angegeben: Gallenblase voll gelblicher, flüssiger Galle und Gallenblase mässig ausgedehnt. In einem Bonnet'schen Falle (15) heisst es: Die Gallenblase war verschwunden und an ihrem Platze befanden sich Zellgewebe, kleine Geschwüre und einige nussgrosse Gallensteine, jeder von einer Art Membran umgeben. Von gleichzeitig anderen Befunden heben wir zunächst die Blutungen hervor. Dieselben hatten mit und ohne Fracturen der Rippen 12 mal in die Pleurahöhlen statt und zwar häufiger in den rechten als in den linken Raum, in einer Quantität von 2½ Unzen bis zu 3 Pfd. In's pericardium mit und ohne gleichzeitige Rupturen des Herzens sind 3 mal Blutergüsse erfolgt (3, 6 Unzen, 1 Pfd.); einmal fand sich ein Pfd. Blut in den Magen ergossen (Fall 10). Zumeist mit gleichzeitigen Knochenfracturen hatte Blutung in die Ventrikel, auf die Oberfläche des Gehirns, auf die Basis statt (5 mal). Ausserdem wurde noch einmal das Bindegewebe um die Pfortader mit Blut infiltrirt gefunden und ebenso fand sich einmal Blutinfiltration der Nierenkapsel. Gleichzeitige Lungenrupturen und Quetschungen geringeren Grades (2), sowie Ecchymosirungen (1) sind 17 resp. 14 mal vorhanden gewesen und zwar war meist die rechte Lunge zerrissen; ausserdem war pleuritis mit serös-blutigem und eitrigem Exsudat, immer rechtseitig, 4 mal aufgetreten; im Falle 108 ist von einer linkseitigen pyaemischen Pneumonie die Rede; je einmal ist gesprochen von Hepatisation der rechten Lunge, von Ulcerationen der Lungenoberfläche (Fall 85), von Tuberkelknoten in beiden Lungen, 2 mal von Lungenödem.

Das pericardium war zweimal zerrissen, einmal war eine pericarditis aufgetreten. Das Herz zeigte 8 mal Rupturen und zwar: 2 mal des linken Ventrikels, 2 mal des linken Herzohres, 1 mal der Aortenklappen; 3 mal war das Herz ganz oder zum Theile von den einmündenden Gefässen abgerissen. Die Erkrankung des Herzmukels selbst anlangend, so ist einmal von fettiger Degeneration die Rede. Das Zwerchfell zerriss 6 mal, einmal ist von Entzündung und von Ecchymosirung desselben geschrieben. Der Magen erlitt 4 mal Zerreissungen, einmal war nur die Schleimhaut an 2 Stellen eingerissen, einmal war eine Ruptur von 5" vorhanden, einmal war derselbe fast vollständig in der Nähe des Pförtners abgetrennt (Fall 47.) Zumeist in Begleitung von peritonitis und Abscessbildung in der Leber ist 4 mal die Entzündung des Intestinaltractes erwähnt, einmal ist vom Brand des colon die Rede (Fall 106). Am häufigsten neben der Leber zeigte sich die Milz zerrissen; entweder war nur eine Ruptur vorhanden oder es gab mehre Risse oder die Milz war zu Brei zerquetscht. Diese Rupturen finden sich 16 mal vor. Die Nieren sind 9 mal gleichzeitig, selbst in mehrere Stücke zerrissen gewesen und zwar 5 mal die rechte, 2 mal die linke, 2 mal selbst beide. Fettig entartet wurden sie in 2 Fällen gefunden. Zu erwähnen ist schliesslich noch, dass die ven. cava 3 mal (Fall 50, 80, 95) zerrissen war, dass einmal (Fall 99) das Netz einen Riss erfahren hatte, das in einem anderen Falle (48) als tuberculös entartet geschildert wird. Es ist wohl selbstverständlich, dass auch die knöchernen Skelettheile ihren Antheil an der Complication der Rupturen haben; es kamen Fracturen aller Knochen, am häufigsten der Rippen vor. (S. Tabelle.)

Bei Schusswunden perforirt die Kugel entweder die Leber von vorne nach hinten oder umgekehrt, oder sie bildet nur einen Kanal und bleibt in der Substanz der Leber sitzen; sie verläuft von links nach rechts und umgekehrt ohne die ganze Leber zu perforiren, sondern nur quer oder schräg durch die Substanz hindurch in verschiedener Tiefe. Ausserdem ist oft nur der obere stumpfe oder untere scharfe Rand von der Kugel gestreift oder perforirt; bei Schussverletzungen durch directes Aufsetzen der Waffe (Pistole) ist die Leber zu Brei zermalmt gefunden worden oder es ist nur ein Lappen nicht blos durchschossen, sondern zerrissen. Die Häufigkeit der Verletzung des rechten oder linken Lappens betreffend, scheint den wenigen Angaben nach, der rechte Lappen zu praevaliren. Ueber die Form der Ein- und Ausgangsöffnung in der Leber fehlen genügende Angaben; nur in einem Falle ist von einem sternförmigen Riss am rechten Lappen durch die durchdringende Kugel die Rede. Volkmann (deutsche Klinik 1868 Nr. 1) schreibt: Ein sehr weiches, eventuell fettig degenerirtes, ja fast schmieriges Lebergewebe wird von der Kugel durchbohrt werden können, ohne dass das den Schusskanal begrenzende Parenchym dabei eine erhebliche Schädigung erleidet. Ist die Leber sehr fest, so scheint es möglich, dass alsdann förmliche Verhältnisse analog den bei Schussfracturen der Knochen vorkommenden, entstehen können. Wahrscheinlich werden in solchen Fällen oft von dem Schusskanale aus Risse und Fissuren sich weit in das Lebergewebe hinein erstrecken, ja eventuell wird eine förmliche Zertrümmerung eines Theiles der Leber zu Stande kommen können, zumal wenn das Geschoss bereits an Propulsivkraft verloren hat. . . . . Es ist nun sehr wohl denkbar, dass bei Schussverletzungen der Leber und relativ festem, brüchigem Parenchym einzelne, durch mehrere Fissuren begrenzte Leberstücke ganz oder fast ganz abgelöst werden, so dass sie sich wie die Splitter bei Schussfrakturen verhalten." — Ueber den Schusskanal selbst ist 4 mal berichtet. Im Fall 196, welcher am 10. Tage nach der Verletzung durch Pneumonie tödtlich endete, fand sich 1'' vom lig. suspens. hepat. und $^1/_2$'' vom unteren Rande entfernt an der vorderen Fläche des linken Lappens eine gerissene Oeffnung, die in einen Kanal führte, der $^1/_2$'' weit und mit grünlich gelbem Gerinsel ausgekleidet war. Im Falle 207, welcher in der 5. Woche an pneumonia dupplex lethal ausging, liefen Adhaesionen von der fasc. rect. abdom. entsprechend der Hautnarbe, bis zur Narbe vom linken Leberlappen. Gerade neben dem lig. suspens. ungefähr in der Mitte des linken Lappens war eine oblonge, zollgrosse, narbige Einziehung; beim Einschneiden in dieselbe gelangte man in eine wallnussgrosse, unregelmässige Höhle, welche mit gelbgrauer Masse ausgefüllt und mit einer zarten zottigen Membran ausgekleidet war. Die Höhle communizirte mit einigen Gallengängen und Lebergefässverästelungen; letztere waren grösstentheils mit gelblich grauen breiigen Massen erfüllt. Auch an der hinteren Fläche der Leber zeigte sich eine narbige Einziehung. Es wäre immerhin denkbar, dass späterhin sich noch ein Abscess entwickelt hätte. Im Fall 184, der nach 5 Monaten in Folge einer gleichzeitigen Verletzung der Wirbelsäule mit Tod abging, war der Schusskanal vollständig ausgeheilt. Im Fall 201 scheint ebenfalls der Schusskanal der Leber geheilt gewesen zu sein (Tod nach 90 Tagen) und war die Leber an der Stelle der Eingangsöffnung an die Innenfläche der falschen Rippen geheftet. Ausserdem war die rechte Niere mit der Leber durch einen Strang verwachsen.

Die grösste Blutung, welche eine Schussverletzung begleitete und die in die Bauchhöhle erfolgte, war auf 2 Pfd. geschätzt; sonst wird nur noch einige Male eine grössere Blutmenge in der Bauchhöhle erwähnt. Nach einem Schrottschuss war eine handgrosse Masse dick geronnenen Blutes auf die unter dem linken Lappen liegende Darmpartie abgelagert. Nach einer weiteren Angabe war die Leber selbst durch die Blutung dunkel gefärbt. Bei gleichzeitiger Verletzung des Magens fand sich Blut und Mageninhalt im abdomen. Ausserdem fanden sich noch Blutungen in die Pleurahöhle und in's pericardium bei gleichzeitiger Verletzung dieser Theile oder in einigen Fällen auch einer arter. intercostal. Hepato-peritonitis und peritonitis als Sektionsresultat und Todesursache finden sich 4 mal aufgeschrieben; einmal trat erst in der 5. Woche eine pneumonia dupplex ohne nachweisbare Ursache auf mit tödtlichem Verlaufe. Es ereigneten sich dann noch gleichzeitige Verletzungen der Lunge 7 mal, des rechten Herzventrikels 2 mal, des linken Ventrikels (Risswunde an der hinteren Fläche) einmal, des Herzbeutels einmal, das Zwerchfell war 5 mal verletzt, 2 mal der Magen durchschossen, einmal das colon getroffen mit günstigem Ausgange, einmal ging die Kugel durch das pancreas. Die Milz war 4 mal gleichzeitig getroffen, einmal die linke, 3 mal die rechte Niere, im Falle 201 war eine Urinfistel entstanden und ein Nierenabscess; dieser communizirte durch das gleichzeitig verletzte Zwerchfell mit der Lunge resp. den Bronchen. Es fand sich im Unterlappen der rechten Lunge ein nussgrosser, leerer, schwarzgrauer Herd. Eine Zerreissung der cauda equina des Rückenmarks endete durch lentescirendes Fieber tödtlich. Bei den gleichzeitigen Verletzungen der Knochen waren vorzüglich die Rippen und die Wirbelsäule betheiligt. — Die Wunden der Haut resp. die Ein- und Ausgangsöffnungen sind verschieden gelagert. Die Eingangsöffnung kann im linken oder rechten hypochondrium, auf der linken oder rechten Seite der Brust oder des Rückens liegen; sie liegt im epigastrium, in der Nabelgegend, oder es befindet sich auch die Ausgangsöffnung im epigastrium, so dass Ein- und Ausgangsöffnung in dieselbe Ebene fallen. Die Eingangsöffnung erscheint auch direkt auf der Lebergegend und ihr entgegengesetzt am Rücken die Ausgangswunde. Die Kugel kann links oder rechts hinten im Rücken stecken oder in den Wirbelknochen, sie kann in der Leber oder irgend einem Organe der Brust- oder Bauchhöhle stecken bleiben, so dass also nur eine Eingangsöffnung vorhanden ist und der Austritt der Kugel fehlt; oder es wurden durch die Kugel Kleidungsstücke mit in die Wunde eingestülpt, die dann wieder Ursache waren, dass bei ihrer Ausstülpung auch die Kugel wieder herausfiel. Dabei können Knochentheile, besonders die Rippen zerbrochen, zersplittert sein. Wie beigefügte Tabelle zeigt ist in 34 Fällen die Kugel 8 mal von hinten eingedrungen, und zwar 7 mal rechts, einmal links von der Wirbelsäule. Rechts vorne war die Eingangsöffnung 17 mal, links 7 mal. Eingangs- und Ausgangswunde waren 22 mal vorhanden, erstere allein 12 mal. Die Tabelle ist nach der Häufigkeit des Sitzes der Eingangsöffnung angelegt.

1. Eintritt der Kugel vorne und rechts.	Gleichzeitig gesetzte Verletzungen.
1. Unterhalb der rechten Brustwarze; Ausgang am unteren Ende der 12. Rippe, eine Handbreit von der Wirbelsäule.	1. Lunge und Leber.
2. An der 7. Rippe rechts in der Nähe der Insertion am Rippenknorpel ein, eine Handbreite rechts von der Wirbelsäule heraus.	2. Leber.
3. Rechts zwischen 7. und 8. Rippe ein, hinten rechts entsprechend der 11. Rippe aus.	3. Leber.
4. Eintritt zwischen rechter 8. und 9. Rippe, 8" von der Medianlinie des Körpers, Austritt zwischen der 11. und 12. Rippe links, $^1/_2$" von der Articulation.	4 Leber und linke Niere.
5. Eintritt zwischen der 8. und 9. Rippe vorne und etwas seitlich; Austritt im Niveau der 11. rechten Rippe 4" von der Wirbelsäule.	5. Leber und rechte Lunge.
6. Rechts durch die 9. Rippe ein und rückwärts in der Höhe des ersten Lendenwirbels rechts aus.	6. Leber und rechte Niere.

7. Eingangsöffnung in der Gegend der 9. und 10. Rippe rechts, $3^1/_2$" vom proc. xiphoid. entfernt, Ausgang zwischen der 7. und 8. Rippe rechts nahe der Wirbelsäule.	7. Leber.
8. Eintritt zwischen 10. und 11. Rippe rechts, Austritt hinten, $1^1/_2$" rechts von der Wirbelsäule.	8. Leber und colon.
9. Zwischen 11. und 12. Rippe rechts ein, links auf der Fläche des Rückens die Kugel gefühlt.	9. Leber und 3 Lendenwirbel.
2. Eintritt der Kugel vorne und links.	Gleichzeitig gesetzte Verletzungen.
1. Oberhalb und links vom Nabel, 2" davon entfernt.	1. Linker Lappen, rechter Lappen; die abgeplattete Kugel mit Tuchfetzen auf dem duodenum liegend.
2. Eintritt in der linken Brustseite, in der Nähe der Herzgrube.	2. Unterer Rand der rechten Lunge, Zwerchfell, linker Leberlappen, vordere und hintere Wand des Magens.
3. Eingang in der reg. epigastr. links vom Schwertknorpel.	3. Leber.
4. Eingedrungen zwischen 7. und 8. Rippe.	4. Lunge, Zwerchfell, Milz, rechter Lappen.
5. Zwischen 5. und 6. linker Rippe ein, rechterseits in der Lebergegend aus.	5. Leber.
6. Linke mamma.	6. Hintere Wand des rechten Ventrikels, Zwerchfell, linker Leberlappen, beide Magenwände, Kugel blieb im Netze stecken.
7. Mitte der linken Wange ein, im rechten hypochondr. gefühlt.	7. Verlauf nach innen und unten zwischen beiden Kinnbacken, durch den

	Hals, die rechte Brust ohne Lungenverletzung in den Bauch, Leber und Darmkanal verletzt (Fall 181.)
3. Eintritt im rechten hypochondrium, epigastrium und in der Nabelgegend.	Gleichzeitig gesetzte Verletzungen.
1. 2—3 Finger unter dem letzten rechten Rippenknorpel, Austritt rückwärts zwischen 10. und 11. Rippe rechts.	1. Oberer Theil der Leber.
2. Im rechten hypochondr.	2. Leber und Zwerchfell verletzt; Pfropf mit einem Stück Tuch in der Muskulatur des Rückens.
3. Im vorderen und oberen Theile des rechten hypochondr.; entgegengesetzt Austritt.	3. Leber.
4. Rechtes hypochondr. am Rande der falschen Rippen.	4. Leber, Kugel blieb darin stecken.
5. Rechtes hypochondr., 5'' von der Mittellinie; Austritt über dem rechten ileum hinten 2'' von der Medianlinie.	5. Leber.
6. Eintritt im rechten hypochondr. Austritt in der Nähe der Schulterspitze.	6. Nur Leber.
7. Eintritt 3'' über dem Nabel.	7. Leber.
8. Eintritt oberhalb des Nabels, Austritt in der Gegend der unteren Rippe in der reg epigastrica dextr.	8. Leber.
9. 3 Finger breit über dem Nabel ein, seitwärts rechts nahe den kurzen Rippen aus.	9. Leber.

10. Eingang unter dem proc. xiphoid; Ausgang links zwischen 2. und 3. falscher Rippe nahe der Wirbelsäule.	10. Leber, pancreas, Milz, Zwerchfell, rechter Ventrikel, Wirbelsäule.
4. Eintritt am Rücken.	Gleichzeitig gesetzte Verletzungen.
1. In der Höhe der 8. Rippe, eine Handbreit von der Wirbelsäule; Austritt vorne in der Mammillarlinie, die 7. rechte Rippe zertrümmernd.	1. Leber.
2. Zwischen 8. und 9. Rippe ein, Austritt zwischen 7. und 8. Rippe, 4½" rechts vom Brustbein.	2. Leber.
3. Zwischen 8. und 9. Rippe rechts, 2½" von der Wirbelsäule; Austritt vorne zwischen 7. und 8. Rippe rechts, 4½" rechts vom Brustbein.	3. Leber.
4. Zwischen rechter 9. und 10. Rippe, Austritt rechts vom proc. xiphoid.	4. Prolapsus der Lunge durch die vordere Wunde. Leber.
5. 2" von der Wirbelsäule rechts im Niveau des 12. Dorsalwirbels; Ausgangsöffnung rechts einige Zolle vom proc. xiphoid. am unteren Rande des thorax.	5. Grosser Leberlappen im unteren Theile.
6. 4" rechts über der crista ilei, 6" von der Wirbelsäule.	6. Leber.
7. Nahe an den Lendenwirbelbeinen durch die letzte unterste Rippe rechts.	7. Rechte Niere, Kugel ½" tief in der Leber.
8. An der linken Seite; Austritt in der rechten Achselgrube.	8. Magen, Leber, Lunge.

Die Stichschnittwunden der Leber betrafen nach den Angaben vorzüglich den linken Lappen (11 mal), insbesondere dessen vorderen Rand, der manchmal fast ganz abgeschnitten und durch die äussere Wunde vorgefallen war, nur 6 mal fand sich der rechte Lappen verletzt, 4 mal ist eine Verletzung des unteren Randes der Leber erwähnt, 2 mal lief der Kanal durch die Mitte der Leber unter Verletzung der Pfortader (Fall 251) und grosser Aeste. Die häufigsten Verletzungen liegen an der Convexität und an den Rändern, nur 2 mal war die concave Leberfläche verwundet, einmal durch einen Stich vom Rücken her, das andere Mal durch einen von der Magengrube aus nach innen hinten dringenden Messerstich. Je nach der Tiefe der Verletzung war die Blutung verschieden gross bis zu 6 Pfd. und wird das Blut 2 mal als putreficirt bezeichnet. Ich will hier einige Bemerkungen Rolett's (Wiener mediz. Wochenschr. 1865. 14. 15.) über die Leberblutungen im Allgemeinen einschalten: „Die Blutung entweder zerwühlt das Leberparenchym oder sie erfolgt in's peritoneum; bestehen durch vorhergegangene peritonitis Adhäsionen, so kann das Blut in abgesackten Räumen der Peritonealhöhle sich ansammeln. Die breiten Peritonealdublicaturen können in Verbindung mit peritonealen Adhaesionen die Bildung solcher Absackungen begünstigen. Eine solche Blutung erfolgt möglicherweise auch in den hinter dem Magen befindlichen abgesackten Peritonealraum, welcher nur durch das for. Winslow. mit dem grossen Bauchraum communizirt. Das an der Oberfläche der Leber extravasirte Blut sammelt sich zwischen Zwerchfell und convexer Leberfläche, rechts oder links vom Aufhängeband der Leber an und kann eine Verdrängung der Leber nach unten, rückwärts und nach den Seiten veranlassen."

Der Stichkanal in der Leber verlauft schräg oder gerade, von vorne nach hinten, es kann ein Stück der Leber nicht blos abgeschnitten, sondern aus der Substanz herausgeschnitten sein. (Fall 239). Die Länge und Breite der Wunde ist je nach dem Instrumente und seiner Führung verschieden. Meistens ist die Tiefe der Wunde als zwischen $^1/_2$—3" schwankend angegeben. Die abgetrennten Stücke waren im Durchschnitte 3" lang und $^1/_2$" breit. Die Länge der Wunde schwankt ebenfalls von Linien bis zu ein paar Zollen; die Breite wird bezeichnet durch 4 Finger breit, $^1/_2$" breit, obwol sich natürlich die Breite nach der Tiefe, bis zu welcher das Instrument eindringt, ändern wird (Fall 245.) In Betreff des Aussehens der Wundränder heisst es einmal (Fall 245): Die Ränder waren zu beiden Seiten mit Einschnitten versehen, wie wenn das in die Leber eingedrungene schneidende Instrument bei dem Herausziehen aus der Leber die Richtung seiner Fläche verändert hätte. Im Fall 240 war nach 9 Tagen die 1" tiefe Leberwunde mit einem Pfropfe bekleidet, welcher beide Lippen zusammenhielt. In einem nach 17 Monaten sezirten Fall (234) fand sich an der früher erlittenen Wunde eine 3''' lange und $^{1}/_{2}$''' Linie breite Narbe. Die Leber selbst ist nur in einigen Fällen, die durch peritonitis oder durch Abscess tödtlich endeten, als sehr gross, dunkel geröthet geschildert. Damit einher gehen Verwachsungen mit dem Zwerchfell und mit der Bauchwand. Als Todesursache wies die Sektion 3 mal peritonitis, 2 mal Abscessbildung in der Leber nach.

Von den diese Wunden begleitenden anderen Verletzungen in der Brusthöhle, die ebenfalls mit Blutergüssen in die pleura oder in's pericardium gepaart waren, betrafen die Meisten das Herz und zwar 7 mal den rechten Ventrikel, einmal den linken; je einmal das rechte und linke Herzohr. 3 mal war die rechte Lunge, einmal waren beide Lungen verletzt. Das Zwerchfell war 14 mal durchstossen. In der Bauchhöhle war der Magen, der Natur der Lage nach, 10 mal verletzt, entweder nur seine serosa, oder nur die vordere Wand, oder er war perforirt; es fanden sich Blutergüsse hinter dem Magen. Dann folgt der Häufigkeit nach der Darm, nämlich 3 mal das colon, einmal das jejunum. Nur einmal war die Milz durchstossen, einmal die Nierenkapsel und einmal die rechte Niere selbst getroffen. Von den grossen Gefässen war die ven. cava ascend. und die aorta je einmal in ihren Wandungen verletzt gefunden worden.

Ich lasse hier noch eine Tabelle folgen über die Lage der Wunde in den äusseren Bedeckungen und die allenfallsige Angabe der Länge des verletzenden Instrumentes oder des Stichkanales zugleich mit Angabe der neben der Leber einhergegangenen Verletzungen.

Sitz der Verletzung.	Verletzte Organe.
1. Bajonettstich unter den linken falschen Rippen, perpendiculär bis zum Griffe, 2" über der Hüfte, 1" breit klaffend, Verlauf schräg auf- und einwärts.	1. Colon, Magen, linker Leberlappen, Zwerchfell, rechter Ventrikel und rechte Lunge.

2. 1″ breiter Stich auf der linken Seite der Brust.	2. Linker Leberlappen, serosa des Magens.
3. 1″ lange, ½″ breite Messerwunde auf der linken Brustseite.	3. Zwerchfell und Leber; letztere Wunde 1″ lang, 2″ tief.
4. Säbelwunde, links 5″ über der crista ilei, in der Mitte der 3. falschen Rippe, 1½″ lang, 1⅛″ breit.	4. Recht. Ventrikel, Zwerchfell, linker Leberlappen, Magen, Milz, colon descend.
5. Wunde zwischen 7. und 8. Rippe rechts, schräg nach unten.	5. Zwerchfell und Leber.
6. Degenstich auf der Seite der rechten Brust zwischen 8. und 9. Rippe.	6. Rechter Lungenlappen, Zwerchfell, Leber, rechte Nierenkapsel.
7. Fleuretwunde zwischen 8. und 9. rechter Rippe, 3—4‴ breit; das Fleuret war 4—5‴ von oben nach unten eingedrungen.	7. Zwerchfell und Leber.
8. Querwunde rechts zwischen 9. und 10. Rippe.	8. Leber und Zwerchfell.
9. Bajonettstich zwischen 10. und 11. rechter Rippe.	9. Leber.
10. Rechtes hypochondrium.	10. Leber.
11. Degenstich an der vorderen seitlichen Partie des rechten hypochondr. 2 Finger unter den falschen Rippen.	11. Rechter Leberlappen.
12. Rechte Seite des Unterleibes; 3″ lange, ¾″ breite Messerklinge.	12. Leber.
13. 7—8″ lange Wunde in der Abdominalwandung.	13. 2″ lange, ½″ tiefe Wunde der Leber.
14. Lanzenstich 3″ über dem Nabel, 2″ nach rechts und aussen.	14. Leber.
15. Nabelgegend schräg nach rechts und aufwärts.	15. Leber.
16. 4″ tiefer Stich in der Magengrube, schräg nach aufwärts.	16. Concaver linker Leberlappen.

Die gleichzeitigen Verletzungen der Leber und Gallenblase liefern das spärliche Material von nur 6 Fällen, 5 Rupturen und 1 Stichschnittwunde. 2 mal war der duct. hepat. verletzt; nur einmal ist genauer angegeben, dass der rechte duct. hepat. an seinem Abgange vom duct. commun. in der Mitte entzwei gerissen war. Die Gallenblase war unverletzt, ebenso der duct. cystic., nur soll letzterer für eine Sonde schwer durchgängig gewesen sein. Dabei war die Leber an der unteren Fläche, parallel mit der Gallenblase, zerrissen. Die Gallenblase ist 3 mal rupturirt, es wird aber über die Lage, Gestalt des Risses nichts Genaueres angegeben; dabei war der rechte Lappen der Leber zerrissen, ein anderes Mal zerquetscht, und zugleich 1'' langer Riss in der für die Gallenblase bestimmten Grube, sowie ein Anderer in der foss. transvers. vorhanden. In diesem Falle war auch die ven. port. an ihrer Einmündung in die Leber zerrissen. Das 3. mal ging die Ruptur durch das ganze Parenchym. In allen Fällen, bis auf den letzten, war also mit der Ruptur der Gallenblase oder eines ihrer Gänge auch die Leber an der concaven Seite zerrissen. Erkrankungen der Leber sind dabei nicht weiter erwähnt, nur einmal wird von einer sehr grossen Leber gesprochen. Mit diesen Verletzungen einher gingen Blut- und Galleergüsse in die Bauchhöhle. Weitere Verletzungen anderer Organe hatten nicht Statt. Einmal waren eine Quetschung an der Haut der rechten Schulter und ein anderes Mal Schrunden auf der äusseren Haut zu sehen. In einem durch peritonitis tödtlichen Falle ist noch von einer Vergrösserung der Milz, Verdickung ihrer Kapsel und von Ablagerung eines festen Exsudates unter dem serösen Ueberzuge der rechten Niere gesprochen. Auch fand sich einmal eine blutige Ecchymose an dem diaphragma und pericardium. Lethal endigten alle diese Fälle und zwar früher oder später durch Blut- und Galleerguss und peritonitis.

Die einzige Stichschnittwunde befand sich in der Mitte der Gallenblase und war 3''' gross; die Leber war daneben 1/2'' rechts vom Leberrande verletzt. Die Wunde lag auf der rechten Seite der Brust, 1/2'' vom rechten Brustbeinrande entfernt, mit 6''' breit klaffenden Rändern; das verletzende Instrument war von rechts oben, nach links unten eingedrungen. Es war das Zwerchfell durchtrennt und der Leber- und Gallenblasenwunde entsprechend auch die obere vordere Fläche des Magens, ganz nahe am pylorus. Die Wunde in ganzer Länge betrug 6". Es hatte sich Blut, Galle und Mageninhalt in die Bauchhöhle ergossen.

Die Zerreissungen der Gallenblase bei Mangel einer anderen Verletzung kamen 3 mal zur Beobachtung. Genaueres ist nur einmal mitgetheilt; dort heisst es, dass die Blase nahe an ihrem Uebergange in den duct. cystic. zerrissen war. Es lässt sich betreffs der Häufigkeit über den Sitz des Risses nichts angeben. Die Galleausscheidung in die Bauchhöhle wird von einem Quart bis über einen Eimer (!) geschätzt. Sonst fanden sich noch die anatomischen Substrate der peritonitis vor. 4 mal waren der duct. coledoch. rupturirt; nur 2 mal ist die Stelle erwähnt. Einmal war derselbe nahe am Eintritte in das duodenum $\frac{3}{4}$" eingerissen, das andere Mal (139) verlief die Ruptur $\frac{3}{4}$" unterhalb des duct. cystic. Dieser Fall ist dadurch interessant, dass sich durch peritonitische Adhaesionen innerhalb 35 Tagen eine mit Galle gefüllte, die Bauchhöhle ausfüllende, die Organe derselben in die rechte Brusthöhle verdrängende Cyste gebildet hatte. Der Tod scheint nur durch Inanition erfolgt zu sein. In den anderen Fällen fanden sich als Ursache des Todes die Residuen der peritonitis. Ueber das Verhalten der Gallenblase ist nur gesagt, dass sie einmal leer, ein anderes Mal gefüllt war. Sonst ist noch erwähnt ein nussgrosser Gallenstein, der sich bei einer Ruptur der Gallenblase im duct. cystic. fand; einmal ein Bluterguss um die rechte Niere, einmal eine Ruptur aller Muskel der Abdonimalwandung und des Parietalblattes des peritoneum. Einmal fand sich Emphysem an Brust und Bauch, das vor dem Tode entstanden war und von Hutchinson als durch „Decomposition" bedingt erklärt wird.

Auch die Angaben über die Schusswunden der Gallenblase sind äusserst mangelhaft. 5 mal ist davon die Rede und Alle heilten, bis auf eine Gallenfistel, die nach 5 Wochen tödtlich endete. In diesem Falle war die Gallenblase mit der Bauchwandung verwachsen. Im mittleren Lappen der rechten Lunge fand sich ein Abscess (woher?) und die Leber wird als sehr gross und auf der Oberfläche mit frischen fibrösen Auflagerungen versehen geschildert. 2 mal fand sich die Kugel nach einem aus anderen Ursachen erfolgten Tode in der Gallenblase ohne Narbe derselben.

Auch über die Eintrittsöffnung ist Nichts bekannt; die Kugel trat auf der rechten Seite ins abdomen ein. Genauer heisst es einmal: 4" rechts vom Nabel, 1" unter dem Knorpel der letzten Rippe.

Von den 4 Stichschnittwunden der Gallenblase hatten 3 den Grund der Blase getroffen. Die Hautwunden befanden sich 2" rechts vom Nabel, auf der rechten Seite des Nabels; einmal lag sie zwischen der 3. und 4. falschen Rippe von vorne und oben nach unten. Nur in einem Falle ist die Form der Wunde als dreieckig bezeichnet; einmal ist ihre Länge von $1^1/_2$''' angegeben. Die Gallenblase enthielt keine Galle. — Bei der einzig bekannten Stichwunde derselben war ihre Innenseite desorganisirt in Folge der durch die Nadel hervorgerufenen Entzündung.

Heilungsvorgang bei den Leberwunden. Der Prozess der Heilung bei der traumatischen Leberentzündung wurde erst im Jahre 1867 von Holm (Sitzungsb. der Wiener akad. naturw. Klasse LVB. H. 3. 2. Abthl. S. 493 u. f.) genauer experimentell untersucht. Wir lassen hier seine Ergebnisse folgen: Innerhalb der ersten 6 Tage findet er die Schnittstelle zu einem faserigen Gewebe differenzirt, indem sich die Form der Leberzellen in der Weise ändern soll, dass sie sich strecken und ei- und spindelförmig werden. Die eiförmigen Zellen bieten das körnige Ansehen der Leberzellen, die spindelförmigen enthalten mehr Fettkörnchen. An diesen sehe man Uebergänge in Fasern mit Fettkörnchen. Je mehr sich die Faser entwickle, desto mehr nehme die Protoplasmaschichte um den Kern ab, der endlich in einer von Fettkörnchen freien Faser eingeschlossen erscheint. Mit diesem Uebergange der Zelle in die Spindelform nehme auch der Kern eine längliche Gestalt an. Die Blutcapillaren zeigen sich anfangs verdickt, starkkörnig und, wie es scheint, bisweilen auch mit kurzen Fortsätzen versehen. „Es können sich also nach diesem Befunde die Leberzellen nicht nur in Fettkörnchenzellen, sondern auch in Fasern umwandeln, so zwar, dass die Körnchenzelle zunächst eine Körnchenfaser wird. Die Leberzellen wie auch die Capillaren liefern also selbst einen Theil des Materials zum faserigen Narbengewebe." Die Reizung durch Nadeln und theilweise auch die durch Seidenfäden zeige das Eigenthümliche, dass man die Elemente in concentrischer Anordnung um die fremden Körper finde. In den concentrischen Ringen erkenne man die Anordnung der Leberzellenbalken zu den Blutcapillaren wieder. Beide Theile zeigten sich verschmälert und stark körnig. Die einzelnen Zellen der Balken finde man stellenweise verschwommen, stellenweise jedoch deutlich von einander abgegrenzt. Dort wo die Zellen weniger dicht beisammenlägen, finde man sie vorwaltend von spindelförmiger Gestalt; seltener treffe man hier grosse Körnchenzellen oder grosse Zellen mit vielen Kernen. Diese beiden Gebilde erscheinen häufiger an der Grenze zwischen dem normalen Gewebe und dem gereizten Gebiete. Der Uebergang zum normalen Gewebe geschehe entweder plötzlich oder allmälig. Ersteres sei dann der Fall, wenn im Entzündungsgebiete sich ein Zwischenraum zwischen zwei Leberläppchen befinde. Hier ziehe sich immer ein Zug mehr oder weniger reichlichen Bindegewebes hin, über welchen hinaus die Entzündung nicht fortschreite. Nur in dem Falle finde man ein solches Bindegewebe verändert, wenn es ganz nahe an die Nadel grenze, sonst sei der schwächste Zug im Stande das Entzündungsgebiet abzuschliessen. Man werde dadurch zur Annahme gezwungen, dass die Entzündung der Leberzellen sich sehr schwer auf das Bindegewebe übertrage, oder auch umgekehrt, dass die Leberzellen empfindlicher seien gegen den gewissen Reiz als die Zellen des Bindegewebes. — Dieser Abhandlung folgte eine solche von Hermann Joseph im Jahre 1868 (dissert. inaugur.), der namentlich sein Augenmerk auf das von Holm in den Hintergrund gestellte Bindegewebe richtete. Er kam im Wesentlichen auch zu ganz anderen Resultaten: Die acute traumatische Leberentzündung geht entweder mit Einschmelzung (die Regel) oder mit Vereiterung (die Ausnahme) des Gewebes einher. Ihr Ausgang ist demgemäss eine Defect- oder eine Abscessbildung, in beiden Fällen mit nachfolgender Narbenbildung. Einfache Schnitte und leichte chemische Einwirkung rufen eine Entzündung hervor, die schnell vorübergeht und mit restitutio in integrum endet. Die chronische Entzündung führt stets zur Narbenbildung. An dieser betheiligen sich vor Allem die schon im normalen Bindegewebe der Leber vorkommenden Spindelzellen, in passiver Weise auch die Eiterzellen; letztere stammen aus den Blutgefässen. Die Leberzellen selbst erleiden folgende Veränderungen:

1. Der chemische Reiz zerstört sie direct;
2. es tritt Fett in ihnen auf;

3. die meisten erhalten doppelte Kerne;

4. sie erblassen, indem sich ihre granula verlieren. —

Im selben Jahre, noch vor Josef (8. März), erschienen Untersuchungen über Entzündung und Eiterung der Leber von Professor Koster in Utrecht (Centralblatt für mediz. Wissenschaft 1868. Nr. 2. 11. Januar.) Dieser sagt: Sehr dünne Durchschnitte durch das kranke und das angrenzende noch normal braune Gewebe von frischen oder in Alkohol gehärteten Theilen liefern (am dritten, vierten Tage) nach Zusatz von etwas Glycerin und Essigsäure, Bilder, welche die Entstehung des Eiters aus transudirten und emigrirten Blutbestandtheilen höchst wahrscheinlich machen. Man findet im interlobulären Bindegewebe um die leeren Gefässdurchschnitte und in ihren Wandungen eine massenhafte Ansammlung von lymphoiden Zellen, welche mehr weniger zwischen die Leberzellen sich fortsetzen. Die Leberzellen sind dann noch wohl erhalten, nur sind die intercellularen (Lymph?) Räume überall ausgedehnt, was, wenn runde Zellen sich in begränzten Abschnitten davon befinden, die blassen Zellen von Holm fingiren mag. Man sieht in den Leberzellen einen oder zwei Kerne, keineswegs aber eine Kerntheilung oder Vermehrung. Ein paar Tage später sind die entzündeten Theile schon eitrig erweicht, obgleich das Product wenig dem Bindegewebseiter oder dem Eiter der serosa gleicht. In diesem „pus“ findet man die gewöhnlichen Eiterkörperchen nebst Producten der zerfallenen Leberzellen, noch ziemlich wohl erhaltene Leberzellen und Fettkörnchen. Am Uebergange des erweichten Gewebes in das normale ist dann eine geschwollene Bindegewebsschichte zu sehen, worin wieder Rundzellen gefunden werden. Im centrum der lobuli fand sich, wenn an der Peripherie das Bindegewebe voll Eiterkörperchen war, keine erhebliche Veränderung. Die durchschnittene vena centralis war leer und in der Umgegend waren die geschwollenen Leberzellen zusammengedrungen ohne zwischen sich die an der Peripherie bemerkbaren, mit geronnenem halb durchsichtigem plasma oder mit einzelnen Rundzellen gefüllten Räume zu zeigen.

Koster fährt fort: Es scheint mir, dass Holm bei seinen Untersuchungen über die traumatische hepatitis die entzündeten Theile zu spät (am 6. Tage) untersucht hat, und vielleicht dadurch zu der Annahme der Eiterbildung aus den Leberzellen selbst kam. Ich leugne natürlich nicht, dass die Producte der Leberzellen, unter anderen die Kerne im „pus“ vorkommen und einen grossen Theil desselben bilden; nur die Entstehung der Eiterzellen aus den Leberzellen wird durch die Untersuchung früherer Stadien widerlegt. Dagegen ist die colossale Menge von Rundzellen (auch von Holm an der Peripherie der lobuli beobachtet) im interlobulären Bindegewebe wohl die matrix des Eiters im engeren Sinne, die Ursache der späteren Erweichung. Diese Rundzellen meine ich als emigrirte farblose Blutzellen (man sieht die Gefässwand noch unversehrt) betrachten zu müssen. Eine Bildung in „Bindegewebszellen“ war jedenfalls nicht anzunehmen. — Im ersten Hefte der 1870 erschienenen Studien aus dem Institute für experimentelle Pathologie in Wien aus dem Jahre 1869, herausgegeben von Stricker, steht eine kurze Abhandlung über die Gewebsveränderungen in der entzündeten Leber von Hüttenbrenner. Bezugnehmend auf die Arbeiten von Holm, Josef und Koster hat derselbe Holm's Angaben über die Leberzellen nochmals geprüft. Es war ihm auffallend, dass schon nach 12 Stunden um eine Nadel Spindelzellen gelagert wären und er glaubte, dass das nächste Motiv der Streckung ein mechanisches sei, indem die weichen Leberzellen durch die eingestossene Nadel zu Spindeln gestreckt würden. Diese Vermuthung wurde zur unwiderlegbaren Gewissheit, nachdem er auch an der ausgeschnittenen Leber, in welche eine Nadel eingestossen wurde, rings um den Stichkanal die Leberzellen spindelförmig und schichtweise gelagert sah. Bei der Verletzung durch eine Nadel soll die Eiterung eine sehr geringe sein, es seien nur spärliche Formelemente zwischen den Leberzellen, die wohl als Eiterkörperchen angesprochen werden könnten. Anders stehe aber die Sache, wenn man die Leber durch NH_3 reize. Hier komme es zu einer starken Eiterung und zwar finde man dann auf Durchschnitten massenhafte wie Eiterkörper aussehende Zellen rings um die Gefässe gelagert, und zwar nicht nur in der Umgebung der Läppchen, sondern auch im centrum des Läppchens selbst.

Bei diesen theilweise so differenten Anschauungen über die Vorgänge der Heilung von Leberwunden, musste es gewiss von Interesse erscheinen, selbst an das Experiment zu gehen, um auf dem Wege eigener Beobachtung zu einem sich für den einen oder anderen Forscher entscheidenden Urtheile zu gelangen. Zu diesem

Zwecke wurde das Kaninchen als Versuchsthier benützt. Es wurden den Thieren theils direct durch die Haut in der Lebergegend Stiche beigebracht, theils wurde zuerst die Haut längs des unteren Rippenrandes durchschnitten und die Leber zur Wundöffnung herausgezogen. Dann wurden hölzerne und metallene Stifte in die Substanz eingestossen, Bleikugeln in dieselbe eingedrückt und Seidenfäden durch sie gezogen. Auch grössere Substanzverluste wurden der Leber beigebracht. Nach verschiedenen Zeiträumen wurden die Thiere getödtet und die ausgeschnittenen Lebern zumeist in Alkohol oder auch in Chromsäure erhärtet, um auf feinen Querschnitten die Umgebung der Wunden studiren zu können. Wir theilen hier zunächst die einzelnen Versuche der Zeitfolge nach mit und reihen daran die gewonnenen Beobachtungen, um zu sehen, in wie weit unsere Versuchsresultate mit den Forschungsproducten Anderer übereinstimmen oder davon abweichen.

Versuch I.

Stichwunde der Leber. Tod nach 12 Stunden. Am unteren Rippenrande rechterseits wurde bei einem grossen, weissen Kaninchen das abdomen geöffnet, die Leber zur Wunde herausgezogen und ein spitzes Skalpell etwa 4''' tief in sie eingestossen. Nach reponirter Leber wurde die Hautwunde durch einige Nähte geschlossen. Gleich nach der Operation zeigte sich das Thier wenig angegriffen und glaubte man daher eine weitere Beobachtung zunächst für überflüssig. Nach mehreren Stunden jedoch bemerkte man eine auffallende Veränderung im Wesen des Thieres. Es kauerte zitternd und schwer athmend in der Ecke seines Stalles, frass und trank Nichts, vermied jede Bewegung und hatte fortwährend die Augen halb geschlossen. Dabei war der Leib aufgetrieben, härtlich anzufühlen, die Bauchdecken gespannt und heftige Zuckungen folgten jeder Berührung desselben. Nach Verlauf von ungefähr 12 Stunden seit der Verletzung lag das Thier todt in seinem Stalle. Section: Nachdem man die Nähte in der Hautwunde entfernt hatte, wichen die Ränder derselben auseinander und gewahrte man am Grunde der Wunde von den durchschnittenen Muskeln eingeschnürt eine etwa haselnussgrosse, blaurothe, blasige Geschwulst, die sich sofort als eingeklemmter Darm kundgab. Bei Eröffnung der Bauchhöhle floss eine beträchtliche Menge bräunlicher, übelriechender Flüssigkeit aus. Die serosa des Darmes war rosaroth gefärbt, liess starke Injection der feinsten Gefässramificationen erkennen. Der oberhalb der eingeklemmten Partie, welche dem untersten ileum angehörte, liegende Darmtheil war erweitert, in seinen Wandungen ödematös, während der unterhalb liegende mit Ausnahme der Injection seines serösen Ueberzuges weniger Veränderungen zeigte. Das Thier war demnach an peritonitis in Folge der Darmeinklemmung zu Grunde gegangen, was bei künftigen Versuchen ein sorgfältigeres Nähen der Bauchwunde gebot. — Die Ränder der Leberwunde lagen gut aneinander, im Umkreise lagerte ein kleines Blutcoagulum; sonst war an der Leber nichts Pathologisches zu constatiren. Auch Milz und Nieren verhielten sich normal; ebenso die Eingeweide der Brusthöhle.

Versuch II.

Metallstift in der Leber. Tod nach 12 Stunden. Bei einem kleinen schwarzen Kaninchen wurde am unteren Rippenrande der rechten Seite vom Schwertfortsatze des sternum angefangen ein etwa 1″ langer Schnitt durch die Bauchdecken geführt. In die aus der Wunde hervorgezogene Leber wurde ein etwa $^1/_2$ ctm. langer, dünner Drahtstift der Quere nach eingestochen, derart, dass er nirgends über die Oberfläche der Leber hervorragte. Die mässig vorhandene Blutung gestillt, die Leber reponirt und die Wunde der Bauchdecken genäht. Das Wohlbefinden des Thieres schien durch die Operation wenig gelitten zu haben; es lief umher wie zuvor und frass das vorgeworfene Futter. Die temp. im anus gemessen ergab folgende Zahlen:

vor der Operation	38,2° C.
3 Stunden nach derselben .	39,0°
Abends vor dem Tode . .	37,6°.

Das Thier wurde 12 Stunden nach der beigebrachten Verletzung durch einen Schlag in's Genick getödtet und sogleich die Section gemacht. In der äusseren Operationswunde zeigt sich noch wenig Reaktion. Die Eingeweide der Bauchhöhle ergeben im Allgemeinen nichts Pathologisches. Es finden sich weder die Reste einer aus der Leberwunde stattgehabten Blutung, noch die Symptome einer beginnenden peritonitis. Die Leber ist von vielen zum Theil sehr grossen jener Herde durchsetzt, welche bei Kaninchen häufig beobachtet werden und eine weissgelbe, eiterähnliche Flüssigkeit enthalten. (Psorospermien.) Die Stelle, wo der Metallstift in die Leber eingedrungen war, kann bei der äusseren Besichtigung nicht wahrgenommen werden und traf man auf denselben erst nach mehreren versuchsweise vorgenommenen Einschnitten. Der Stift war zufällig in einen jener Herde eingedrungen und kann desshalb von einer durch ihn gesetzten Veränderung des benachbarten Gewebes nicht gesprochen werden.

Versuch III.

Metallstift und Stich mit glühender Nadel in der Leber. Tod nach 24 Stunden. Das kleine schwarze Thier erholte sich bald von der Operation und liess keine Veränderungen an sich bemerken. Die temp. war

vor der Operation	39,1° C.
3 Stunden nach der Operation .	37,3°
am Morgen des 2. Tages . .	37,9°
Mittags	38,6°.

Nach Ablauf von 24 Stunden seit der Verletzung wurde das Thier getödtet. Section: Aeussere Wunde schön vereinigt, geringe subcutane und intermusculäre Blutung im Umkreis der Schnittwunde. Der rechte Leberlappen mit dem Zwerchfell schwach verklebt, nach dessen Trennung man den Grund dieser Verlöthung in einer über die ganze Oberfläche des Lappens sich ausdehnenden dünnen Schwarte geronnenen Blutes erkennt. Ein etwa 4 Mm. langes Blutcoagulum ragt zapfenförmig über jene Schwarte hervor. Lebersubstanz, sowie alle übrigen Organe gesund. Keine peritonitischen Erscheinungen; kein freies Blut im abdomen. Der Stift sitzt sehr fest, ohne wesentlich das angrenzende Gewebe macroscopisch verändert zu haben; es scheint nur etwas dunkler gefärbt vom Blutfarbestoff. Die beim Herausziehen des Stiftes demselben anhaftenden Partikelchen ergeben sich microscopisch als freie Kerne, von Leberzellen stammend, als Leberzellen, wohlerhalten, manche in starker Fettdegeneration, und Fetttröpfchen. — Dort wo die glühende Nadel eingestochen ist, ist das Lebergewebe in fast sechsergrossem Umfange in eine trockene, blutigrothe, schorfähnliche Masse verwandelt, welche microscop. nichts mehr vom normalen Lebergewebe erkennen lässt, — es ist ein blutiger Schorf.

Versuch IV.

Substanzverlust in der Leber. Tod nach 36 Stunden. Vom scharfen Rande des rechten Lappens entfernte man mittels der Scheere bei einem grossen weissen Kaninchen ein dreieckiges Stück, welches an Umfang etwa dem eines Groschenstückes gleichkam. Die folgende ziemlich bedeutende Blutung wurde vor der Reposition der Leber durch fleissiges Abspülen mit kaltem Wasser und Compression mit einem Badeschwamme gestillt. Nach gut vereinigter Bauchwunde wurde sodann ein Compressivverband, der mit kaltem Wasser benetzt war, um den Leib des Thieres gelegt und eine kalte Douche auf denselben applizirt. Das Thier zitterte nach der Operation heftig, wahrscheinlich in Folge der energischen Anwendung der Kälte, frass Nichts, kauerte unbeweglich in der Ecke seines Stalles. Nach Verlauf von etwa 36 Stunden seit der Operation wurde es todt gefunden. Die Section, welche 12 Stunden nach erfolgtem Tode gemacht wurde, ergab folgenden Befund: Bedeutende Todtenstarre in den Muskeln des Rumpfes und der Extremitäten; der Leib des Thieres ist sehr stark aufgetrieben und fühlt sich hart an. Das subcutane Zellgewebe des rechten hypochondrium war emphysematös und blutig unterlaufen, in der Hautwunde noch wenig Reaction erkennbar. Bei der Eröffnung der Bauchhöhle findet sich weder ein Exsudat noch freies Blut. Die Operationsfläche an der Leber war mit einem dünnen Blutcoagulum bedeckt, welches eine leichte Verklebung mit der seitlichen Bauchwand bewerkstelligt hatte; von einer heftigen Blutung war nichts wahrzunehmen, so dass das erwähnte Verfahren seinen Dienst gethan hatte. — Die Leber, in ihrer Consistenz normal, wies eine abwechselnd dunkle und hellere Färbung auf. Auffallend war eine sehr bedeutende Schwellung der retroperitonealen Lymphdrüsen, die rosaroth gefärbt und von derber Consistenz sich zeigten. Die Gallenblase enthielt sehr dünnflüssige, grüngelbe Galle. Keine auffallenden Veränderungen im Darmkanal oder an den übrigen Organen konnten aufgefunden werden.

Versuch V.

Seidenfaden und Drahtstift in der Leber. Tod nach 36 Stunden. Nach vollzogener gleicher Operation wie bei den vorhergehenden Fällen wurde durch die Leber eines kleinen grauen Kaninchens nahe an deren scharfem Rande ein stark gewichster Seidenfaden gezogen und hart an der Leberfläche beidseitig abgeschnitten. Zugleich wurde aber auch ein etwa $^{1}/_{2}$ ctm. langer Drahtstift von der Dicke einer Haarnadel in die Lebersubstanz eingesenkt. Während der $2^{1}/_{2}$tägigen Beobachtung des Thieres konnten keinerlei wesentliche Veränderungen bei demselben beobachtet werden, es frass schon bald nach der Operation das vorgeworfene Futter, lief umher und war so lebhaft wie früher. Die temp., im anus gemessen, ergab folgende Zahlen:

vor der Operation	37,2° C.
3 Stunden nach derselben . .	38,3°.
am Abend desselben Tages .	38,1°.
Morgens des 2. Tages . . .	39,1°.
Mittags	38,5°.
Abends vor dem Tode . . .	38,3°.

Das Thier wurde 36 Stunden nach erwähnten Verletzungen zur Untersuchung genommen, indem es durch einen Schlag in den Nacken getödtet wurde. Sofortige Section. Die Leber, nirgends abnorm verwachsen, war von zahlreichen, weissgelben beim Einschneiden einen flüssig breiigen, citerähnlichen Inhalt entleerenden Herden durchsetzt. Die Stelle, wo der Metallstift sass, gibt sich äusserlich nur durch einen etwa stecknadelkopfgrossen, blaugrünen Punkt zu erkennen. Der Stift hatte an der unteren Leberfläche den fundus der Gallenblase oberflächlich getroffen und hatte dessen Reiz hier eine kleine intensiv gelbgefärbte membranöse Auflagerung veranlasst. Dort, wo der Faden durch die Lebersubstanz gezogen wurde, es war dies nahe dem scharfen Rande des rechten Leberlappens, zeigte sich äusserlich eine seichte Furche ähnlich einer Schnürfurche beim Menschen und war auch der Peritonealüberzug etwas getrübt. Sonst waren keine auffallenderen Veränderungen an der Leber zu notiren. Die Gallenblase enthielt wenig hellgelbe, dünnflüssige Galle. Die Milz war von normaler Beschaffenheit, ebenso die Nieren. Im Darmkanal fand sich viel dünnbreiiger, grünlicher Koth. — Zahlreiche Ecchymosen waren subpleural in den überall lufthaltigen Lungen aufgetreten. Herz nicht verändert, enthält wenig Gerinsel in seinen Höhlen.

Versuch VI.

Metallener Stift in der Leber. Tod nach 48 Stunden. Einem kleinen, sehr lebhaften Kaninchen wurde nach eröffneter Bauchhöhle in die prolabirte Leber ein dünner Metallstift eingedrückt und die Hautwunde durch die Naht gut vereinigt. Das Thier ist nach der Operation so lebhaft wie zuvor, nur frisst es in der ersten Zeit Nichts, wogegen ein vermehrter Durst sich bemerkbar macht. Die temp. des Thieres war:

1. Tag vor der Operation . .	39,5° C.
3 Stunden nach derselben . .	37,4°
2. Tag Morgens	37,9°
Mittags	39,4°
Abends	37,1°
3. Tag. Morgens	38,1°
Mittags	37,8°

Zwei Stunden nach der letzten Messung der Temperatur wurde das Thier durch einen Schlag ins Genick getödtet. Sektion: Aeussere Wunde vollkommen geschlossen. Auf der Leberoberfläche lagern einige kleine Fibringerinsel in Form zarter Häutchen, von denen eines die Stelle, wo der Metallstift eingedrungen, völlig verdeckt. Nahe davon bemerkt man in der Lebersubstanz mehrere jener bei Kaninchen häufig zur Beobachtung kommenden, gelben, käsigen tuberkelartigen Herde. Leber sonst normal. Nirgends Spuren einer peritonitis. Alle übrigen Organe ohne Veränderung. — Der Stift steckt sehr fest, so dass er nur schwer mit der Pinzette herausgezogen werden kann; in seiner Nähe ist das Lebergewebe dunkel blutroth gefärbt, jedoch nur nach einer Seite hin. Die nach Extraction des Stiftes demselben anhaftenden Partikelchen bestanden aus: Fettig degenerirten Leberzellen, runden und ovalen Kernen, Resten von Cylinderepithelien, feinen stark glänzenden Spindelzellen und verästelten Zellen, Haufen von Molekülen (gallegefärbt.)

Versuch VII.

Messerstich. Tod nach 60 Stunden. Ein mittelgrosses,

weisses Kaninchen wurde in der Weise verletzt, dass, nachdem man mit der Spitze eines Skalpell's in die Lebersubstanz eingedrungen war, jenes mehrmals um seine Achse gedreht wurde. Die Hautwunde durch die Naht geschlossen. Das Thier zeigte gleich nach der Verletzung keine auffallenden Erscheinungen und wurde desshalb vorläufig nicht weiter beobachtet. Am Morgen des anderen Tages jedoch gewahrte man bei dem Thiere alle Zeichen einer intensiven Erkrankung; es kauerte ruhig in der Ecke seines Stalles, athmete sehr beschleunigt; der Leib war sehr stark aufgetrieben und hart, gegen jede Berührung äusserst empfindlich. So verblieb das Thier ohne Nahrung zu sich zu nehmen, bis es 60 Stunden nach der Verwundung zu Grunde ging. Section: Die Bauchwunde, deren Ränder grünlich gelb, missfarbig sind, ist nicht verklebt, das Unterhautzellgewebe in ziemlich weitem Umfange derselben emphysematös. In der Bauchhöhle findet sich circa $^1/_2$ Unze seröser Flüssigkeit. Das parietale Blatt des peritoneum zeigt im Umkreise der Leber eine grünliche Färbung und ist mit einem faserstoffigen Schleier bedeckt. Die serosa des Darmes ist stark injizirt, die einzelnen Darmschlingen durch spärlich fibrinöses Exsudat leicht mit einander verklebt. Dieses überzieht in stärkerer Schichte die Leber, wo es eine dunkelgrüne Farbe annimmt. Der scharfe Leberrand ist fest mit dem stark durch Luft ausgedehnten Magen verklebt. Die Lebersubstanz selbst erscheint dunkelblauroth gefärbt, ist sehr brüchig; die Wundränder derselben sind nicht vereinigt und haben ein missfärbiges Ansehen. Die Gallenblase ist von fibrinösem Exsudat eingehüllt, enthält wenig grüne, flüssige Galle. Milz und Nieren normal. In beiden Pleurahöhlen findet sich blutiges Transudat; die Lungen sind collabirt, oligämisch. In den Herzhöhlen wenig Gerinsel, der Muskel normal. —

Versuch VIII.

Messerstich in die Leber. Tod nach 3 Tagen. Einem grossen schwarzen Kaninchen wurden durch die Haut zwischen 10. und 11. Rippe rechterseits mittels eines Skalpell's zwei Stiche beigebracht und die Hautwunden hierauf durch die Naht vereinigt. Das Thier blieb unmittelbar nach der Verwundung ohne erhebliche subjective Erscheinungen, bewegte sich frei umher, versuchte an der blutigen Wundstelle zu lecken und nahm Nahrung zu sich. Die temp., welche im äusseren Gehörgange gemessen wurde, blieb dabei unmittelbar nach der Verletzung und auch die folgenden beiden Tage ohne Steigerung und schwankte zwischen 37,3 und 37,4° C. Am 3. Tage wurde das Thier getödtet. Section: Beide Hautwunden verschlossen, im Umkreise derselben die Spuren subcutaner Blutung. Am peritoneum erschienen die Wunden grösser als in der Haut und waren ihre Ränder mit spärlich dicklichem Eiter belegt. Leider hatte nur ein Stich die Leber selbst getroffen, während der andere zwischen zwei Leberlappen hindurch zur rechten Niere gegangen war. Die in der Leber befindliche, ca. 8 Mm. lange Wunde war an den dem Zwerchfell anliegenden stumpfen Rande des am meisten nach rechts und hinten gelegenen Lappens eingedrungen (4 lappige Leber.) Dieselbe, ohne mit der Peritonealwunde etwa verlöthet zu sein, zeigte sich äusserlich vollkommen geschlossen und klebte ihr ein kleines Blutcoagulum auf, nach dessen Entfernung sich die Wundfläche im Gegensatze zu den etwas dunkel gefärbten Rändern durch eine schwachgelbliche Färbung kennzeichnete. Auf einem senkrechten Durchschnitte erblickte man an dieser Stelle nach der Peripherie zu eine gelbliche Masse, während im centrum ein etwa 3 Mm. grosses Blutcoagulum eingebettet lag. Eiter war nicht vorhanden. Der Stichkanal in der Lebersubstanz selbst betrug ca. 6 Mm. in der Tiefe. — Die Wunde der Niere, die wir nur flüchtig erwähnen wollen, zeigt in ihrem äusseren Verhalten dieselben Dimensionen wie die oben geschilderte Leberverletzung; sie befindet sich ungefähr in der Mitte des oberen Dritttheils des convexen Nierenrandes, in querer Richtung von vorne nach hinten ca. 1 Cm. lang verlaufend. Sie war gekennzeichnet durch einen breiten gelblichen Pfropf in der Corticalsubstanz, der leicht über die etwas hyperämische Umgebung hervorragte. Auf dem Durchschnitt gewahrte man eine gelbe, käsige Masse, peripherisch von einem blutig suffundirten Gewebe umgeben. Diese gelbe Substanz ergab sich microsc. als fettiger Zufall der Epithelien der Harnkanälchen. Eiter war auch hier nicht zu finden. Im Harn konnte weder Blut noch Eiweiss nachgewiesen werden.

Versuch IX.

Stich in die Leber. Tod nach 4 Tagen. Einem grossen,

schwarzen Kaninchen wurde durch die Haut in der Lebergegend ein Stich beigebracht, und die Wunden aussen wie früher geschlossen. Das Thier befindet sich nach der Verletzung so wohl wie vor derselben. Temp. im äusseren Gehörgange gemessen am

ersten Tage nach der Verletzung	38,5° C.
zweiten Tag	39,1°
dritten Tag	38,6°
vierten Tag	39,0°.

Am vierten Tage nach der Verwundung wird das Thier getödtet. Section: Aeussere Wunde geheilt; auf der Leber lagert ein kleines Blutcoagulum; Leberwunde, die sich in dem am meisten nach links gelagerten Lappen befindet, vereinigt. Keine peritonitis. Alle Organe normal.

Versuch X.

Seidenfaden in der Leber und Messerstich. Tod nach 4 Tagen. Einem grossen Kaninchen wurde durch die Leber ein Seidenfaden gezogen und derselbe so gut als möglich im Niveau der Leberfläche abgeschnitten. Nach genähter äusserer Wunde liess man das Thier noch 4 Tage am Leben, während welcher Zeit es keinerlei Erkrankung wahrnehmen liess. Section: Die Hautwunde war mit wenig dicklichem Eiter belegt, doch verklebt. In der Peritonealhöhle kein Exsudat oder Blut vorhanden. Die dem eingezogenen Faden an der Leberoberfläche entsprechende Wunde war mit dem Peritonealüberzuge der vorderen Bauchwand verwachsen, während der an seiner Austrittsstelle etwas hervorragende Faden an der concaven Leberfläche in's heraufgezogene grosse Netz durch Pseudoligamente eingeheftet war. Stichwunde geschlossen, indem die Ränder des Stichkanals schön aneinander liegen. In den übrigen Eingeweiden nichts Abnormes erkennbar.

Versuch XI.

Leberwunde mit Substanzverlust. Tod nach 4 Tagen. Bei einem mittelgrossen Kaninchen von weisser Farbe wurde aus der Leberoberfläche ein etwa linsengrosses Stückchen ausgeschnitten und nachdem die mässig erfolgte Blutung gestillt war, die Wunde der Bauchdecken durch die Naht vereint. Gleich darauf wurde behufs der Untersuchung, ob die bei der Heilung in den vorhergehenden Versuchen auftretenden jungen, spindelförmigen Elemente nicht etwa farblose Blutkörperchen wären, eine Injection von etwa 10 Cm. einer Zinnoberemulsion in die rechte ven. jugular. extern. gemacht. Es wurde dabei den Versuchen Josephs gefolgt, welcher von Cohnheim dazu aufgefordert in seiner oben erwähnten Arbeit kurz davon berichtet. Unser Thier hatte die Injection gut ertragen und wurde am 4. Tage nach derselben zur Untersuchung der Leber geschritten. Section: In der Bauchhöhle findet sich eine geringe Menge einer klaren, serumähnlichen Flüssigkeit; doch zeigt das peritoneum keine vermehrte Blutgefässinjection. Der rechte Leberlappen, welcher der verletzte war, ist durch pseudomembranöse Auflagerungen mit der Zwerchfellsfläche leicht verwachsen. Die Leber ist von normaler Consistenz; an Stelle des gesetzten Substanzverlustes findet sich eine blassgelbe, nicht über das Niveau der convexen Leberfläche hervorragende, trockene Masse. Keine Spuren einer inneren Blutung sind mehr aufzuweisen. Auch die übrigen Organe verhalten sich normal. Die Vene ist mit ihrer Umgebung in eine dicke unförmliche Masse umgewandelt, die wenig dicklichen Eiter enthält. Im Venenlumen findet sich ein derber, geschichteter, der Venenwand allseitig adhärirender Thrombus.

Versuch XII.

Messerstich in die Leber. Tod nach 4½ Tagen. Bei einem grossen Kaninchen wurde durch einen Schnitt am unteren Rande der falschen Rippen rechterseits die Bauchhöhle eröffnet und mit dem Skalpell in die Leber eingestochen. Die äussere Wunde wurde sodann durch die Naht vereinigt. Das Thier blieb frei von Krankheitserscheinungen und wurde 4½ Tage nach der Verletzung durch einen Schlag in's Genick getödtet. Die temp. im äusseren Gehörgange gemessen, war

am ersten Tage	34,7° C.
am zweiten Tag	37,0°
am dritten Tag	38,5°
am vierten Tag	37,8°

Section: Im Unterhautzellgewebe findet sich rings um die schlecht vereinigte Wunde etwa in guldengrosser Ausdehnung eiterige Infiltration. Innen an der Peritonealfläche war die Wunde durch ein metamorphosirtes Blutcoagulum verklebt. Die Leberwunde, welche sich in dem am meisten nach rechts gelagerten Lappen befindet, ist geschlossen. Lebersubstanz sonst normal; kein peritonitisches Exsudat vorhanden. Die übrigen Eingeweide weisen keine Veränderung auf.

Versuch XIII.

Bleikugel in der Leber. Tod nach 5 Tagen. Nach Durchtrennung der Bauchdecken wurde aus der Leber eines mittelgrossen, kräftigen Kaninchens mittels der Pinzette ein Stückchen herausgerissen und in die entstandene Lücke eine Bleikugel eingepresst um sie möglicherweise zur Einheilung zu bringen. Nur vorübergehend und unbedeutend waren bei dem Thiere einzelne Erscheinungen, die auf eine Erkrankung zurückzuführen waren. Das Thier hatte an seiner früheren Lebhaftigkeit eingebüsst, frass in der ersten Zeit weniger. Die im äusseren Gehörgange gemessenen Temperaturen waren

am ersten Tage nach der Operation	36,2° C.
am zweiten Tage	38,0°
am dritten Tage	38,2°
am vierten Tage	38,5°.

Fünf Tage nach der erwähnten Verletzung wurde das Thier getödtet. Section: Wunde der Bauchdecken vollständig und gut vereinigt. Bei Eröffnung der Bauchhöhle findet man die Kugel von Pseudomembranen umschlossen auf der Leberoberfläche liegend, welche an dieser Stelle mit dem horizontalen Blatte des Bauchfells verklebt erscheint. Den gesetzten Substanzverlust in der Leber füllt eine gelbe, käsige Masse, eingedicktem Eiter ähnlich, vollkommen aus. Ausser den erwähnten Producten circumscripter peritonitis findet sich kein grösseres Exsudat in der Bauchhöhle. Auf dem senkrechten Durchschnitte durch jene käsige Masse, die sich $^1/_2$ cm. tief im Leberparenchym fortsetzt, gewahrt man eine etwa 1''' dicke röthliche Abgrenzungsschichte zwischen dem zerstörten und gesunden Lebergewebe. Alle übrigen Organe gehörig.

Versuch XIV.

Bleikugel und Stift in der Leber. Tod nach 5 Tagen. Zur Wiederholung des früheren Versuches wurde nochmals eine

Bleikugel in die Leber eingedrückt und zu gleicher Zeit ein Metallstift eingebracht. Keine auffallenden Allgemeinerscheinungen. Die Temperaturen im äusseren Gehörgange waren

am ersten Tag nach der Operation	39,1° C.
am zweiten Tage	39,2°
am dritten Tage	38,8°
am vierten Tage	39,0°

Nach fünf Tagen wurde das Thier getödtet. Der Peritonealüberzug des rechten Leberlappens erscheint getrübt und verdickt durch faserstoffige Auflagerungen, welche stellenweise eine Verwachsung mit dem Zwerchfell veranlassten, namentlich dort, wo die Kugel eingepresst wurde. Diese Stelle gibt sich durch ein eigenthümliches Verhalten des Lebergewebes kund, indem dasselbe in etwa sechsergrossem Umfange ein missfarbiges Ansehen zeigt und deutliche Fluctuation fühlen lässt. Beim Einschneiden entleert sich eine bräunlich grüne, stinkende, eiterhaltige Flüssigkeit, welche den etwa haselnussgrossen Hohlraum erfüllte. Dieser cystenartige Raum zeigte unregelmässige, buchtige und höckerige Wandungen und lag lose in ihm die Bleikugel. Der eingestochene Stift hatte eine Verwachsung der unteren Fläche des linken Leberlappens mit der vorderen Magenwand zur Folge und lag in einer mit käsiger Masse erfüllten gleichfalls etwa haselnussgrossen Höhle. — Das noch in der Umgebung restirende Lebergewebe zeigte normales Verhalten; auch alle übrigen Organe waren gesund.

Versuch XV.

S u b s t a n z v e r l u s t i n d e r L e b e r. T o d n a c h 6 T a g e n. Nach geführtem Bauchschnitt wurde aus der prolabirten Leber eines schwarzen, grossen Kaninchens ein etwa hirsekorngrosses Stück mit dem Messer ausgeschnitten und die Leber reponirt. Auch hier blieb das Thier ohne nennenswerthe Krankheitssymptome. Die Temperaturen im äusseren Gehörgange waren am

ersten Tag	37,5° C.
zweiten Tag	38,3°
dritten Tag	37,9°
vierten Tag	38,1°
fünften Tag	38,3°
sechsten Tag	38,4°

Es wurde das Thier desshalb am 6. Tage nach der Verletzung getödtet. Section: Die Wunde in den Bauchdecken war schön vereinigt; in der geöffneten Bauchhöhle kein Exsudat, noch etwa Reste einer stattgehabten Blutung nachweisbar. An Stelle des gesetzten Substanzverlustes der Leber, die nirgends abnorme Verwachsungen zeigt, war eine schwach gelbliche, trockene, derbe Masse getreten, die nicht über das Niveau der Leberfläche prominirte. Die Leber verhielt sich sonst in ihrer Farbe und Consistenz einer gesunden analog. Die Gallenblase enthielt wenig grünlichgelbe sehr flüssige Galle. In den übrigen Organen kein nennenswerther Befund zu notiren.

Versuch XVI.

Seidenfaden in der Leber. Tod nach 7 Tagen. Durch die Leber eines kleinen Kaninchens wurde ein dicker Seidenfaden gezogen, derselbe beiderseits dicht an der Leberfläche abgeschnitten und das Thier, nachdem sich während der Beobachtungsdauer durchaus keine Veränderungen in den funktionellen Aeusserungen desselben eingestellt hatten, am 7. Tage nach der Operation durch einen Schlag ins Genick getödtet. Section: Die Wunde der Hautdecken schön vereinigt; in der geöffneten Peritonealhöhle war kein freies Exsudat. Im Umkreise der Ein- und Ausstichsstellen des Fadens lagerten dicke, schwartige Membranen auf dem getrübten Peritonealüberzuge der Leber. Diese hatte ausserdem dort, wo die Nadel zum Durchziehen des Fadens in die convexe Oberfläche des rechten Lappens eingestochen war, in etwa kreuzergrossem Umfange ihre Convexität eingebüsst und wies dafür einen dellenförmigen, wie mit dem Finger gemachten Eindruck auf. Diese Partie war auch im Gegensatz zu dem gleichmässig rothbraunen Colorit der Umgebung entfärbt, blass, von etwas derberer Consistenz. Die übrigen Visceralorgane sind gesund.

Versuch XVII.

Bleierner Stift in der Leber. Tod nach 7 Tagen. Nach geöffneter Bauchhöhle wurde in die etwas hervorgezogene Leber eines kräftigen, schwarzen Kaninchens ein bleierner Stift von der Dicke einer Haarnadel und etwa 6 Ctm. Länge eingesteckt und die Leber sodann mit ihm reponirt. Das Thier zeigte sich durch die Operation nur wenig alterirt und auch in der Temperaturcurve konnte kein auffallender Unterschied wahrgenommen werden. Nach 7 Tagen wurde das Thier getödtet. Section: Die äussere Wunde war vollkommen geheilt. Die verletzte Leberpartie erscheint in etwa halbguldengrosser Ausdehnung mit dem parietalen Blatte des peritoneum, sowie mit einem Theile des aufgeschlagenen Netzes fest verklebt. Auf der Leberoberfläche und der vorderen Magenwand lagern ausserdem mehrere dünne Stränge geronnenen Blutes. Die Leber ergibt normale Consistenz und Farbe. Kein peritonitisches Exsudat ist zugegen. Auf einem Durchschnitte nimmt man im Umkreise des bleiernen Stiftes eine Entfärbung des Leberparenchyms wahr, die sich in einem blass gelblichen Tone ausspricht. Im Vergleiche zum angrenzenden Gewebe erscheint diese Partie etwas derber, weniger saftreich.

Versuch XVIII.

Metallstift in der Leber. Tod nach 12 Tagen. In die Leber eines sehr grossen, kräftigen Kaninchens von weisser Farbe wurde ein etwa $^1/_2$ Ctm. langer, dünner Metallstift nahe dem stumpfen Rande von oben nach unten (in der Rückenlage des Thieres) eingestochen und ganz in die Lebersubstanz versenkt. Bedeutende Blutung; durch Compression mit einem Schwämmchen gestillt. Da an diesem Thiere behufs einer anderen Untersuchung noch eine zweite Operation gemacht wurde, so kann die Reaktion des Thieres auf die Leberverletzung, sowie das Resultat der Temperaturmessungen nicht herangezogen werden. Section: Der seröse Ueberzug der Leber war in der Nähe des eingestossenen Stiftes in etwa halbguldengrossem Umfange getrübt und leicht verdickt. Sonst finden sich keine abnormen Verwachsungen oder Reste einer inneren Blutung vor. Auch kein Exsudat ist in der Bauchhöhle; die übrigen Organe derselben, mit Ausnahme der Milz, die eine leichte Schwellung bekundete, zeigten normales Verhalten. Der Stift in der Leber ist äusserlich sowol auf deren convexen als concaven Fläche nur an einem grünschwarzen Punkt zu erkennen an jenen Stellen, wo er gegen die Oberfläche tritt. Er steckt sehr fest. An der in Alkohol erhärteten Leber sieht man um den Stift einen kaum 1''' breiten Ring, der durch seine bräunliche Färbung von dem angrenzenden Gewebe deutlich absticht und sich beim Anfertigen microscopischer Schnitte leicht von demselben ablöst.

Versuch XIX.

Stichschnittwunde der Leber. Tod nach 16 Tagen. Einem grossen, schwarz-weissen Kaninchen wurde mit einem spitzen Skalpell eine ausgiebige Stichschnittwunde beigebracht, welche den rechten Leberlappen so ziemlich in seiner Mitte traf. Da man nach den bisher gemachten Erfahrungen sich zur Annahme berechtigt glaubte, es werde auch dieses Thier die Verletzung ohne erhebliche Beeinträchtigung seines Wohlbefindens überstehen, so wurde es keiner genaueren Beobachtung unterzogen. Es bestand dabei die Absicht, dasselbe erst nach Wochen zu tödten, um dann den weit vorgeschrittenen oder bereits vollendeten Heilprozess in der Leber studiren zu können. Doch wider Erwarten wurde das Thier eines Morgens am 16. Tage nach der erhaltenen Verletzung todt in seinem Stalle gefunden. Section: Ausgeprägte Todtenstarre in den Muskeln des Rumpfes und der Extremitäten. Der Leib ist stark meteoristisch aufgetrieben und hart anzufühlen. Die Operationswunde in der Haut erscheint nach Entfernung der Nähte nur schlecht verklebt, in starker Eiterung begriffen, die sich auch im Unterhautzellgewebe und intermuskulär eine Strecke weit fortsetzt. Bei Eröffnung der Bauchhöhle fliesst eine spärliche Menge eines trüb serösen Exsudats aus; die Wandungen des Darmrohres sind ödematös gequollen, der seröse Ueberzug lässt starke Gefässinjection bis in die feinsten Ramifikationen wahrnehmen. Dünnflüssiger, gelb grüner Koth erfüllt den Darm. Im unteren ileum dicht über der Coecalklappe sitzt ein annähernd kreuzergrosses, tiefgreifendes Geschwür mit zackigen Rändern, das an seinem tiefsten Punkt die serosa erreicht, ohne dieselbe zu perforiren. Die Leber ist nach oben mit dem Zwerchfell, seitlich mit der angrenzenden Bauchwand durch eine dicke, gelblich weisse Schwarte verlöthet. Nach Lösung derselben gewahrt man eine in ihrer Ausdehnung etwa halbguldengrosse, knotige Geschwulst, welche sowol an der oberen als unteren Fläche der Leber mässig gewölbt hervorragt und sich durch eine gelblich weisse Farbe vor dem übrigen Lebergewebe auszeichnet. Auch an der unteren Fläche derselben zeigen sich dicke schwartige Auflagerungen, welche mit der Nachbarschaft allenthalben Verwachsungen veranlasst haben. Beim Durchschneiden der Geschwulst ergibt sich dieselbe aus einer käseartigen Masse bestehend, welche an Stelle der normalen Lebersubstanz getreten ist, derart, dass sie in den verdickten Peritonealüberzug wie eingeschoben erscheint. Die Geschwulst ist nach oben und unten von einem schmalen fibrösen Ringe abgegrenzt, an den sich unmittelbar normales Lebergewebe anschliesst. Die ausgedehnte Gallenblase enthält dicklich braungrüne Galle. Die übrigen Organe zeigen nichts Auffallendes.

Wenn wir uns diese Versuchsreihe überblicken wollen, so sehen wir daraus im Allgemeinen, dass die Leberverletzung als solche von sämmtlichen Thieren wohl ertragen wurde. Die Kaninchen zeigten auf den stattgehabten Eingriff in der Regel keine Reaction. Sie liefen herum, nahmen Futter und verhielten sich wie vor der Verletzung, wenn nicht andere Complicationen sich beigesellten. Die im regelmässigen Verlaufe gewonnenen Temperaturen erlauben wenig Schlüsse, denn sie bewegen sich in weiten Schwankungen. Bei solch' regelmässigem Verhalten des Heilungsprozesses findet man oft schon nach 24 Stunden eine Vereinigung der genähten Hautwunde. Der Leib ist weich, nicht aufgetrieben, Stuhl und Urin normal. In keinem Falle war Eiweiss oder Zucker im Urine zu finden; ebensowenig ist icterus verzeichnet. Der Tod trat bei unseren Thieren nur ein im Falle I an einer peritonitis in Folge einer Darmeinklemmung in der Bauchwunde und zwar in 12 Stunden, ein Ereigniss, das bei keiner menschlichen Verletzung vorgekommen ist; ferner im Falle IV nach 36 Stunden, ohne dass die Section die Ursache des Todes ergeben hätte, wenn nicht etwa der Eingriff selbst, die dabei stattgehabte reichliche Blutung die Schuld tragen. Ein drittes Thier, Fall VII fiel nach 60 Stunden an einer Bauchfellentzündung und Kaninchen Nr. XIX. erst nach 16 Tagen an einer jauchigen peritonitis. Als Folgen der Verletzungen sind also entweder Blutungen zu verzeichnen, vielleicht tödtet der grosse Eingriff in seltenen Fällen selbst oder es kommt in einigen seltenen Fällen, aber ja nicht immer, zur peritonitis mit verschiedenen Exsudaten. Ausgebreitete peritonitis scheint überhaupt nur dann aufzutreten, wenn grössere Gallengänge verletzt waren. Phrenitis (Joseph) konnte ich nicht constatiren. Bei einfachen Stichschnittwunden der Leber verkleben die Ränder gewöhnlich. Lavierge (de l'hépatite ou de l'absces du foie) brachte einem Hunde mit einem Troicart von 2 Mm. Durchmesser in 6 Tagen 10 etwa 4—5 Ctm. tiefe Stiche in die Leber bei. Das Thier wurde nach drei weiteren Tagen vergiftet und es fanden sich an seiner Leber drei kleine, kaum sichtbare Spuren, von den übrigen 7 Stichen war nichts aufzufinden, ja das Drüsengewebe in der Gegend der Stiche war etwas blasser gefärbt als sonst, auch das peritoneum der Bauchwand war normal bis auf 4—5 erkennbare Narben der Einstiche. Auch Garmier (l' union méd.) registrirt die mannigfach angestellten Experimente an verschiedenen Thieren, Hunden, Kaninchen, Ochsen, die sämmtlich dafür sprachen, wie bei den Sectionen sich oft keine Spuren dafür finden.

Ist ein fremder Körper vorhanden, so liegt derselbe entweder fest eingebettet in dem Gewebe ohne bedeutende Veränderung des Nachbargewebes oder er liegt, wie im Fall XIV. in einer Eiterhöhle. Häufig ist die Leber mit dem Zwerchfell oder mit der Bauchwand verklebt, oder es liegen lose Blutcoagula auf der Oberfläche derselben. Bei Abscessen sind ausgedehnte und schwartige Verwachsungen mit den Nachbarorganen zu Stande gekommen. Cystenbildung in der Leber, Verwachsung der Leberwunde mit dem Netze finden sich als analoga auch beim Menschen. Das im Fall XIX über der Coecalklappe liegende Geschwür kommt kaum mit den Vorgängen in der Leber in Verbindung; ich kenne auch keinen solchen Befund beim Menschen.

Gehen wir nach diesen kurzen macroscopischen Erörterungen über zur Untersuchung der histologischen Vorgänge im verletzten Lebergewebe, so müssen wir dieselben nach den vorangeführten Versuchen im Allgemeinen als zweifacher Natur bezeichnen, indem die Heilung bald auf dem Wege der Eiterung, bald ohne dieselbe angestrebt wird. Wir wollen den letzteren Fall als jenen welcher sich gleich anderen Autoren auch bei unseren Versuchen als der bei weitem Häufigere herausstellte, in erster Reihe behandeln.

Untersucht man eine einfache Stich- oder Schnittwunde am in Alcohol erhärteten Präparat, indem man feine zum Stichkanal senkrecht verlaufende Schnittchen unter das Microscop bringt, so erhält man nach Verlauf von 24, 36, 48 Stunden etwa folgendes Bild: Der Stichkanal ist mit einem seiner Weite entsprechenden, um diese Zeit noch wenig veränderten Blutcoagulum ausgefüllt, in welchem sich wohl auch Reste des Lebergewebes als Kerne von Leberzellen, Derivate dieser selbst etc. eingeschlossen finden. Rings um das Blutcoagulum zieht eine mehr minder regelmässige, verschieden breite Schichte eines aus langgestreckten Elementen zusammengesetzten, faserartigen Gewebes, welches meist durch imbibirten Blutfarbestoff etwas gefärbt erscheint. In diesen spindelförmigen Zellen gelingt es hie und da deutlich einen länglich ovalen, selbst stäbchenförmigen, meist stark lichtbrechenden Kern aufzufinden. Das an diese Schichte angrenzende Gewebe lässt entweder die Leberzellen in ihrer vollkommen normalen Beschaffenheit erkennen, oder die Zellen sind ebenfalls noch von Blutfarbestoff gelblich gefärbt, erscheinen nicht polygonal, sondern in der Richtung jenes Faserringes verschmälert, länglich viereckig mit nicht deutlich sichtbarem Kerne und von den Nachbarzellen nicht scharf abgegrenzt. Allmälig gehen aber auch sie in wohl erhaltene, einen oder zwei dunkel conturirte Kerne führende Zellen über. Oft ergiesst sich jedoch auch das Blut noch in die Interstitien benachbarter acini, drängt hier die einzelnen Zellenreihen und Zellengruppen von einander und presst sie zusammen. Dadurch entstehen wol jene mit der eigentlichen Begrenzungsschichte des Stichkanals zusammenhängenden verschieden breiten faserartigen Spangen und Leisten, welche von dem eigentlichen Insulte entfernter getroffen werden. S. Fig. 1.

In gleicher Weise, aber bei weitem regelmässiger gewahrt man in den Fällen, wo ein Stift oder Faden in die Lebersubstanz eingebracht worden war (s. Fig. 2), jene faserige aus langen spindelförmigen Elementen zusammengesetzte Schichte, welche hier gleichsam aus concentrischen, meist scharf conturirten Ringen zusammengesetzt erscheint. Während in den früheren Untersuchungsterminen jene Schichte, wie bereits erwähnt, von Blutfarbestoff mehr diffus gefärbt sich präsentirt, trifft man in den späteren Fällen den Blutfarbestoff in grösseren und kleineren Klümpchen zwischen einzelnen Fasern gruppirt an. Auch muss noch hervorgehoben werden, dass je nach der wechselnden Dicke des Stiftes auch die Breite des Faserringes eine variable war in der Weise, dass mit zunehmender Stärke des ersteren der letztere an Ausdehnung abnahm und die einzelnen Elemente von der Spindelform abweichend, sich mehr der einer Faser näherten.

Es war nun die Frage zu ventiliren, woher diese spindel-

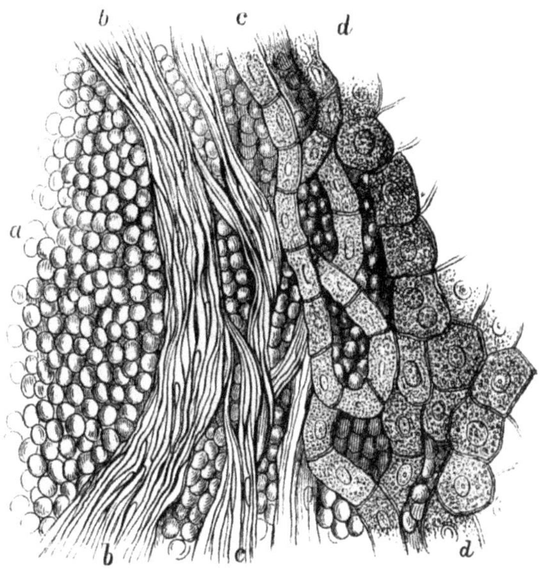

Dr. Heinrich Mayer delin.

Figur 1.

Stichwunde der Leber von Fall VIII. am 3. Tage untersucht. (Halb schematische Zeichnung. Merz, 720fache Vergrösserung.) Den Stichkanal (a) füllt ein Blutcoagulum vollständig aus; dasselbe wird begrenzt von einer faserartigen Schichte (b) — den comprimirten Leberzellen. (?) — Das Blut hat sich auch in die Interstitien angrenzender Leberzellenbalken (c) ergossen, dieselben auseinander gedrängt, wodurch die Zellen ein mehr bandartiges Ansehen bekommen und man deutlich den Uebergang bis zur spindelzellenförmigen Leberzelle verfolgen kann. — Bei (d) normales Lebergewebe.

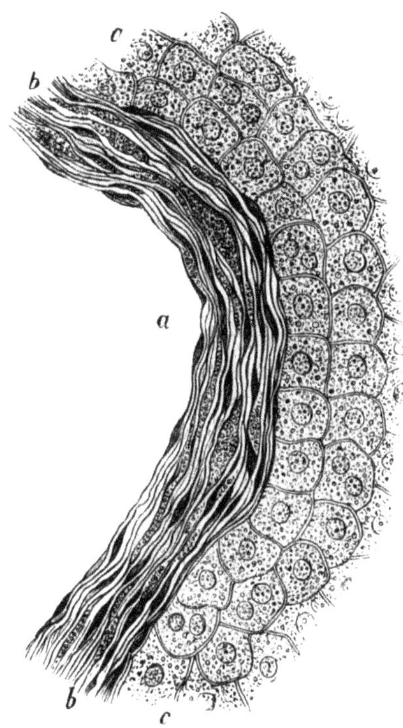

Dr. Heinrich Mayer delin.

Figur 2.

Metallstift in der Leber. Versuch XVIII. (Halb schematische Zeichnung. Merz, 720fache Vergrösserung.) Nach 12 Tagen untersucht. (Carmin-Präparat.) Bei a der vom Stift eingenommene Raum. — b. Faserartige Schichte mit eingeschlossenem Blutfarbestoff und den spindelförmig ausgezogenen Leberkernen, die sich gleich den der unveränderten Zellen (c) durch Carmin gefärbt haben. — c. Normales Lebergewebe.

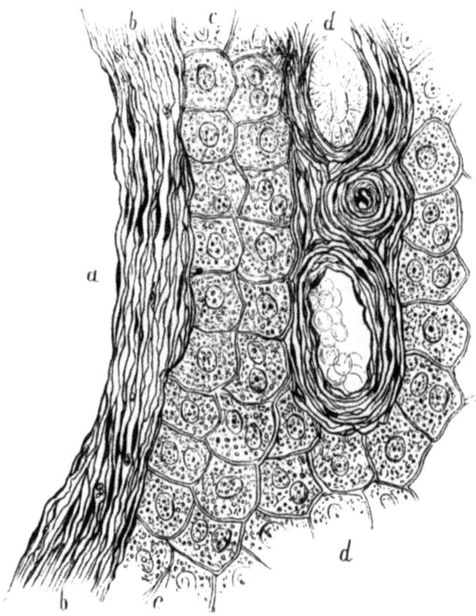

Dr. Heinrich Mayer delin.

Fig. 3.

Präparat einer Kaninchenleber, in welche, nachdem sie ausgeschnitten war, ein Metallstift eingestossen wurde. (Halb schematische Zeichnung. Merz, 720fache Vergrösserung.) **a.** Metallstift. b. Faserartige Schichte, etwas schmäler als in der vorhergehenden Abbildung, wohl desshalb, weil der Stift dicker. c. Normale an die Faserschichte grenzende Leberzellen mit bei d unveränderten Gallengängen und Blutgefässen.

förmigen und faserartigen Elemente ihren Ursprung nähmen, ob sie etwa aus dem Bindegewebsgerüste der Leber hervorgegangen wären oder von aus den Blutgefässen gewanderten farblosen Blutkörperchen abstammten. Schon von Joseph waren in letzterer Richtung Versuche mit Zinnoberinjectionen in die Venen gemacht worden, unter der Voraussetzung, dass wenn letztere Annahme die richtige wäre, sich auch in jenen spindelförmigen Zellen Zinnobermoleсüle finden müssten, da diese ja von den farblosen Blutkörpern in Menge aufgenommen werden. Auch wir nahmen in dem Versuche XI eine ähnliche Probe vor, erhielten aber, wie schon von Joseph angegeben, nur ein negatives Resultat. Es fanden sich zwar einzelne unveränderte farblose Blutkörper vor, welche Zinnobertheilchen enthielten, doch konnten wir sie in keiner jener Fasern nachweisen, welche schichtweise die Wundfläche begrenzten. Wir waren, nachdem wir, mochten wir noch so frühzeitig (nach 12 Stunden) unsere Untersuchung vornehmen, immer wieder das gleiche Resultat erhielten, schon zu der Ansicht gekommen, es möchte hier der verletzende Körper einen derartigen Druck auf die weiche Masse der Leberzellen ausüben, dass sie ihre ursprünglich polygonale Form verlieren und spindelförmig würden, als die mit unserer Annahme so erfreulich übereinstimmende Arbeit Hüttenbrenner's über die Gewebsveränderungen in der entzündeten Leber uns zu Handen kam. Dieser lieferte mit unwiderleglicher Schärfe den Beweis, dass jene für Spindelzellen gehaltenen und zu Fasern sich umgestaltenden Elemente nur mechanisch veränderte Leberzellen seien. Stosst man nämlich nach seiner Angabe in ein vom lebenden Thiere ausgeschnittenes Leberstück eine Nadel ein und besieht man sich am erhärteten Präparate auf Durchschnitten die Umgebung des Stichkanals, so erblickt man ebenfalls die Leberzellen spindelförmig und schichtweise gelagert. Auch wir machten dieses einfache Experiment nach und wurden dadurch vollkommen in unserer früheren Vermuthung bestärkt und von Hüttenbrenner's gleichlautender Angabe überzeugt. Zum Vergleiche mit den beiden vorhergehenden Abbildungen ist in Fig. 3 ein solches Präparat zur Ansicht gebracht, welches durch Einbringung eines Stiftes in die frisch ausgeschnittene Kaninchenleber genommen wurde, nachdem dieselbe in Alcohol erhärtet war. — Sicher hatte schon Holm dieselben Befunde vor sich, wenn er, wie oben angeführt, von einer Schnittstelle schreibt, welche man schon am 6. Tage der Reizung zu einem deutlich faserigen Gewebe differenzirt finde, und wenn er von der Reizung durch Nadeln angibt, dass sie das Eigenthümliche zeige, dass man die Elemente in concentrischer Anordnung um den fremden Körper finde. Nicht minder übereinstimmend sind auch die Angaben Joseph's, der vom Narbengewebe um einen Stift nach 5—6 Tagen anführt, dass die um einen Stift lagernden Elemente eine concentrische Anordnung haben und sich schichtweise von einander absetzen. -- Anders verhält es sich mit der Ansicht über das Wesen dieser faserigen, schichtweise gelagerten Elemente und über die Constituirung des eigentlichen Narbengewebes. Denn während Holm argumentirt, dass aus jenen spindelförmigen Zellen, die er von Leberzellen ableitet, Fasern würden, welche einzig und allein das künftige Narbengewebe bilden, eine Behauptung, welche auch Hüttenbrenner unterstützt, kam Joseph zu ganz anderen Resultaten. Dieser lässt die ganze Arbeit der künftigen Narbenbildung dem Bindegewebe der Leber zukommen, das er in ein Stützgewebe für die Blutgefässe und Gallengänge, sowie in ein solches für die Leberzellen theilt. Nach ihm nun verdicke sich in Folge der Einführung eines Stiftes in die Leber das Bindegewebe entfernter liegender acini und sende von Tag zu Tag eine Säule von jungen Elementen vor bis zum Stift, die wesentlich aus Spindelzellen beständen. Diese Zellengewebe nähmen dann sehr schnell das Ansehen älteren Bindegewebes an.

Wenn wir auch die Beobachtung eines spindelförmigen und faserartigen Erscheinens der Leberzellen in Folge der Verletzung sowol als des Blutergusses nach derselben, mit anderen Autoren theilen, so konnten wir uns doch nicht der Ueberzeugung völlig hingeben, dass es wirkliche Fasern mit denen des Bindegewebes etwa identische seien. Untersucht man nämlich nicht senkrecht zum Stichkanal verlaufende Querschnitte, sondern führt man die Schnitte mit ersterem mehr parallel oder breitet man die innerste Auskleidung des Stichkanals in die Fläche aus, so kommt nicht mehr jene faserartige Schichte zum Vorschein, sondern man erblickt nur sehr verschmälerte, mehr bandartige, gewalzte Leberzellen mit etwas gestrecktem Kern, die nicht mehr scharf von einander abgegrenzt sind. Man hat also hier ein ähnliches Verhältniss vor sich wie bei einem senkrechten Hautdurchschnitt, wo man ebenfalls eine Schichte scheinbarer Fasern an der Oberfläche wahrnimmt, die doch nichts anderes sind als die von oben her betrachteten rundlichen oder ovalen platt gedrückten Epidermiszellen. Wenn wir auch nicht läugnen wollen, dass so veränderte Leberzellen mit in das Narbengewebe einbezogen werden, so scheint uns desshalb doch noch nicht die Annahme vollkommen gesichert, dass sie auch die Function von Fasern, welche das künftige Narbengewebe constituiren sollen, völlig und allein übernehmen. Es dünkt uns vielmehr nach unseren Präparaten für wahrscheinlich, dass eine wesentliche Betheiligung an der Narbenbildung dem namentlich bei der Kaninchenleber so mächtigen Bindegewebsgerüste zufällt. Zwar bekamen wir bei unseren Versuchen nicht jenes Heranrücken junger Spindelzellen an den Stift zu Gesichte, von dem Joseph erzählt, doch glauben wir im intercellulären und interacinösen Gewebe in Folge der Verletzung eine Zellenproliferation und namentlich auch eine Vermehrung an den Kernen der Capillaren wahrgenommen zu haben. Ferner müssen wir hervorheben, dass wir während unserer Beobachtungsdauer noch keine eigentliche Narbenbildung zu Gesicht bekamen, wie man sie sonst z. B. an der menschlichen Leber mit strahliger Einziehung des Gewebes etc. zu finden und zu beschreiben pflegt. Vielleicht ist es uns gegönnt, wenn sich unsere Beobachtung einmal auf längere Zeit erstreckt haben wird, zu einem endgiltigen Entscheide in dieser Frage zu gelangen.

Seltener hatten wir es, wie bereits angegeben, bei unseren Versuchen mit wirklicher Eiterbildung zu thun. Sie lag nur vor in dem Versuche III, wo wir dieselbe im Beginne an der Grenze des normalen Gewebes und des Brandschorfes constatiren konnten, und sie demnach zur Losstossung des letzteren auftrat; ferner in den Versuchen XIII und XIV, wo sie durch fremde Körper (Bleikugel, Metallstift), in den Versuchen XV und XVIII nach bedeutendem Substanzverluste und einer ergiebigen Stichschnittwunde eingetreten war. – Von den bereits genannten Experimentatoren hatte Holm bei der Eiterung die Eiterkörper durch endogene Bildung in den Leberzellen entstehen lassen, während Koster den neueren Anschauungen folgend dieselben aus den Blutgefässen auswandern lässt. Joseph, der es zur eigentlichen Eiterbildung niemals mit Ausnahme von zwei Fällen kommen sah, denn wenn auch einzelne Eiterkörperchen auftreten, so sei dies jedenfalls in sehr beschränkter Weise nimmt ebenfalls für die Abstammung der Eiterzellen aus den Blutgefässen Partei. Nach Hüttenbrenner errege namentlich die Reizung der Leber durch NH_3 eine starke Eiterung und zwar finde man massenhafte wie Eiterkörper aussehende Zellen rings um die Gefässe gelagert, nicht nur in der Umgebung der Läppchen, sondern auch im centrum des Läppchens selbst. Auch er scheint demnach die Genese der Eiterkörper in einer Wanderung aus den Blutgefässen zu suchen.

Nach unseren Beobachtungen gestaltet sich die Sache bei der Eiterung etwa folgendermassen.

Betrachten wir uns das Bild auf Fig. 4, welches von einer in die Abscesshöhle warzenartig hineinragenden Partie des Versuches XIV genommen ist, so sehen wir zunächst in dem die Blutgefässe und Gallengänge umgebenden Bindegewebe selbst eine üppige Zellenwucherung, die sich auch zwischen die einzelnen Leberzellenbalken und Zellen selbst fortsetzt. Weiter nach oben ist von letzterem nichts mehr zu sehen; es liegen hier junge Elemente mit meist vielgestaltigem Kern, die als Eiterkörper angesprochen werden, in Haufen dicht bei einander. Dort, wo noch Leberzellen vorhanden sind, bemerkt man, dass dieselben ihre frühere regelmässige polygonale Form verloren haben; sie erscheinen alle kleiner, geschrumpft, unregelmässig geformt und von einander gesprengt, was alles auf Rechnung des Druckes der sich zwischen ihnen breitmachenden Eiterzellen zu setzen ist. Dabei wird die einzelne Zelle blass, sie verliert ihre dunklen granula. Der Kern, in einigen Zellen noch erhalten, ist ebenfalls geschrumpft, meist aber sieht man an seiner Stelle nur einen hellen Fleck, so dass es schwer zu sagen, ob es der erblasste Kern oder ob er völlig geschwunden sei. Im freien Feld gelingt es oft Zellen aufzufinden, von denen man deutlich constatiren kann, dass der Kern herausgefallen ist. Eine Bildung von Eiterkörperchen in den Leberzellen selbst konnten wir niemals auffinden; denn wenn man weiss wie häufig man mehrkernige Leberzellen in der normalen Leber antrifft, so kann man doch, wenn sie bei der Eiterung gefunden werden, sie nicht als die Brutstätte des Eiters betrachten. Mit dieser Beobachtung scheint jene von Rindfleisch beim embolischen Leberabscesse übereinzustimmen, der eine active Betheiligung der Leberzellen an der Eiterbildung nicht in der Lage war zu constatiren und dem es

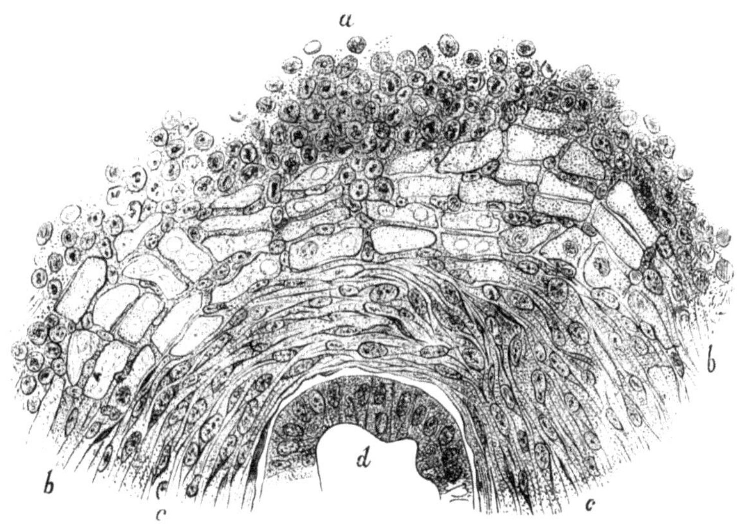

Dr. Heinrich Mayer delin.

Fig. 4.

Leberabscess von Fall XIV. durch eine Bleikugel veranlasst. (Halb schematische Zeichnung. Merz, 720fache Vergrösserung.) 5 Tage altes Untersuchungsobject. (Carmin-Präparat.) — a. Masse von jungen, Eiterkörperchen ähnlichen Elementen. b. Veränderte Leberzellen mit theils noch unveränderten, theils erblassten und fehlenden Kernen. c. Umhüllendes Bindegewebe des Gallenganges mit üppiger Zellenproliferation (Eiterkörper.) d. Normaler Gallengang.

schien, als ob beim Zerfall der Zellen ihr Protoplasma schwinde und der Kern frei würde. — Während Hüttenbrenner angibt, dass es bei der Eiterung nicht zur Bildung von Spindelzellen komme, mit Ausnahme jener Stellen, wo grosse Blutextravasate stattfänden, konnten wir doch auch an den die Abscesshöhle begrenzenden Leberpartieen eine schichtweise Lagerung spindelförmig gestreckter Leberzellen constatiren, was ebenfalls als Folge des in der Abscesshöhle statthabenden Druckes auf jene Zellenreihen betrachtet werden muss. —

Dieses sind unsere Resultate der bis zum 16. Tage fortgesetzten Versuche. Es ist natürlich, dass wir die obschwebenden Fragen noch nicht als abgeschlossen betrachten können. Immerhin wäre es ja denkbar, dass das Bindegewebe der Leber dieser so reactionslosen Thiere erst noch später auf den stattgehabten Reiz in ergiebigerer Weise proliferirte. Auf der anderen Seite ist ganz besonders zu betonen, dass die Befunde an Kaninchen nicht die directe Uebertragung auf den Menschen*) gestatten, da ja die Reaction einer Leberverletzung bei ihm in ganz anderer, heftigerer Weise sich geltend macht. —

*) Von microscop. Untersuchungen bei Traumen der Leber des Menschen kenne ich nur die eine Notiz von Thiersch in Billroth's und Pitha's Chirurgie B. I. S. 559. Dort heisst es: „Vor Kurzem hatte ich Gelegenheit, gemeinschaftlich mit Prof. E. Wagner das Verhalten kleiner Blutergüsse in der Leber zu untersuchen. In der Leiche eines Eisenbahn-Verunglückten, der 12 Stunden nach dem Unfall an schweren inneren Verletzungen gestorben war, fanden sich nebenbei auf der convexen Leberfläche zahlreiche seichte verklebte Einrisse, theils subserös, theils mit Trennung des subserösen Ueberzuges. Feine Durchschnitte der gehärteten Rissstellen zeigen im centrum dichtgedrängte unveränderte Blutkörperchen. Mit Carmin imbibirt, und mit Eisessig behandelt, der den Farbstoff der Blutkörperchen zum Theil auszieht, wird die Extravasatstelle durchsichtig und hart . . . . . . zeigt zahlreiche junge carmingefärbte Zellen, eingebettet in ein stroma, welches stellenweise unzweifelhaft von Bindegewebszügen gebildet wird, daneben das zarte polyedrische Faserstoffnetz, in dessen Maschen die abgeblassten rothen Blutkörperchen liegen. Leberzellen sind in diesem Theil des Präparates nicht vorhanden, nur hie und da Pigmentreste. Das Lebergewebe, welches rings den Bluterguss umgibt, ist im Zustande üppiger Kernwucherung, an der sich ebenso die Leberzellen wie die desmoiden Elemente betheiligen. Körnchenzellen fehlen“. . . . .

Diagnose.

Dieselbe kann je nach der Art der Laesion leicht oder sehr schwierig sein, wenigstens oft für einige Zeit zweifelhaft bleiben. Es ist dies besonders bei den Lebercontusionen, Leberrupturen der Fall. Gewaltige Einwirkungen auf den Unterleib, durch welche ja gerade diese Verletzungen erzeugt werden, bieten ohne Rücksicht auf ein bestimmtes Organ die allgemeinen Symptome der grössten Prostration, der Anaemie, die heftigsten Schmerzen in der Bauchhöhle, Erbrechen, blutige Stühle u. dgl. Ein heftiger Schmerz in der Lebergegend, bei Druck gesteigert, von da ausstrahlende Schmerzen nach der Schulter, dem epigastrium, eine Anschwellung der regio epigastrica, allenfalls auch das Vorhandensein einer Contusion der Haut an dieser Stelle, der percussorische Nachweis eines Blutergusses in die Bauchhöhle machen die Diagnose sicher, welche zur Gewissheit wird, wenn die reactiven Erscheinungen der Leberhyperaemie, der icterus etc. auftreten. Die vorausgegangene Gewaltseinwirkung als ursächliches Moment aufgefasst, wird uns weiter zur Sicherstellung der Verletzung verhelfen. Jene fühlbare Vertiefung an der Leber, die Steffens (Pfaff's Mitth. Jahrg. VII. H. 9) anführt, wird wohl schwierig zur Diagnose beitragen, da schon die Bauchdecken kaum einen solchen tiefen Druck gestatten, um eine Vertiefung an der Leber durchzufühlen. Eher wird die Anschwellung der Lebergegend durch Extravasation von Blut auf die Verletzung derselben hinzuweisen vermögen. Es sei mir gegönnt, das, was Busch über die Zerreissung der Leber in seiner Chirurgie B. II. S. 82 schreibt, hier anzuführen: „Bei der Zertrümmerung der Lebersubstanz ohne äussere Wunde ist die Diagnose nur eine wahrscheinliche, indem der Ort, auf welchen die Gewalt eingewirkt hat, der hier empfundene Schmerz, die allgemeinen Erscheinungen des Collaps und die etwa auftretende Ansammlung von Flüssigkeit in der Unterleibshöhle die Faktoren sind, aus welchen die Diagnose gemacht wird, so dass man, je nachdem diese Symptome sämmtlich oder nur zum Theile vorhanden sind, bald auf Zerreissung durch den Peritonealüberzug, bald auf Zertrümmerung eines noch bedeckten Lebertheiles schliessen kann.“ Ich brauche kaum nach dem, was wir bereits gelesen haben, zu erwähnen, dass die Diagnose unmöglich ist in manchen Fällen, nämlich da, wo jede Erscheinung von Seite einer Leberverletzung fehlt, ferner kann bei gleichzeitig anderen grossen Zerstörungen die Erscheinung von Seite der laedirten Leber in den Hintergrund treten oder anders gedeutet werden. Oder die Verwundung der Leber, die dadurch bedingte Blutung ist so gross, dass der Kranke stirbt, ehe eine Diagnose gestellt werden konnte; wir ahnen wohl die Grösse der Verletzung im Unterleibe, welches Organ aber das betroffene ist, klärt uns erst die Sektion auf. Unmöglich ist auch die Diagnose dann, wenn der Kranke bei vollem Bewusstsein über die verschiedensten Schmerzen in Milz, Leber, Magengegend bei leisester Berührung klagt, die also auf kein bestimmtes verletztes Organ deuten. Aehnlich ergeht es wohl da, wo die Laesion wegen des geringen Schmerzes gar nicht geahnt wurde und dann erst im Verlaufe der Zeit der Leib anschwillt, ein ascites vor uns zu sein scheint und dann die über kurz oder lang erfolgende Obduction die chronische Entwicklung eines Leberabscesses mit Erguss in die Bauchhöhle zeigt, welche mit dem jetzt wieder in's Gedächtniss kommenden Fall, Druck oder der erlittenen Quetschung in der Lebergegend nun wohl in Zusammenhang gebracht werden kann (F. 15. 17.) Wenn die unteren Rippen gebrochen sind und damit plötzlich oder successive peritonistische Erscheinungen kommen, müssen wir daran denken, dass die zerbrochene Rippe in die Leber gedrungen sein könne und sie verletzt habe. (F. 60.) Der Fall 55 ist besonders gerichtlich-medizinisch interessant, da die Ursache der Verletzung zweifelhaft bleiben kann, weil es sich um Mord oder Unglück handelt. Es ist diese Eventualität um so leichter möglich und kann der Spekulation ein reiches Feld liefern, als wir ja wissen, dass Leberrupturen ohne jede äussere sichtbare Verletzung an der Haut zu Stande kommen können. In solchen Verhältnissen bleibt nur die Berücksichtigung der äusseren Umstände übrigens massgebend. —

Die Schusswunden der Leber sind in der Regel diagnostizirbar; bei irgend welchem Zweifel wäre entschieden eine vorsichtige Untersuchung mit dem Finger gestattet, wenn anders nicht die Wunde durch einen Blutpfropf bereits geschlossen ist; es muss diese aber, wie gesagt, mit der grössten Behutsamkeit geschehen, um ja eine Blutung zu vermeiden. Ausserdem gibt in vielen Fällen der Ausfluss schwarzen venösen, oft mit Galle gemischten Blutes Aufschluss. Und würde selbst in den ersten Stunden die Erkennung Zweifel übrig lassen, so würde die nachfolgende Reaktion, die Abstossung von Leberstückchen, der Ausfluss mit Galle tingirten Eiters etc. die Gewissheit verschaffen. Die Lage der Eingangs- oder Ausgangs-Oeffnung, der Ausfluss einer geringeren oder grösseren Menge Blutes würde bei der genauen Kenntniss der Lage der Leber auch auf den verletzten Theil derselben hinweisen können. Bei geringer Blutung und guter Beleuchtung kann man auch den verletzten Theil der Leber als rothen warzigen Körper in der Tiefe der Wunde erkennen.

Schwer und vielleicht im Anfange gar nicht wird eine Verletzung der Leber zu constatiren sein, wenn die Kugel von rückwärts eingedrungen ist ohne nach vorne eine Ausgangs-Oeffnung zu haben; erst der Verlauf wird hier Aufklärung geben, denn Blut- und Gallenerguss wird weniger nach aussen, sondern mehr in die Bauchhöhle statthaben; erst der später ausfliessende gallige Eiter führt zu einer Diagnose. Der Gallenerguss ist aber keineswegs unausbleiblich und auf der anderen Seite zeigt er oft die Verletzung der Gallenblase, nicht der Leber an. (Pirogoff.) Bei gleichzeitiger Verletzung des Darmes fliesst Koth durch die Wunde, bei der Laesion der Niere Urin; ist das Zwerchfell durchschossen und die Lunge getroffen, so kann sich das ausfliessende Blut mit Luft und umgekehrt das Bronchialsekret mit Galle mischen. Das Zurückbleiben einer Kugel im Leber-Gewebe kann hie und da mit dem Finger gefühlt werden. Fall 201 zeigt aber auch, dass hier Fälle vorkommen, wo von einer Verletzung der Leber kein Symptom Zeugniss gibt, besonders wenn anderweitige Verwundungen vorhanden sind, Ein- und Ausgangsöffnung wenig der Lage der Leber entsprechen und die Leber nur von der Kugel gestreift wurde.

Auch späterhin kann ein Gallenausfluss ganz fehlen und so die Verletzung zweifelhaft bleiben.

In seiner Traité des plaies d'armes à feu schreibt Mehée im Jahre 1800: Lorsqu'une balle frappe horisontalement la partie latérale de l'hypocondre droit sans sortir du ventre, il est vraisemblable que le foie est blessé, mais comme il n'est pas indifférent de savoir dans quelle partie il est offensé, parceque les accidens peuvent être plus ou moins considérables, il faut encore remarquer dans quel endroit de l'hypocondre la blessure est faite. Si la balle est entrée par la partie supérieure de cette region, et que l'on soit d'ailleurs convaincu qu'elle a pénètré assez avant dans la substance du foie sans cependant l'avoir traversé de part en part, ce viscère doit être blessé dans sa partie supérieure, qui est la plus épaisse; un peu audessous de ses ligamens suspenseurs, alors les tiraillements que cette blessure causera au diaphragme, occassionneront une difficulté de respirer considerable, et la douleur sera très-violente dans la region frappée. S'il y a des vaisseaux ouverts, comme le foie est dans ce lieu adapté contre la partie latérale et supérieure de l'hypocondre, et qu'il repond et remplit la concavité que forment les côtes; il sortira par la plaie une quantité plus ou moins grande de sang noir et épais. Mais si le vaisseau ouvert est la vaine cave, qui, avant de traverser le diaphragme, s'unit au foie, l'effusion de sang sera si considérable, soit qu'il tombe dans le ventre, ou qu'il sorte au-dehors, que la mort suivera deprès cette blessure. Si, au contraire, ce ne sont que quelques branches de la veine porte ou de l'hépatique, peut-être le malade ne périra-t-il pas, alors il se fera probablement un épanchement dans le basventre, et ce mal ne sera pas absolument sans ressources dans tous les cas. —

Die Stichschnittwunden mögen auf der einen Seite Zweifel obwalten lassen, ob die Leber verletzt ist, wenn die Wunde klein und mit dem Finger nicht durchgängig ist. Eine Erweiterung zum Zwecke der Untersuchung, wiewol empfohlen, ist zu widerrathen, da sie zwecklos wäre. Auf der anderen Seite gestattet die Grösse der Wunde sehr oft eine genaue Finger-Untersuchung und ist es gerade bei dieser Form von Verwundung häufig vorgekommen, dass das verletzte Organ vorgefallen ist. Es ist nicht nöthig zu erwähnen, dass die genaue Vergleichung des verletzenden Instrumentes mit der

Wunde diagnostische Anhaltspunkte bieten wird. Bleibt die Diagnose zweifelhaft, ja ist sie anfangs unmöglich, so werden die später eintretenden Symptome auf dieselbe führen können. Aufmerksam ist zu machen, dass die Blutung bei diesen Wunden der Natur der Sache nach am heftigsten ist und dass diese demnach allein schon bei richtiger Würdigung der Verhältnisse Aufschlüsse zu geben vermag. Bei gleichzeitig anderen Verletzungen kann auch hier eine Wunde der Leber übersehen werden oder es kann jedes Zeichen fehlen, das auf eine solche schliessen liesse.

Eine Ruptur der Gallenblase oder ihrer ducti ist wohl nur an der Leiche zu diagnostiziren, wenn wir immerhin auf die Gallenblase aufmerksam gemacht werden dadurch, dass nach einem Stoss, Fall in der Lebergegend heftige Schmerzen dortselbst, peritonistische Erscheinungen auftreten, ohne dass die Leber selbst reagirte und ohne dass eine Blutung in der Bauchhöhle oder eine subperitoneale Blutung an der Leberoberfläche nachweisbar wäre. Es sei aber nicht zu vergessen, dass auch ohne Verletzung der Leber selbst icterus auftreten kann und dass dadurch die Erscheinungen auf eine Leberentzündung schliessen lassen. (F. 137, 140.) „Die Zufälle, aus welchen sich auf eine Verletzung der Gallenblase schliessen lässt, sagt Emmert, wenn nicht eine äussere zur Blase hinführende Wunde mit Galleergiessung nach aussen die Diagnose sicher stellt, sind im Wesentlichen diejenigen, welche bei penetrirenden Bauchwunden und bei Rupturen von Eingeweiden, welche reizende Flüssigkeiten enthalten, überhaupt vorkommen, wobei die auf die Gallenblasengegend sich conzentrirenden Schmerzen, eine hier sich bildende Fluctuation und die sehr rasch auftretende peritonitis zunächst auf Verletzung der Gallenblase deuten. Weniger sichere Zeichen sind: tympanitische Auftreibung der Gedärme, hartnäckige Stuhlverstopfung, Schlaflosigkeit und Erbrechen u. s. w., welche von Stewart und Anderen besonders hervorgehoben worden sind.“ —

Eine Schusswunde gestattet die Untersuchung mit dem Finger und ist bei Zweifel, ob nicht die Gallenblase verletzt sei, es gewiss erlaubt, die Schussöffnung zum Zwecke der sicheren Diagnose zu erweitern. Bei Druck auf die Lebergegend fliesst durch die Wunde dickflüssige Galle in reicher Menge ab. Die Lage der Wunde selbst wird auf eine Verletzung der Gallenblase hinweisen.

Auf diese ist besonders zu achten bei den kleinen Stichwunden der Gallenblase; in den bekannten Fällen, wo der fundus vesicae felleae verletzt war, lag die Wunde immer rechts ungefähr 2—4'' vom Nabel in der Höhe des untern Leberrandes. Unmöglich ist die Diagnose wohl, wenn der Stich von hinten beigebracht war; es wird das Bild durch gleichzeitige Verletzung anderer Organe getrübt.

Ob der ductus communis oder die Gallenblase verletzt sei, wird nur dann nicht zweifelhaft bleiben, wenn man mit dem Finger untersuchen kann; im Uebrigen ist zu bemerken, dass mit Verletzung des ductus communis die Leber mitgetroffen oder bedeutende Gefässe eröffnet sein können. Bestimmte diagnostisch-differentielle Merkmale gibt es nicht. Betreffs der Diagnose der consecutiven Erkrankungen der Leber, des Leberabscesses etc. wird auf die Lehrbücher verwiesen, um nicht durch Wiederholungen zu ermüden.

Prognose.

Die Anschauungen über die Gefährlichkeit der Verletzungen der Leber und Gallenblase sind sehr verschieden, theils weil die meisten Autoren nur nach der geringen Zahl ihrer eigenen Beobachtungen urtheilen, theils weil selten eine genaue Trennung der Art der Verletzungen dabei beobachtet wurde. Larrey's Worte: „L'épanchement des matières bilieuses dans la cavité abdominale est mortel" spielen auch heute noch eine unverdiente zu weit gehende Rolle in den Ansichten.

Zum Beweise hiefür will ich nur einige Schriftsteller von frühen Zeiten bis auf unser Jahrhundert mit ihren Aussprüchen als historische Erinnerung anführen.

Hippocrates und Galen hielten die Leberwunden immer für tödtlich. Celsus V. 26 erklärt die Wunden der porta hepatis für lethal, die der Substanz für kaum heilbar.

In der Chirurgia Argelate cum Albucasi 1424 heisst es im lib. III. tract. I. pag. 67 de vulnere epatis etc.: Vulnera istius loci . . . mortalia sunt.

Theophrastus Paracelsus (1565) sagt: Die Leberwunden seind nit schnell zum todt, sondern fallen in lange Krankheit, nemen keine Heilung nicht an, ergeren sich je lenger je fester zum abnemen des ganzen leibs und seind viel Krankheiten unterworffen.

Im Botallus Leon. de curandis vulner. sclopet. (1583) steht geschrieben: at si glans in cavum usque pervaserit et partium internarum aliquam puto hepar et sanciaverit, spes salutis penitus frustratur.

Hieronimus Fabricius ab Aquapendente (1666) nennt ebenfalls im liber secund. Caput XXVIII. de hepatis etc.

vulneribus haec omnia letalia, fügt aber bei: aeger tamen non deferendus . . . Sanquis qui in cavitatem abdominis erumpit, a natura dissolvitur ipsa, si sanari debet aeger, aut abscessus quidam, ob sympathiam ad inguina excitatur, quo in pus verso, sanquis vacuatur, ita ut nullam hujus sanquinis rationem esse habendam Albucasis existimat.

Fallopius und Forestus halten die Wunden der Gallenblase für absolut, aber nicht augenblicklich lethal, während Helmont u. A. den Tod auf der Stelle erfolgen lassen. So auch Ellioston, welcher die Ruptur der Gallenblase als zuweilen vorkommend anführt und eines Weibes gedenkt, welches beim Eintritt in's Spital entseelt darnieder fiel und bei der Sektion jene Ruptur zeigte.

In den Oevres d'Ambroise Paré (9. Buch S. 256. 1664) lautet die Prognose: Les playes faites au foye sont mortelles, parce que c'est la partie qui sanquifie et est necessaire à la vie. Adioute que la veine cave, ou porte sont incisées en leurs rameaux, par telles plaies, dont s'ensuit grande haemorrhagie, ou flux de sang, qui coule non seulement aux parties interieures, mais aussi exterieures, au moyen de quoi les esprits s'exhale, et pour le regard du sang qui est coulé aux parties interieures, il s'echauffe et pourrit, dont l'ensuit douleur, inflammation et par consequens la mort. Toutesfois Paulus Aegineta dit, qu'une partie et portion du lobe du foye peut être ostée sans mort.

Im 18. Jahrhundert schrieb Chirac (1742) in den Observations de Chirurgie S. 60: Les playes considérables du foye se terminent toutes par la mort du blessé; et cela ne peut guéres arrives autrement, vû la grande inflammation qui survient dans ce viscére et qui interceptant le passage du sang des ramifications de la veine-porte dans celle de la veine-cave, est cause que le sang qui devrait revenir du ventricule, des intestins et de la rate, séjourne dans les extrémités capillaires des vaisseaux de ces viscéres et y attire bientôt aussi une inflammation mortelle. Mais outre cela, le foye comme l'on sçait, est un viscère dont les vaisseaux sont très-considérables. Or l'on conçoit que de pareils vaisseaux, tels que la veine-porte et la veine-cave, étant blessés, l'hémorrhagie est si abondante, qu'il n'y aurait pas d'autre moyen de l'arrêter que la ligature; ce qui ne sçaurait se pratiquer dans le foye. De plus, l'impossibilité qu'il y a de vuider hors de la cavité du bas ventre le sang et le pus (en cas qu'il s'en forme) qui s'y épanchent dans les playes de la partie cave du foye, est encore une des causes qui rend ces sortes de playes incurables; car ces matières sanquinolentes et purulentes irritant et rongeant les parties contenues dans le bas-ventre, y produisent des inflammation et des abscès toujours funestes. —

Wir lesen in dem Traité des plaies d'armes à feu etc. par Desport (1744) S. 302: Quand la balle a percé le foie il faut regarder ces blessures comme ordinairement mortelles.

Ravaton (Abhandlungen von Schuss-, Hieb- und Stichwunden. 1767. S. 36) äussert sich wieder ganz unbestimmt: Die Wunden der Leber . . . sind zwar gefährlich, nichts destoweniger aber können sie glücklich geheilt werden.

Theden schliesslich urtheilt in seinen neuen Bemerkungen und Erfahrungen zur Bereicherung der Wundarzneikunst Thl. III. Berl. 1795. S. 136, wie folgt: Die erste Gefahr der Leberwunden hängt hauptsächlich von dem Grade der Blutung und zugleich davon ab, ob grössere Gallengänge unverletzt sind oder nicht. Da die grösseren Blut- und Gallengefässe insgesammt an der unteren Leberfläche sich befinden, so sind auch Wunden dieser Gegend gefährlicher, als Wunden der convexen oberen Leberfläche. Schnell tödtlich sind in der Regel Wunden, bei welchen grössere Zweige der Pfortader, der Leberarterien oder der Lebervenen verletzt sind, während Verletzungen von Gallengängen durch Ergiessung von Galle ihre Folgen haben. Je nach der Lage der äusseren Wunde und der Leberwunde ergiesst sich das Blut bald grösstentheils nach aussen oder in die Peritonealhöhle, zuweilen auch in den rechten Pleurasack. Kleinere und oberflächliche Stich- und Schnittwunden der Leber können, ohne dass Eiterung eintritt, verheilen. Bei Schusswunden ist weniger die primäre Wundblutung, als vielmehr die nicht ausbleibende Entzündung und Eiterung zu fürchten, zumal wenn fremde Körper zurückgeblieben sind.

Im 19. Jahrhundert steht Mehée (traité des plaies d'armes à feu, 1800) mit folgenden Worten an der Spitze: Quelque dangereuse que soit une plaie au foie, elle n'est pas toujours mortelle; nous en avons des exemples.

Der an Erfahrungen so reiche Larrey schreibt in seinen Memoiren der Militär-Chirurgie (1812): la dislacération du foie sera toujours mortelle, si elle communique avec la cavité abdominale und an einem anderen Orte: L'epanchement des matières bilieuses dans la cavité abdominale est mortel.

Hennen (Bemerkungen über einige wichtige Gegenstände der Wundarznei 1820) führt an: Alle tiefen Wunden der Leber werden fast immer sogleich durch die Blutung tödtlich, aber es gibt auch Beispiele, wo sehr schwere Verletzungen dieser Art überlebt wurden. Nie ist Jemand meines Wissens von einer Verwundung der Gallenblase genesen.

In seinen Vorlesungen über die Verletzungen durch Kriegswaffen lehrt Dupuytren (1836) an verschiedenen Plätzen: Eine Ruptur des Organes kann einen tödtlichen Bluterguss in die Unterleibshöhle herbeiführen. . . Bei geringer Ruptur ist Herstellung möglich, wie diess vorhandene Narben beweisen. . . Die Gefahr der Verletzung (Stichwunden) des Lebergewebes ist übrigens sehr gross und häufig nehmen sie einen unglücklichen Ausgang. . . Reissen grössere Kugeln nach Eröffnung der Bauchhöhle Stücke der Leber mit fort, so tritt jedes Mal der Tod ein. . . . . Dasselbe gilt von Fällen, wo grössere Kugeln in das Gewebe der Leber eindringen. . . Die Schusswunden der Leber sind, wenn gewisse glückliche Umstände eintreten, einer Heilung fähig, wiewohl diese allerdings bei Verletzungen durch schneidende Waffen doch um Vieles leichter gelingt. Während indessen diese Wunden in manchen Fällen schnell verheilen, erliegen die Kranken in anderen den Entzündungen der Leber, des peritoneum oder den Ergüssen in die Bauchhöhle. Zuweilen bilden sich auch an der Peripherie oder im centrum der Leber Abscesse, welche, dem Laufe der Wunde folgend, sich einen Weg nach aussen bahnen, so dass auf diese Weise Wiederherstellung der Patienten zu Stande kommt. Die Bildung dieser Abscesse ist übrigens weit weniger gefährlich als die einer allgemeinen hepatitis.

In einer Anmerkung fügt Dupuytren bei: Die irrige Meinung, dass die Schusswunden der Leber immer tödtlich seien, findet sich auch noch bei mehren neueren Schriftstellern, wie Jobert (sur les plaies par armes à feu 1833 S. 216), welcher behauptet, dass die Verwundungen der Leber durch schneidende Waffen heilbar wären, während Schusswunden immer tödtlich ablaufen. . . .

Verwundungen der Gallenblase und Gallengänge kommen wegen

der Kleinheit dieser Organe nur sehr selten vor und ziehen dann immer in Folge des eine äusserst heftige peritonitis erregenden Gallenergusses sehr schnell den Tod nach sich.

In der Chirurgie von Chelius (1839) heisst es bei den Wunden der Leber S. 327: Leberwunden sind immer sehr gefährlich. Dringen sie tief in die Substanz der Leber, so werden die grösseren Gefässe verletzt, es entsteht Extravasat von Blut und Galle in die Unterleibshöhle, und sie sind als absolut lethale Wunden zu betrachten. Ist die Wunde der Leber oberflächlich oder Verwachsung zwischen dieser mit dem Bauchfell zugegen, so lassen sie Heilung zu; doch kann Extravasat, Entzündung und Eiterung den Tod herbeiführen.

Wunden der Gallenblase erzeugen Extravasate von Galle in die Höhle des Unterleibes und sind gewöhnlich tödtlich, nur wenn die Gallenblase mit dem Bauchfelle verwachsen ist, kann die Galle nach aussen fliessen und Gallenfistel bleiben. Diese Gallenergiessung wird gewöhnlich für absolut tödtlich gehalten; wir haben nur bei einem Falle, wo durch drei in Zwischenräumen angestellte Punktionen eine bedeutende Menge der Galle völlig ähnlicher Flüssigkeit ausgeleert wurde, Genesung gesehen, wobei jedoch zu bemerken, dass die ausgeleerte Flüssigkeit nicht chemisch untersucht worden. (Fryer, in medico-chirurg. Transact. Vol. IV. pag. 330.)

Hoering (Diss. sistens experimenta de mutationibus quas materiae in cavum peritonei animalium ingestae, tum in corpore efficiunt, tum ipsae subeunt. Tubing. 1817) und Emmert (Meckel's Archiv für Physiologie B. IV. H. 14) haben in die Höhle des Bauchfelles Galle eingespritzt und gefunden, dass zwar immer grosse Störungen der Verrichtungen hervorgebracht werden, dass sich aber die Thiere bisweilen davon erholen. Sie fanden die eingespritzte Galle eingesogen. Aus ihren Versuchen geht hervor, dass es besonders der Gallenfarbstoff ist, welcher diese Wirkungen hervorbringt. Sie haben auch nach geöffnetem Unterleib die Gallenblase selbst verletzt und die Galle in den Unterleib sich ergiessen lassen, worauf zwar der Tod erfolgte, doch soll dieser auch der gleichzeitigen Affection der übrigen Eingeweide bei ihrem Hervortreten und Zurückbringen zuzuschreiben sein. — Durch diese Versuche wird zugleich die von Authenried aufgestellte Meinung widerlegt, als wenn der Gallenerguss in die Unterleibshöhle durch Entziehung des O tödte. — In einem Falle wurde die Wunde der Gallenblase zusammengeklebt gefunden. — Wichtig ist auch, was aus den Versuchen von Dupuytren (Sabatier a. a. O. Vol. II. p. 157) hervorgeht, dass Extavasate von Galle und Urin tödtliche Zufälle herbeiführen können, ohne dass man diese Flüssigkeiten bei der Section findet. —

Guthrie macht in der an Casuistik reichen Abhandlung on wounds and injuries of the abdomen, London 1847, folgende prognostische Bemerkungen: Wounds and injuries of the liver, whether imised or penetrating, occuring from blows or from musket-balls are very serious, althoug not necessarily fatal. Some few persons recover altogether; some few with more or less of permanent dissability. The remainder die during the first, or inflammatory stage or in the secondary one, which follows, from the twelfth or fourteenth day, afther the primary symptoms have in some measure subsided. In all cases of penetrating wounds of the abdomen the peritoneum must be injured, and undergo a certain degree of inflammation, which is marked, by its peculiar symptoms; to which are added those dependent upon any of the viscera which may be implacated by it. The peritoneum is not of itself a vital organ, in the true acceptation of the term, and only becomes so when it is intimately connected withone. Thus the peritoneum lining the parietes of abdomen, is by no means of such importance in the animal economy, as the peritoneum covering the intestines. This inflammation, inertly treated, is usually fatal at the end of a from twenty-four to forty-eight hours; whilst acute inflammation of the abdominal peritoneum may continue for turie forty-eight hours with out causing death, and often becomes a chronic disease. When the inflammation of the peritoneum extends to the organ which it covers, the symptoms are combined, and in wounds are caraterized by the issue of the peculiar secretions or contents of the viscus . . . . Wounds of the gall-bladder are, ar far as it is known, fatal; the effusion of bile which immediately takes place giving rise to inflammation, which, withother causes, destroy the suffered at the end of a few days. If the gall-bladder should adhere to the peritoneum from any previous inflammation, a wound in it need not prove mortal, as effusion would be avoided, and there is no reason to believe that an injury to this part would be other wise more vital, than that of any other of the viscera of the abdomen.

B. Beck folgert aus seinen Erfahrungen über Schusswunden aus den Jahren 1848 und 1849: Minder gefährlich als Darmwunden sind jene der Leber, wenn sie nur die Peripherie derselben betreffen und nicht im Innern die grossen Aeste der Lebergefässe, die Gallengänge oder selbst die Gallenblase, wo sie alsdann immer tödtlich werden, getrennt haben. Schnitt- und Hiebwunden trennen meistens in grossem Umfange die Gefässpartie, Gallengänge der Drüse und tödten desshalb bald. Tiefe Bajonettstiche habe ich drei gesehen und alle Verwundete sind in den ersten Tagen gestorben... Bei den Schusswunden, denen man aber mit Unrecht eine günstigere Prognose stellte, kommt es auf die Richtung und auf die Grösse des Projektils an. Ist die Wunde nur oberflächlich, der verletzende Körper klein, so kann Heilung erfolgen, dringt aber die Musketenkugel durch das centrum des Organs, so bleibt sicherlich der Tod nicht aus.

In Betreff der Rupturen sagt Johnson (med. chir. Transact. Vol. 34. 1851 u. Schmidts Jahrbücher B. 75. 1852. S. 342): Rupturen sind nicht absolut tödtlich. Gehen die Rupturen nicht sehr tief, sind grössere Blutgefässe der Leber nicht zerrissen, ist Heilung möglich.

Harlan (americ. med. chirurg. Rev 1859. July) hält die Prognose in der Regel für ungünstig; in schweren Fällen erfolgt eine tödtliche Depression in Folge der zahlreichen Sympathicus-Verbindungen oder ein Bluterguss in die Bauchhöhle; in leichteren Fällen hat man die Gefahr einer heftigen peritonitis und die durch die Absonderung der Drüse erschwerte Heilung des Gewebes zu befürchten. . . . Bei Leberrissen durch Erschütterung und Quetschung ist das Fehlen einer Ausgangsöffnung für die Absonderung ein ungünstiger Umstand; Bildung eines Abscesses oder peritoneale Verwachsungen scheinen die einzige mögliche Art der Heilung zu sein.

Stromeyer (Maximen der Kriegsheil-Kunst 1861) sagt Seite 451: Unter den Verletzungen der vom Bauchfelle eingeschlossenen Eingeweide stehen in Bezug auf die Gefahr diejenigen des Dünndarmes obenan, dann folgen vielleicht die des Magens und der Milz, dann die des Dickdarmes an Stellen, die vom Bauchfell überzogen sind, dann die der Leber und zuletzt die des colon an Stellen, die ausserhalb des Bauchfells liegen. . . In Betreff des Ergusses von Galle in die Bauchhöhle stimmen meine Erfahrungen mit denen vieler älterer Aerzte überein, dass derselbe längst nicht so gefährlich sei, als der Erguss des Darminhaltes. Uebersteht ein Verwundeter, dem, ausser der Bauchhöhle, ein Darm oder die Leber verwundet wurde, die Gefahr der ersten Tage, so ist Hoffnung zu seiner Erhaltung vorhanden, weil sich dann vermuthlich Adhaesionen gebildet haben, welche den Sectionsbefunden nach schon in den ersten 12 Stunden zu Stande kommen können. —

Demme (militär.-chir. Studien 1861) ist mit Stromeyer der Ansicht, dass, wenn die Leberschusswunden auch zu den schwersten Verletzungen gehören, doch im Allgemeinen ihre Gefährlichkeit gegenüber den Darmwunden übertrieben worden sei, namentlich, wenn sie den Rand und die convexe Fläche betrafen. Die Prognose der Stich- und Schnitt-Verletzungen ist in der Regel ungünstiger. Die in dem italienischen Kriege von 1859 verhältnissmässig häufigen Bajonettstiche der Leber endeten meistens unmittelbar oder in der ersten Zeit lethal. . . . Ein grösserer Gallenerguss in das cavum peritonei wird in manchen Fällen durch die Ausbildung einer abschliessenden Adhaesiventzündung und durch die Ableitung nach aussen verhütet. Kommt diese nicht zu Stande, dann ruft die in die Bauchhöhle fliessende Galle meist schon in 24 - 48 Stunden eine peritonitis mit lethalem Ausgange hervor.

Pirogoff (Kriegs-Chirurgie 1864) rechnet die Heilung der Leberwunden nicht zu den seltensten curiosis. . . . Die Abscessbildung, der Erguss des Eiters und der Galle in die Bauchhöhle und eine lethale peritonitis sind viel gewöhnlichere Folgen. Am lethalsten sind natürlich die Verletzungen der Gefässseite (der Concavität), indem sie durch die venöse Blutung schnell tödten. . . . Die Lethalität des Gallenergusses hängt offenbar von der Quantität (vielleicht auch der chemischen Beschaffenheit) der Galle ab. Kleinere oder mit Blut gemischte Ergüsse können ebenfalls lokalisirt, eingekapselt und resorbirt werden. Da die Galle resorbirbar ist, der Koth dagegen, indem er feste Partien einschliesst, nie vollkommen resorbirt werden kann, so sind die Gallenergüsse, wie auch Stromeyer bemerkt, weniger gefährlich. Indessen tödtet ein starker Gallenerguss meistentheils schon in den ersten 24—36 Stunden. Wenn aber die Leberverwundungen im Ganzen häufiger als die Wunden des Dünndarms heilen, so ist das noch kein Beweis, dass der Gallenerguss wirklich viel günstigeren Ausgang verspricht als der Kotherguss, da nicht jede Leberwunde mit Gallenextravasat in die Bauchhöhle verbunden ist. Die Verwundungen der Gallenblase scheinen aber wirklich eine günstigere Prognose zu geben, als die Verletzungen des Dünndarms. Drei beinahe authentische Fälle (einer jedenfalls authentisch von Thompson, da die Kugel nach 2 Jahren bei der Section in der Gallenblase gefunden worden ist) — von Stromeyer, Thompson und Guthrie — beweisen, was übrigens auch aus Versuchen an Thieren sich schliessen lässt, dass die verwundete Gallenblase schnell mit dem Parietalblatte des Bauchfells verwächst und der Erguss der Galle, wenn auch die Blase von der Verletzung stark ausgedehnt war, nicht bedeutend ist. Der zu allgemein ausgesprochene Satz von Larrey: „l'epanchement des matièrs bilieuses est mortel“ ist daher manchen Ausnahmen unterworfen und kann nur bedingungsweise angenommen werden.

In der Abhandlung: Rupture of Abdominal and Pelvic Viscera in the american Journal of the medical sciences. New Series LIII. 1867 S. 340 nennt Lidell die rupture of the liver generally fatal from hemorrhage, or from shock and hemorrhage combined, und fügt später an: but rupture of the liver does not prove fatal in all cases. It is only, however in the cases where the injury sustained by that organ is comparatively slight, that we can hope for a favourable. When the laceration is extensive, death is always speedily produred by the shock and the hemorrhage.

Bardeleben schreibt in seinem Lehrbuche der Chirurgie §. 364: „Hat eine Kugel (namentlich die convexe Fläche, wo weder Blut- noch Gallengefässe grösseren Kalibers getroffen werden) blos gestreift, oder sind durch eine einfache Stichwunde bedeutendere Gefässe nicht verletzt worden, so kann eine Störung des Allgemeinbefindens fast ganz ausbleiben, und der Ausfluss von Galle aus der Wunde das einzige charakteristische Zeichen abgeben. Alsdann ist auch unter einer gelind antiphlogistischen Behandlung Heilung zu erwarten. Bei allen bedeutenderen Verletzungen aber ist die Prognose sehr schlecht. Der Tod erfolgt meist schon in den ersten 2 Tagen.“ Wenn bei Wunden der Gallenblase in Folge einer früheren circumscripten Entzündung dieselbe an die Bauchhöhle angelöthet und durch Pseudomembranen abgekapselt ist, so entsteht keine peritonitis, widrigenfalls eine schnell tödtende peritonitis veranlasst wird.

Ueber die Zusammenhangstrennungen der Gallenblase äussert sich Emmert (Lehrb. B. III. S. 242) folgendermassen: Immer sind solche Wunden wegen Ergiessung der sehr reizenden Galle in die Peritonealhöhle höchst gefährlich und haben meistens eine rasch tödtliche peritonitis zur Folge. Doch ist durch Versuche an Thieren (v. Emmert, Höring u. A.) erwiesen, dass solche Ergiessungen nicht immer tödtlich sind, und dass die ergossene Galle resorbirt werden kann. Auch lässt sich nach einzelnen Beobachtungen an Menschen (v. Fryer, Paroisse) auf die Möglichkeit der Heilung von Wunden der Gallenblase schliessen, und in mehreren Fällen (v. Stewart, Sabatier, Lessueur, Campaignac u. A.) erfolgte der Tod erst mehrere Tage, selbst Wochen nach der Verletzung, wahrscheinlich desshalb, weil die ergossene Galle durch gleichzeitig gebildetes Blutextravasat mit Blut vermengt war, daher anfänglich weniger reizend wirkte, oder weil erst wiederholte Ergiessungen von Galle eine heftigere und ausgebreitetere Entzündung bewirkten. — — (Ich muss hier bemerken, dass die von Emmert zitirte Dissertation von Lessueur, sur les ruptures et les perforations de la vesicule biliaire. Par. 1824. mir leider nicht zu Gesicht gekommen ist.)

Die erste Gefahr der Leberwunden hängt, nach Emmert, hauptsächlich von dem Grade der Blutung und zugleich davon ab, ob grössere Gallengänge mitverletzt sind oder nicht. Da die grösseren Blut- und Gallengefässe insgesammt an der unteren Leberfläche sich befinden, so sind auch Wunden dieser Gegend gefährlicher, als Wunden der convexen oberen Leberfläche. Schnell tödtlich sind in der Regel Wunden, bei welchen grössere Zweige der Pfortader, der Leberarterie, oder der Lebervenen verletzt sind, während Verletzungen von Gallengängen durch Ergiessung von Galle die bei den Gallenblasenwunden angeführten Folgen haben. . . . Kleine und oberflächliche Stich- und Schnittwunden der Leber können ohne dass Eiterung eintritt verheilen. Bei Schusswunden ist weniger die primäre Wundblutung, als vielmehr die nicht ausbleibende Entzündung und Eiterung zu fürchten, zumal wenn fremde Körper zurückgeblieben sind.

Nussbaum (in Billroth und Pitha's Chirurgie B. III. 2. Abthlg. 1. Lfg. S. 191) gibt in seiner gewohnten bündigen praktischen Weise über die Prognose der Wunden der Leber und Gallenblase folgendes Urtheil ab: Obwohl die Zahl der glücklich geheilten Leber- und Gallenblasenwunden sehr gering ist, so verbietet sie uns doch, selbe absolut tödtlich zu nennen. Tödtet die Blutung nicht plötzlich, die acute peritonitis nicht in den ersten 2 Tagen, so ist meist der 4. oder 5. Tag der letzte. Nur in seltenen Fällen leben die Kranken ein paar Wochen; noch viel seltener genesen sie wieder vollkommen. Je tiefer die Leberwunden eindringen, desto bedenklicher sind selbe, da hiebei die grossen Gallengänge verletzt werden. Wunden der Gallenblase selbst sind daher besonders gefährlich, ausser die Gallenblase war zufällig an der verletzten Stelle mit den Bauchdecken verwachsen.

Schuss- und Stichwunden, welche den ganzen Leib durchdringen, sonach an der vorderen und hinteren Bauchwand eine Oeffnung haben, sind nicht gefährlicher als tief eindringende einseitige.

Die glücklichen Experimente, welche an Thieren gemacht wurden, wo nach Injection von Galle in's peritoneum dieselbe resorbirt wurde, und keine bedeutenden Erkrankungen auftraten, erlauben uns hier wenig Trost, denn bei diesen Versuchen kam Galle nur Einmal mit dem peritoneum in Berührung, während sie bei Wunden der Leber und Gallenblase fortwährend wieder auf's Neue ergossen wird. Je schärfer das verletzende Werkzeug war, desto grösser ist der Erguss, desto bedenklicher die Prognose.

Quetschwunden und Schusswunden, welche die Gefässe und Gallengänge gleichsam ecrasiren, werden viel weniger Galle und Blut ergiessen lassen, als scharfrandige Stich- und Hiebwunden. — Runde Bleikugeln werden in dem Parenchym der Leber oft eingekapselt und jahrelang schmerzlos getragen.

Volkmann (Deutsche Klinik. 1868. Nr. 1) sah unter 1000 Verletzungen 7 Fälle geheilter penetrirender Unterleibsverletzungen, darunter 3 Fälle von Leberschusswunden, die sämmtlich heilten. . . Die einfachen Perforirungen der Leber scheinen immerhin noch eine relativ günstige Prognose zuzulassen. . . . Wie es scheint, so betreffen fast alle Heilungen Perforirungen der Leber, bei denen Ausgangs- und Eingangs-Oeffnung an der convexen Leberoberfläche lagen. Die Verwundungen der unteren Leberfläche, an der die grossen Gefässe und Gallenwege sich befinden, nahmen fast immer einen rapid tödtlichen Verlauf, indem die Kranken theils an der Blutung, theils an allgemeiner acuter peritonitis schon in den ersten Tagen nach der Verletzung zu Grunde gingen. Auch die Schussverletzungen mit in der Leber zurückbleibendem Projectil verliefen fast ausschliesslich lethal. Volkmann berücksichtigt auch das Gewebe der Leber; bei weichem brüchigen Gewebe wird eine Kugel einen einfachen Schusskanal machen, bei derbem Gewebe können wie bei Schussfracturnen der Knochen Fissuren in das Gewebe sich erstrecken.

Schliesslich sei von den neuesten Schriftstellern noch Fischer erwähnt, der in seinen Verletzungen durch Kriegswaffen in Billroth und Pitha's Chirurgie über unseren Gegenstand bemerkt: Die ausgedehnten Risse und Rupturen der Leber führen sämmtlich zum Tode und zwar nach Bryant's Zusammenstellung in spätestens 9 Tagen. . . Nur wenn die Risse und Rupturen sehr klein und flach waren, hat man seltene Fälle von Genesungen danach beobachtet. Die Verheilung derselben geschieht durch eine eingezogene bindegewebige Narbe. . . . Nach Leberschusswunden tritt meist bald hepatitis und diffuse peronitis ein. Doch hat man dieselben ohne alle auffallende Symptome verlaufen sehen. Icterus fehlt selten bei derartigen Verletzungen, tritt vielmehr meist bei längerer Dauer des Leidens in prononçirter Weise auf. In einem Falle, in welchem sich eine Streifschussrinne durch die ganze Leberoberfläche fand, beobachtete ich einen icterus melas und sub finem vitae alle Zeichen des icterus gravis. — Selten findet eine Abkapselung der Geschosse in der Leber statt. Dieselben erzeugen meist Leberabscesse. . . Nach Schussverletzungen der Gallenblase folgt meist durch diffuse peritonitis ein schneller Tod.

Zur Lehre von den Leberverletzungen in gerichtlich-medizinischer Hinsicht sind besonders die Arbeiten von Braun in Fürth in der Rheinischen Monatsschrift für prakt. Aerzte. 5. 1851. S. 678 u. f. und von Thomas in den Blättern für gerichtliche Anthropologie 1859. B. 10. S. 19 u. f. anzuführen. Wir müssen uns mit ihrer Citation begnügen, um nicht durch fortgesetzte Aufzählungen von Ansichten und Meinungen zu ermüden.

Wir wollen nun auf statistischem Boden stehend die Gefährlichkeit der einzelnen Formen der Leberverletzungen näher beleuchten, um dadurch das Trostlose der Anschauungen doch vielleicht in Etwas zu mildern. Wenn wir die Todesfälle ohne Rücksicht auf nebenhergehende Verletzungen bei den einzelnen Arten prozentisch berechnen, so starben von

135 Rupturen . . . 117 = 86,6 %
61 Schusswunden . 21 = 34,4 „
46 Stich-Schnittwunden 26 = 56,5 „

Wenn wir aber den Tod nur als directe Folge der Leberverletzung allein betrachten, so starben von den Rupturen an Blutung 51, darunter 8 Kinder unter 10 Jahren, also 43 Erwachsene, an peritonitis 8, Leberabscess 5, Pyaemie 2, traumat. emphysem 1. Es starben sohin von den 135 Rupturen 67 = 49,4 % resp. mit Weglassung der Kinder 59 = 43,6 %. Ebenso, wenn wir bei den Schuss-Verletzungen die Fälle nicht mitrechnen, wo die Leber zu Brei zermalmt war, wenn wir die Todesfälle durch Pneumonie, durch gleichzeitige Rückenmarksverletzung weglassen, so starben an Blutung 5, peritonitis 3; also kamen eigentlich nur 8 Todesfälle von 61 Verletzungen als directe Folgen vor, macht also 13,1 %. Die 46 Stich-Schnittwunden zählen unter denselben Verhältnissen statt 26 nur 12 Tode, nämlich an Blutung 5, peritonitis 3, Leberabscess 1, hektisches Fieber 1, Alkoholgenuss 1, in einem Falle ist die Todesursache nicht angegeben, ist also = 26,9 %.

Wenn wir nach der Ursache dieser Verschiedenheit forschen, so trifft bei den Rupturen eine viel grössere Gewalt mit einer grösseren Flächenausdehnung die Leber, es ist dadurch die Grossartigkeit der Verletzung und ihre Folge erklärlich. — Die Stichschnittverletzungen haben wohl desswegen eine so grosse Lethalität, weil bei der Nähe der einwirkenden Gewalt und der Schneide der Instrumente eher die Verletzung von grösseren Gefässen und Gallengängen auf der anderen Seite durch die scharfe Trennung derselben häufiger Blutungen und Galleergüssen resultiren werden. Wir haben bei 46 Schnittwunden 5 mal den Tod durch Blutung, bei 61 Schusswunden gleichfalls nur 5 mal den Tod aus derselben Ursache verzeichnet. Die beste Prognose bieten sonach die Schussverletzungen; es sind zunächst die Blutungen seltener, bei Schussverletzungen gibt es weniger primäre Blutungen als bei schneidenden Instrumenten, ferner trafen die Verletzungen den rechten und linken Lappen häufiger als die Mitte, es verliefen die Schusskanäle auch nicht immer von vorne nach hinten, sondern auch von rechts nach links und umgekehrt, Dinge, welche die Verletzung der grösseren Gefässe und Gallenwege verhüten konnten. Ausserdem kommen für die Lethalität all' dieser Verletzungen die individuelle Beschaffenheit und speciell die Beschaffenheit der Leber selbst in Betracht, so dass oft gleiche Wunden verschiedenes Ende nehmen. Ein fettig degenerirtes Lebergewebe wird eine Verletzung schlechter ertragen, als ein gesundes. — Sekundäre Blutungen sind selten. — Die Prognose der entstandenen Abscesse ist ungünstig; bei sämmtlichen Verletzungen kamen nur 12 Abscesse vor, von denen 5 heilten = 41,4 %. Die Heilungsdauer schwankt in den weitesten Grenzen von einigen Wochen bis zu Monaten, je nach der Form und Grösse der Verletzung und ihrer Complikation. In Betreff dieses Punktes, sowie der Verschiedenheit der Zeit des lethalen Endes bei den einzelnen Verletzungen verweise ich um Wiederholungen zu vermeiden, auf die Tabellen. Die Prognose ist ferner bei gleichzeitigen mehreren Verletzungen, den miteinhergehenden Verletzungen anderer Organe je nach der Lebenswichtigkeit derselben verschieden, in der Regel schlecht, wie uns wieder die Tabellen zeigen. Fremde in der Leber zurückbleibende Körper wie Papierpfröpfe, Kleiderfetzen, Kugeln u. dgl. verschlechtern natürlich die Prognose; es erfolgt sehr häufig der lethale Ausgang; nur wenige Fälle gibt es, in denen die Kugel eingekapselt wird, von Knochensplittern ist kein Fall bekannt; die fremden Körper führen zur Abscessbildung, hie und da auch zur lange dauernden Fistelbildung und schliesslich doch noch zum Tode.

Die Rupturen der Gallenblase und ihrer Ausführungsgänge sowie die Stich-Schnittwunden geben eine lethale Prognose. Es ist dieses Urtheil aber auf eine sehr geringe Zahl von Fällen gestützt und beweist der Fall Drysdale's, wie lange unter günstigen Verhältnissen eine solche Verletzung ertragen werden kann; der Kranke starb erst am 53 Tage nach der Ruptur des duct. communis. Sind Adhaesionen zwischen der Gallenblase und dem Peritonealüberzuge der Bauchwand vorhanden, welche den Gallenerguss in die Bauchhöhle verhindern, so könnte wohl auch einmal eine Stich-Schnittwunde heilen. In der Regel erfolgt der Tod in den ersten 20 Tagen an peritonitis. Die schlimmsten Fälle endeten schon nach 48 Stunden tödtlich. Die Schusswunden der Gallenblase können nicht als absolut tödtlich bezeichnet werden, da die Fälle von Guthrie, Stromeyer, Paroisse, Thompson, Fryer beweisen, dass solche Wunden heilen können.

Die geschützte Lage dieses Theiles bringt es mit sich, dass seine Verletzungen sehr selten und die meist gleichzeitige Zerreissung der grossen Gefässe der porta mag jedenfalls mit zum Rufe der Gallenblasen-Wunden beigetragen haben. (Demme.) — Das Zurückbleiben von Gallenfisteln nach Traumen scheint sehr selten zu sein, denn es ereignete sich dieser Unfall nur 3 Mal bei Schusswunden; es lässt sich desshalb vom klinischen Standpunkt wenig über ihren Einfluss auf den Organismus sagen. Wir müssen daher an die physiologischen Experimente appelliren, welche uns Folgendes lehren: Die gewöhnliche Folge der Versuche von Schellbach, Bidder und Schmidt, welche Hunden Gallenfisteln anlegten, war, „dass die Hunde zwar noch längere Zeit, bis ein Jahr lang, die Operatiou überlebten, meist aber doch früher oder später nach beträchtlicher Abmagerung starben, dass sie am längsten lebten, wenn sie die aus der Fistel abfliessende Galle aufleckten und verschluckten. Es lässt sich weder aus dem Fortleben der Thiere die Bedeutungslosigkeit der Galle (Blondlot), noch aus dem Tode derselben irgend eine durch das Fehlen der Galle im Darme herbeigeführte Verdauungsstörung als Todesursache erschliessen (Schwann). Bidder und Schmidt schliessen aus ihren sorgfältig wiederholten Versuchen an Katzen und Hunden, dass der Verlust der Galle aus Gallenblasenfisteln ohne wesentlichen Nachtheil ertragen werden könne, sobald das dadurch herbeigeführte Deficit für den Organismus durch entsprechend gesteigerte Stoffaufnahme von aussen compensirt werde.“ (Funke's Physiologie B. I. S. 276 u. f.) Emmert schreibt: „Manchmal wird die Gesundheit durch solche Fisteln wenig beeinträchtigt, und behalten die Excremente ihre natürliche Färbung; in anderen Fällen treten wesentliche Verdauungsstörungen ein mit folgender Auszehrung, welche Verschiedenheit in den Folgen hauptsächlich davon abhängt, ob alle durch den Lebergang zugeführte Galle nach aussen entleert oder theilweise noch durch den ductus choledochus in das duodenum geführt wird." Unterhalten werden die Fisteln wohl vorzüglich durch fremde Körper, Kugeln, Kleiderfetzen, Papierpfröpfe, nach deren Entfernung dieselben heilen werden; günstiger werden sich hiefür wohl die Lebergallengangfisteln gestalten, während die Gallenblasenfisteln in ihren Heilungstendenzen wohl dieselben Nuançen zeigen werden, wie die Fisteln anderer Sekretbehälter. „Die Heilung der Gallenblasenfistel ist nur möglich, wenn der gemeinschaftliche Gallengang noch wegsam oder der ductus cysticus für bleibend geschlossen ist." (Emmert.) —

Therapie.

Ich will hier nicht anführen, was in diesem oder jenem Falle speciell geschehen ist, ich müsste sonst eine Reihe individueller Arzneimittel-Liebhabereien erzählen. Ausgehend von der Ueberzeugung, dass wir gerade in der Chirurgie, insbesondere auch unter Mithilfe der experimentellen Pathologie und materia medica fixe Gesetze unseres therapeutischen Handelns, wenn auch in noch ferner Zeit, erwerben werden, will ich nur die leitenden Grundsätze bei den einzelnen Formen der Verletzungen in's Auge fassen. Leider geht eine Reihe dieser Fälle so rasch seinem lethalen Ende entgegen, dass wir überhaupt mit unserem Handeln ohnmächtig sind oder zu spät kommen. Die blutgierige Zeit der Medizin liegt hinter uns und ich glaube, wir wünschen sie nicht mehr zurück. Dazumal freilich nannte man es Kunst, wenn man, wie Sweeting, Bonnet und Andere es thaten, 116 und mehr Unzen Blut in 5 Tagen liess, wenn man die Bauchdecken mit Blutegeln übersäete! Das therapeutische Wirken ist jetzt auf einer mehr physiologischen Basis anders geworden. — Betrachten wir die verschiedenen Lagen, in die solch' ein Kranker kommt, zunächst bei den Rupturen der Leber. Durch die mit der Verwundung bedingte Blutung und den Einfluss beider Dinge auf's Nervensystem befindet sich der Verletzte in einem Zustande des Collaps. Die vitale Energie ist herabgesetzt. Wir müssen dieselbe in langsamer, vorsichtiger Weise durch Darreichung von Reizmitteln (Aether, Ammoniak, innerlich und subcutan, Brandy u. dgl.) zu heben trachten. Ich sage in langsamer, vorsichtiger Weise, denn eine zu grosse Anregung der Herzthätigkeit könnte ja die Blutung mehren. Wir wissen, dass bei Ohnmachten Blutungen sistiren. Dann kümmern wir uns um das verletzte Organ selbst und suchen der Blutung Einhalt zu thun durch energische Anwendung der Kälte. Nicht blos auf die Lebergegend, sondern auf die ganze Bauchgegend müssen mit Eis gefüllte Blasen gelegt werden. Warme Fomente, wie sie früher beliebt wurden, sind geradezu der Blutung förderlich und die allgemeinen Blutentziehungen, auch wenn sie die Blutung beschränken würden, werden durch die Schwächung des Kranken, der seine Kräfte gar wohl für einen gedeihlichen Verlauf seiner Verletzung braucht, nur um so eher die Eiterbildung im Lebergewebe befördern. Als grösstes Unterstützungsmittel kommt hiezu die Ruhe, die absoluteste Ruhe des Kranken. Derselbe muss auf dem Rücken liegen, darf sich weder rechts noch links wenden; jede Bewegung kann den Riss vergrössern, die Blutung vermehren. Darauf ist schon beim Aufheben des Kranken, beim Entkleiden, beim Verbringen in's Bett zu achten, dass bei all' diesen Prozeduren derselbe möglichst wenig bewegt und sein Körper in horizontaler Lage gehalten werde. Solly (the medical Times V. XXIII.), was wohl nicht nöthig sein wird, empfiehlt in allen Fällen, da die Bewegungen gefährlich, ja tödtlich werden, einen Riemen über das Bett zu ziehen, der zwar nicht jede Bewegung hindert, aber doch verursacht, dass der Patient sich ruhig verhalte, da nicht immer ein Wärter am Bette stehen kann. Es ist diese Lage freilich wohl manchmal eine grosse Qual für den Kranken. Aber wir können dieselbe mildern und auch den Verletzten, wenn er vom Collaps erholt, von heftigen Schmerzen, von Angstgefühl, Dyspnö u. dgl. gepeinigt wird, wesentlich erleichtern, durch eine subcutane Injection von Morphium.

Bei den Schusswunden erfolgt nach der Restauration des Verwundeten die Untersuchung der Wunde, ob der Schusskanal die Leber ganz oder theilweise und in welcher Richtung er sie durchsetzt, um fremde Körper, Kugeln (Baudens), Tuchfetzen (Brotherson, Roux), Rippensplitter und grosse Blutcoagula (Nussbaum) zu entfernen. „Da es nicht gerathen ist, Kugeln in der Leber stecken zu lassen, so wird man, wenn die vorhandene Wunde zu ihrer Entfernung nicht ausreicht, die Wunde mit dem Finger erweitern, oder sich mit der Kornzange den Weg zur Kugel bahnen, was jedenfalls der Anwendung des Messers vorzuziehen ist.“ (Nussbaum.) Ich glaube wohl nicht darüber diskutiren zu müssen, dass diese Untersuchung am besten mit dem Finger und nicht mit einer Sonde geschieht, selbst wenn man die äussere Wunde etwas erweitern müsste. Nach Reinigung der Wunde schreiten wir zur Stillung der Blutung durch Compression mit einem Badeschwamm (Nussbaum) oder durch Tambons (Brotherson, Demme, Volkmann). Nur wenn die Blutung in keiner Weise stünde, könnten wir versuchen den Schusskanal in der Leber selbst zu tamboniren und empfiehlt sich hiezu die nach Bruns Methode entfettete und carbolisirte Baumwolle. Theden (1795) schreibt schon: „Auch Schusswunden sind durch Lebertambons zu schliessen und mit eintretender Eiterung zu entfernen.“ (Vgl. Roux, Rapport sur le mémoire par Lacornère, Andral et Gerdy. Séance du 17. Juni 1845.) Larrey's Rath etwa ergossenes Blut durch trockene Schröpfköpfe zu entfernen und Dufouarts Weise, grosse Einschnitte zu machen, um dem Blute gehörigen Abfluss zu verschaffen, wird wohl Niemand mehr befolgen. Es wäre aber hier immerhin daran zu denken, obwol dies nicht durch Erfahrung und Experiment sanctionirt ist, dem Kranken bei Schusswunden mit nur einer Eingangsöffnung vorne und auch, was hier gleich erwähnt sei, bei grossen Schnittwunden, zum leichteren Abfluss des Secretes die Bauchlage einnehmen zu lassen, wenn die Schmerzen, die Athemnoth u. dgl. diese Lage nicht verbieten.

Die Stichschnittwunden werden durch die Naht geschlossen. „Es ist viel weniger bedenklich, dass sich etwas Blut in's peritoneum ergiesst, als dass die tiefe Wunde der Luft ausgesetzt bleibt. Wenn hingegen ein starker Ausfluss von Galle vorhanden ist, so darf die Wunde nicht vollkommen geschlossen werden, da ein galliger Erguss in's peritoneum die übelsten Folgen bringt. Man lege in einem für den Abfluss günstigen und gehörig weit offen gelassenen Wundwinkel ein geöltes Bourdonnet ein und vereinige den übrigen Theil der Wunde mit Knopf-Nähten.“ (Nussbaum.) Ich bediene mich hiezu eines weiten, dicken Drainage-Röhrchens und glaube ich gerade in solchen Fällen die Bauchlage empfehlen zu müssen. Vorgefallene Leberstücke werden entweder, wie Hermann (Compend. der Kriegs-Chirurgie 1870) will, dem Heiltrieb der Natur überlassen oder einfacher abgebunden und mit Messer und Scheere abgetragen. Die Reposition des eingeklemmten Lebervorfalles, sagt Theden, hat meistens grosse

Schwierigkeiten, weil die angeschwollene und feste Masse der Leber die Wunde so bedeckt, dass man dieser nicht wohl beikommen kann. Daher sind solche Vorfälle öfters abgebunden worden und zwar mit gutem Erfolg. Unsere Casuistik bestätigt die Richtigkeit. Nur wenn wir in den ersten Stunden zum Vorfalle kämen, das prolabirte Stückchen noch keine bedeutende Circulations-Störung zeigte, hielte ich es für Recht, den Vorfall zurückzubringen. „Ist ein Leberstück prolabirt, so sucht man es zu reponiren und sollte das schwer gehen, ecrasirt man es langsam ab.“ (Nussbaum.)

Die Diät nach allen diesen Verletzungen ist eine blande; Milchdiät eignet sich gut, wenn sie ertragen wird. Beim Erbrechen blutiger Massen gibt man Eispillen, Champagner. (Canton.) Wenn die Blase voll ist, muss der Urin mit dem Catheter entleert werden; ebenso ist grosse Rücksicht auf Stuhlentleerungen zu nehmen, die am besten durch in der Rückenlage beigebrachte Klystiere befördert werden.

Im Stadium der Reaktion, der hyperaemischen Schwellung der Leber etc. ist bei allen Verletzungen die energischste Antiphlogose am Platze und bieten hier für die Entlastung des Organs Blutentziehungen am After gewiss ein tüchtiges Hilfsmittel. „Aderlass wage man nur in Fällen von hepatitis traumatica bei robusten plethorischen Individuen, bei grosser Schmerzhaftigkeit und bedeutender Schwellung der Leber, Dyspnö etc.“ (Frerichs.) Die beliebte Anwendung von Calomel soll man lieber unterlassen, weil immer eine der Verletzung folgende peritonitis zu fürchten ist. Es ist besser die Entleerungen durch Klystiere anzuregen. „Bei acuter hepatitis ist von manchen Beobachtern eine ausgiebige Mercurialisirung gerathen worden. Die Erfahrung lehrt, dass bei der einfachen traumatischen hepatitis dies Verfahren von keinem erheblichen Nutzen gefolgt ist.“ (Nothnagel.)

Von Brechmitteln, welche ohne Zweifel einen mächtigen Einfluss auf die Blutbewegungen der Leber und auf die Gallenexcretion äussern, weil das Organ im Brechakt durch die Bauchpresse allseitig comprimirt wird (Frerichs), kann natürlich bei einer Leberwunde keine Rede sein. Tritt Eiterung in der Wunde ein, so wird dieselbe fleissig mit destillirtem Wasser gereinigt; wird dieselbe jauchig, so nimmt man zur Reinigung Carbolsäuere, Kal. hyperm. (Volkmann.) In diesem Stadium, so wie bei den sich entwickelnden Abscessen in der Leber reicht man kräftigere Nahrung und gibt innerlich China. (David.) Es kommt vor, dass manchmal aus irgend einem Grunde, Eiter in der Wunde zurückgehalten wird (Dupuytren, Demme), was sich durch Schmerzen, Fiebersteigerung u. dgl. ankündigt. In solchem Falle muss die Wunde genau untersucht und für Entleerung des Eiters Sorge getragen werden. Die Abscesse in der Leber, wenn sie an die Oberfläche treten und diagnostizirt werden, müssen entleert werden. Nolleson, Goodwin punktirten den Abscess mit Erfolg. Wenn die Entwicklung des Abscesses langsam vor sich geht, wird man wohl immer denselben mit dem Messer öffnen können, da ja dann sicher Adhaesionen mit den Bauchwandungen vorhanden sind; man kann dabei den Kranken in die Bauchlage bringen. Sollte man dies nicht wagen, vielleicht bei sehr acuter Entwicklung eines Abscesses, so könnte man wohl mit einem dicken Troicart auf den Abscess einstechen und den Eiter durch eine Pumpe aussaugen. Garnier (l'union méd. 1868) räth bei den Abscessen der Leber mit den Punktionen nicht zu ängstlich zu sein, im Gegentheil. Englische Aerzte erzählen von den Eingebornen in Sudan und Gabor, dass diese die Abscesse ohne grosse Umstände öffnen. Raming erzählt, das Ximenes in Mexico seit Jahren ohne wahre Adhärenzen zu erzielen dasselbe thut. Die Frage, ob man die spontane Eröffnung eines Abscesses abwarten soll, braucht, glaube ich, nicht mehr ventilirt zu werden. Wenn einmal ein Leberabscess diagnostizirt ist, so soll er wie jeder andere behandelt werden und Niemand wartet wohl mehr die sog. Reifung eines Abscesses ab. Durch frühe Oeffnung wird sowohl einer weiteren Zerstörung des Lebergewebes vorgebeugt, als auch der körperliche Zustand des Kranken geschont werden. „Wendet sich der Abscess nach aussen, schreibt Frerichs, so zögere man nicht mit der künstlichen Eröffnung. Meistens ist derselbe schon umfangreich, wenn die Fluctuation deutlich wird; je später die Entleerung geschieht, desto grösser wird die Gefahr eines Durchbruchs in die Bauchhöhle, einer umfangreichen Zerstörung der Leber, sowie die Bildung einer derben, rigiden, schwer vernarbenden Cyste.“ Cameron (The Lancet 1866) spricht sich ebenso gegen das Zuwarten bei vermutheten Leberabscessen aus, weil die Kranken sterben, wenigstens bald so herabkommen, dass die Punction erfolglos wird, während frühzeitige

Punction Erfolge liefert und selbst wenn sie wiederholt den Abscess nicht trifft, nicht allein nicht schadet, sondern selbst den Patienten erleichtert. Budd räth, die Abscesse nicht zu öffnen, sondern sie der Natur zu überlassen, weil der Eintritt der Luft gefährliche Verjauchung veranlassen könne. Ich glaube, dass wir jetzt dieser durch die Oeffnung des Eiterherdes unter der Listerschen Paste vorbeugen können. Borius (Gaz. des hopit.) eröffnete einen Abscess nach 7 Wochen; in den nächsten Tagen stellte sich icterus ein, dann zersetzte Beschaffenheit des Eiters. Jodkalium und reine Jodtincturinjectionen und Drainage sollen sich hiegegen wirksam erwiesen haben. Bei den Traumen der Leber ist die Abscessbildung so selten, dass über die beste Art ihrer Eröffnung aus der Casuistik keine endgültige Erfahrung herauszufinden ist. Ich erwähne daher noch die Verfahrungsweisen von Bégin u. Récamier, welche ebenfalls ihre Anhänger finden. Bégin spaltet die Bauchdecken, dann das peritoneum mit der Hohlsonde, wartet 3 Tage, um eine Verwachsung der Wundränder mit der Leber zu erzielen und öffnet dann den Abscess. Récamier durchäzt die Bauchdecken und die Abscesswand mit Kali caust. Beide Methoden werden von Frerichs als zuverlässig bezeichnet. —

Schliesslich will ich noch erwähnen, dass bei Ansammlung von blutiger, galliger, serös eitriger Flüssigkeit in der Bauchhöhle, wodurch der Leib enorm ausgedehnt, die Athmung beeinträchtigt wird, die Punction zur Entfernung durch die Bauchdecken mit gutem Erfolge gemacht wurde. Bonnet hat dieselbe durch den Nabel ausgeführt. Es kann eine solche Punction 2, 3 Male bei einem Kranken nothwendig werden und zwar ist dieselbe an den bei der Punction des abdomen üblichen Stellen zu vollziehen. — Die nach Leberverletzungen auftretende traumatische peritonitis wird nach bekannten Regeln behandelt. —

Weit ohnmächtiger sind wir leider noch in unseren Erfolgen bei Behandlung von Verletzungen der Gallenblase. Hoering's und Emmert's Versuche habe ich bereits erwähnt. Auf die Meinung Authenried's hin, dass der Gallenerguss durch die Entziehung des O tödte, stellte Joannes Sury (Diss. inaug. med. de sanandis forsan Vesiculae felleae vulneribus, 1807) der unter dem Vorsitze Authenrieth's promovirte, die Frage auf: Sollten nicht örtliche Oxygen abgebende Mittel den Wirkungen der ergossenen

Galle entgegenkommen können? Soll man nicht durch Hervorbringung einer adhaesiven Entzündung die Wunde der Gallenblase schliessen? Diesen Forderungen, fährt Verf. fort, entspricht die oxygenirte Salzsäure. Er machte Versuche mit Injection derselben, die, obwol die Thiere daran starben, doch nicht ohne allen erwarteten Erfolg blieben! Mit Recht behauptet Nussbaum, dass die glücklichen Experimente, welche an Thieren gemacht wurden, uns wenig Trost hier erlauben, denn bei diesen Versuchen kam Galle nur Einmal mit dem peritoneum in Berührung, während sie bei Wunden der Leber und Gallenblase fortwährend wieder auf's Neue ergossen wird. Wir können den O ganz bei Seite lassen und haben doch Gründe genug für die Gefährlichkeit dieser Verletzungen. Der wiederholte Erguss von Galle, die Verletzung des peritoneum, der gleichzeitige Bluterguss, die Berührung der Wunde mit der äusseren Luft, bei Rupturen besonders auch noch der Shock sind ätiologische Momente genug für den Tod mit oder ohne peritonitis. Trotzdem aber gilt es hier nicht zu verzagen, sondern um so eifriger zu forschen, ob es nicht gelinge mit unserer Therapie bessere Resultate zu erzwingen. Bei den Rupturen tritt die Behandlung der peritonitis nach den jetzigen Anschauungen in den Vordergrund, die jedenfalls durch die Punction des abdomen zur Entleerung des oft massenhaften galligen Ergusses unterstützt wird. Bei den Schussverletzungen muss besonders auf den Abfluss der Galle durch entsprechende Lagerung Rücksicht genommen werden. Die reizende Wirkung der Galle auf das peritoneum macht immer den Wunsch rege, diese Wirkung möglichst unschädlich zu machen. Könnte nicht diess in geeigneten Fällen durch vorsichtige Einspritzung zur Verdünnung der ergossenen Galle mit auf die Temperatur in der Bauchhöhle erwärmtem destillirten Wasser, also durch Auswaschen (sit venia verbo) der Bauchhöhle ermöglicht werden? Unsere Therapie basirt noch in vielen Dingen auf Erfahrung; also muss sie sich auch Hypothesen gefallen lassen! Wenn wir sehen, dass gerade der fortgesetzte Erguss von Galle so gefährlich wirkt, so wird man bei Verletzungen der Gallenblase mit scharfen Instrumenten vielleicht auch zu dem Versuche getrieben werden können, selbst unter mässiger Erweiterung der äusseren Wunde, die Wunde der Gallenblase zu nähen. Dieses Bestreben ist ja nicht neu. Campaignac (Mémoires de l'académie royale de Médecine. Tome troisième 1833) glaubt, dass, wenn man durch irgend ein sicheres Zeichen bestimmen könnte, dass die Gallenblase verletzt sei, man die äussere Bauchwunde erweitern und die Gallenblase blos legen müsse, und dass man dann entweder den ductus cysticus bei seiner Einmündung unterbinden, oder vielleicht noch besser die Wunden in der Gallenblase durch eine Schlinge schliessen könne. Versuche an Thieren und Leichen geben der Hoffnung Raum, dass diese Vorschläge wirklich ausführbar seien.

Viladerbo (Cautérisation appliquée au traitement des plaies de la vessie et de la vésicule biliaire, archives générales de médicine, B. 25. S. 565. 1831) meint, dass die gute Wirkung des cauterium actuale zur Blutstillung auch angewandt werden könnte für chemische Flüssigkeiten, die in eigenen Behältern sich befänden, wie die Galle, der Urin, Intestinalmaterie. Er machte hierüber Versuche an Thieren mit Amussat. Sie brachten Thieren Gallenblasen-Wunden bei und ätzten dann mit dem Glüheisen: l'écoulement s'arrêta aussitôt. A l'autopsie on ne vit aucune trace d'épanchement dans l'abdomen; l'escarrhe avait été absorbée et l'incion bouchée par une petite membrane transparente. In einem anderen Falle: une escarrhe noirâtre et solide s'y forma aussitôt, et aucune trace de liquide ne parut plus. Das Thier befand sich 14 Tage ganz wohl. Section: Ici ce que frappa d'abord aussitôt après l'ouverture de l'abdomen, fut le peu d'étendue de la portion de vésicule qu'on put apercevoir. Ce réservoir était presque entièrement recouvert par les bords de la soissure du foie dans laquelle il est logé, et qui adhérait à sa surface. Les adhérences étaient surtout intimes et résistentes à l'endroit de la vésicule qui avait été ouvert et cauterisé. A l'instant où on arriva à l'escarrhe elle-même, elle se d'etacha et resta adhérent à la partie de la soissure qui lui correspondait; la vésicule se vida en partie de la bile qu'elle contenait, et ne présenta d'ailleurs rien de particulier. — Der Autor sagt gegen Campaignac: Ce moyen ne pourrait-il pas preféré à la ligature? D'abord il présenterait les mêmes avantages immédiates, il serait ensuite d'un emploie plus facile et plus prompt; enfin il n'obligerait pas à laisser dans l'abdomen des ligatures dont la présence est une cause active d'inflammation, et retarde de beaucoup la cicatrisation de la plaie extérieure.

Wir wollen uns jedes Urtheils über diese Versuche enthalten, da wir uns auf einem zu schlüpfrigen Boden befinden. Es existiren keine Erfahrungen an Menschen hierüber. Sicher sind wir aber, dass die Experimente an Thieren auch nach dieser Richtung hin den Kreis unserer therapeutischen Erfolge erweitern werden. Was schliesslich noch die Gallenfisteln anlangt, so könnte man ihren Verschluss zunächst durch Cauterisation der Fistelränder versuchen; nützte das Nichts, suchte man dieselben mit dem Messer anzufrischen und dann die Ränder durch die Naht zu vereinen. Bei Fisteln ist die Gallenblase immer mit dem Bauchfell verwachsen und man läuft, wenn sie nicht sehr erweitert werden, nicht leicht Gefahr, einen freien Weg neben der Gallenblase in die Bauchhöhle zu bahnen. (Dieffenbach.) Der letzte Versuch wäre wohl eine Transplantation der Haut über die Fistelöffnung, wenn auch von sehr zweifelhaftem Erfolge. Ob es ertragen würde, wenn alle Bemühungen einer Verheilung nichts nützten, durch eine chimesettenknopfförmige Schraube, nach Art bei den Kothfisteln, den lästigen Ausfluss zu verhindern, resp. ob die Einbringung eines solchen fremden Körpers vertragen würde, müsste eben auch erst ein Versuch lehren. —

Casuistik.

I. Rupturen der Leber.

1. Abercrombie (Pathol. Unters. 1837. S. 355 u. Schmid's Jahrb. B. 33. 1842. S. 46.) Ein Mann, auf dem Rande eines kleinen Wagens ruhig sitzend, wird durch einen Stoss plötzlich abgesetzt. Tod in einigen Minuten, obwol er noch gleich, als wenn nichts geschehen wäre, fortfuhr. Ein grosser Theil des rechten Leberlappens war geborsten und hatte eine gewaltige Haemorrhagie in die Bauchhöhle verursacht.

2. Adams W. (the Monthly Journal of medical Science, Vol. V. 1852. S. 262; the medical Times, Vol. XXV. 1852. S. 120 und Provincial Journal 1852. Febr. 18.) J. W., 23 J. alt, wurde in's St. Thomas Hospital in einem Zustande des tiefsten Collaps gebracht, nachdem er zwischen einem Karrenrad und einem Pfahle gequetscht worden war. Er blieb ohne Lebenszeichen ungefähr 48 Stunden, kam dann langsam zu sich, nachdem er eine grosse Quantität Brandy zu sich genommen hatte. Es traten Symptome von peritonitis auf, Brustbeklemmung mit Schwierigkeit zu athmen, die gradweise zunahm, bis er starb. Der Tod trat 7 Wochen und 2 Tage nach dem Unfall ein. Section: Die rechte Seite der Brust mehr prominent als die linke. Das abdomen gleichförmig ausgedehnt. Bei Eröffnung der Brust zeigte sich die rechte Pleurahöhle gefüllt mit dickem serum, mit Blut gemischt, und einer grossen Menge von coagula, ungefähr 1 Quart, mit Fibrin oder Lymphe, gefärbt mit Galle. Die rechte Lunge hatte augenscheinlich eine Compression erfahren. Dieser Erguss glaubte man communizire mit der Flüssigkeit in der Abdominalhöhle durch die wohl zuerst vorhandene Zer-

reissung des diaphragma. Weitere Forschung aber zeigte, dass die Flüssigkeit in der Brust eigentlich nicht in der Pleurahöhle war, sondern dass das diaphragma so hoch nach aufwärts gedrängt stand, und zwar bis zum oberen Ende der dritten Rippe nach vorne und seitlich und innen hinten bis zum Interval zwischen dem 2 und 3 Dorsalwirbel. Unter diesen Punkten war es an der Thoraxwand adhärent. Die rechte Lunge war an der Spitze und an dem hinteren Theile der Thoraxhöhle comprimirt. Der vordere Rand ihrer Basis war nicht weiter ausgedehnt als bis zum Zwischenraum des 2. und 3. Rippenknorpels. Die Substanz der Lunge war gesund. Im Zusammenhange mit dieser Thoraxverengung von der Abdominalhöhle aus war eine grosse und unvollständig umschriebene Höhle, welche beinahe die rechte Hälfte des abdomen einnahm, begrenzt nach unten und gegen die Mittellinie hin durch das grosse Netz, welches quer zur fossa iliaca hinablief; an dieser Stelle war die Grenze unvollkommen, so dass die erwähnte grosse Höhle hier mit einer kleineren communizirte, die das Becken einnahm und sich in die linke regio iliaca ausdehnte, gefüllt mit Eiter gemischtem dicken serum. Diese Höhle war durch peritoneale Adhäsionen begrenzt; es war eine leichte peritonitis da, die Oberfläche der Eingeweide mit Lymphe bedeckt. Die Leber war ausgedehnt zerrissen, die Verletzung ging beinahe durch das centrum des rechten Lappens; die äussere Portion desselben, beinahe abgerissen, war nach oben dislozirt und lag über den Köpfchen der 6., 7. und 8. Rippe; dieser Theil war von einer hellgelben Farbe an der Oberfläche und ausnehmend blass im Innern. Die Zerreissung lief parallel in einer grossen Ausdehnung mit einem grösseren Zweige der vena hepat. dextr., aber keine Aeste der ersten oder zweiten Ordnung schienen geöffnet zu sein, obgleich die Ruptur beinahe ausgedehnt war bis zur vena cava. Die Leber war gegen die rechte Seite hin gedrückt und der eine zerrissene Rand gegen die Rippen gezogen trug bei zu der täuschenden Erscheinung von Zerreissung des Zwerchfells. Alle übrigen Organe gesund mit Ausnahme einer geringen Zerreissung der rechten Niere.

3. Beauchêne fils. (Journal de medicine etc. Tome XXV. 1812. Sept. S. 138.) Der 19jähr. Fuhrmann H. wurde durch das Ende einer Deichselstange an eine Mauer so heftig gepresst, dass er ohne Bewusstsein zusammenfiel. Er kommt nach 10 Minuten zu sich,

gequält von den heftigsten Beängstigungen; er krümmt sich, wirft seine Glieder herum und scheint nach dem fliehenden Leben haschen zu wollen. Das Gesicht ist bleich, farblos, die Augen sind fast unempfindlich gegen Licht, die Lippen blau, die Respiration kurz und schnell, der Puls kaum fühlbar, die Haut kalt. In diesem Zustande kam der Patient in's Hospital St. Antoine. Ein Chirurg hatte ihm zur Ader lassen wollen; die vena median. gab kaum einige Tropfen Blut. Man musste sich von der Nutzlosigkeit aller Hilfsmittel überzeugen und schon nach einigen Minuten erfolgte der tödtliche Ausgang. Section am anderen Tage: Aussen am Körper zeigten sich die Spuren einer heftigen Contusion besonders an der rechten Seite des Thorax oberhalb der 4., 5. und 6. Rippe, gerade da, wo die Wagendeichsel aufgetroffen hatte. Es befand sich im Unterhautzellgewebe und innerhalb des Bindegewebes des Pectoralmuskels eine grosse und ausgedehnte Ecchymose. Die linke clavicula war frakturirt und im Umkreise der Gefässe und Nerven unter dem Schlüsselbein eine ausgebreitete blutige Infiltration. Das cavum pericard. enthielt ungefähr 3 Unzen Blut. Das Herz und die grossen Gefässe waren leer. Die rechte Herzhälfte enthielt nicht einen Tropfen Blut; das ganze venöse System war blutlos. In der Lunge zerstreute Ecchymosen. Im Rippenfell der linken Seite war ungefähr ½ Liter Blut; das abdomen enthielt eine enorme Menge. Die Gedärme schwammen im Blute. In der Leber fand sich auf der rechten Seite eine angulaire Zerreissung, deren Branchen jede 15 Linien Länge auf 1 Linie Tiefe zeigten. Ferner fand sich eine von oben laufende Ruptur bis zur incissura transversa. Die übrigen Organe gesund.

4. Bérard. (Diss. sur plusieurs points d'anatomie pathol. et de Patholog etc. Paris 1826. S. 15 und G. Fischer, Langenbeck's Archiv B. 9. S. 886.) Ein junger Mann fällt aus hoher Etage mit dem Kopfe voran; Tod nach 2½ Stunden. Riss des linken Herzohres. Fraktur des Schädels. Riss der Leber.

5. Bergeon. (Bouillaud, maladies du coeur. T. II. S. 508. 1835. und Fischer l. c. S. 881.) Eine 78jährige Frau stürzt sich 40' hoch aus der 3. Etage. Fraktur von 7 Rippen rechts. 1 Pfd. Blut im pericardium. Ruptur des l. Ventr. Riss der Aortenklappen, Leber, Milz.

6. Aerztlicher Bericht aus dem k. k. allg. Krankenh. zu Wien. 1858. S. 228. Ein 21jähr. Fuhrmann erlitt einen so heftigen Stoss

in die Magengegend, dass er unter einer halbkreisförmigen Bewegung zusammenstürzte. Er war bei Bewusstsein und äusserte in der Leber-, Magen- und Milzgegend bei der leisesten Berührung die heftigsten Schmerzen. Zwerchfell stand hoch, Athmen schwer, Sprache coupirt. In der rechten Thoraxhälfte und im abdomen der Percussions-Ton vollkommen leer; Erbrechen von chocoladeartiger Flüssigkeit. Eis äusserlich und innerlich. Sopor und Collaps, Tod nach 8 Stunden. Obduction: 3 Pfd. geronnenes Blut in der Bauchhöhle; die Leber von gewöhnlicher Grösse zeigt am unteren Rande des rechten Lappens vielfache quere Einrisse; der Magen ausgedehnt, seine Schleimhaut an zwei gegenüberliegenden Stellen eingerissen; rechte Niere zerrissen; 7., 8., 9. Rippe gebrochen, pleura dadurch zerrissen und im cav. pl. 3 Pfd. Blut.

7. Bernt. (Mediz. Jahrb. des österr. Staates, B. VII. Stück IV. 1817. S. 471.) 24jähriger Maurergeselle. Sturz. Tod. Mund- und Nasenhöhle mit Blut gefüllt. Kopfknochen und Rippen unbeschädigt. Rechte Halbkugel des Grosshirns mit extravas. Blut überzogen. Leber und Milz an mehreren Stellen geborsten. Nierenkapsel mit Blut infiltrirt; in der Bauchhöhle 4 Pfd. Blut.

8. Bernt (l. c. B. VIII. 1. St. S. 145.) 37jähr. Zimmergeselle. Sturz. Tod. 3 Pfd. Blut in der Bauchhöhle. Rechter Leberlappen sternförmig durch die ganze Substanz hindurch geborsten.

9. Bernt (l. c.) 55jähr. Pfründnerin. Ueberfahren. Tod nach 4 Stunden. Die 4 obersten Rippen zu beiden Seiten gebrochen, rechtes Schlüsselbein mitten frakturirt, Quetschung der Lungen. Berstung der Leber, Milz und linke Niere. 4 Pfd. Blut in der Bauchhöhle.

10. Bernt (l. c. St. 2. S. 281.) 75jähr. Kutscher. Pferdeschlag. Stirn, linkes Seitenwand- und Schlüsselbein zerbrochen; Blutextravasat über das Gehirn und in den Hirnkammern, rechtseitige Rippen in 3 und 4 Stücke zerbrochen, 3 Pfd. Blut in der rechten Brusthöhle; der äussere Rand des rechten Leberlappens über 3 Zoll in die Länge geborsten; der Magen mit 1 Pfd. Blut gefüllt.

11. Billroth (in Stettin.) (Rust's Magazin für die ges. Heilk. B. 29. und mediz. Zeitg. fortges. von Ehrhart 1832. 4. S. 211.) Ein 6jähr. Knabe fiel vom Pferde auf den Kopf. Starkes Blutextravasat zwischen beiden Hirnlappen; am grossen rechten Leberlappen in der Mitte der Quere nach vom rechten bis zum linken

Rand ein Riss durch die ganze Substanz der Leber, so dass sie nach hinten nur noch durch die äussere Haut zusammenhing.

12. Birkett (Mediz. chir. Monatshefte von Friedrich. 1861. S. 431 und med. Tim. and Gaz. 1861. II. Sept. S. 242.) 45 jähr. Mann fiel im Rausche vom Wagen. Am folgenden Tage war er anscheinend genesen und schien keine besonderen Verletzungen erlitten zu haben. Abends jedoch starb er plötzlich. Fissur des rechten Schläfen-, Keil- und Stirnbeins ohne Bluterguss und Gehirnverletzung; eine Pinte Blut in der Peritonealhöhle, bedeutende Zerreissung des rechten Leberlappens, von dem ein etwa faustgrosses Stück vollkommen getrennt war. Auch die rechte Niere oberflächlich zerrissen und mit coagulis bedeckt.

13. Bonnet (traité complet des maladies du foie 1841. S. 215.) M. B., 45jähr. pens. Offizier, stürzte sich den 1. July 1823 2 Stock hoch herunter. Er kam nach 1 Stunde in's Spital; am Kopfe zeigte sich eine Wunde in der rechten Stirnschläfengegend; Blutung der art. temp. Puls gut; Aderlass von 10 Unzen. Grosse Ecchymose um das rechte Auge. Blutung durch Nase, Ohren, Mund; tiefes coma, stertoröses Athmen. Tod nach 1¼ Stunde. Section: Fractur des Schädels. Bluterguss in die Ventrikel. Blut in der rechten pleura; rechte Lunge an mehreren Stellen zerrissen. Ausgedehnte Rupturen der Leber. Blutung in die Peritonealhöhle.

14. Bonnet (l. c. S. 57.) Ein 25jähr. Arbeiter erhielt einen so heftigen Faustschlag in die Lebergegend, dass er zu Boden fiel. Von da an Klagen über ein unbehagliches, brennendes Gefühl an dieser Stelle. Schmerz bei Druck. Den 5. und 6. Tag steigerte sich derselbe; das rechte hypoch. ausgedehnt und schmerzhaft; kein Appetit, Zunge gelblich belegt. 20 Blutegel. Rasche Steigerung der Erscheinungen; nach 3 Tagen (3. Novemb. 1826) wurde er bettlägerig. Kopfschmerz. Gelbsucht; trockene, rothe Zunge, viel Durst, heisse Haut, harter, voller Puls, schmerzhafte Respiration; stechender, lancinirender Schmerz im rechten hypoch., der sich in's epigast. und link. hypoch. erstreckte. Urin dunkel gefärbt. Constipation. Aderlass. Catapl. Diät. Dec. gram. Abends 10 Blutegel im hypoch., 11 in der reg. epigast. Am 5. Nov. stat. idem. Aderlass. Den 6: Puls weniger voll und hart; hypoch. fast ebenso gespannt und schmerzhaft. 20 Blutegel. 10 in's epigast. Den 7: Zunge feucht, Durst nicht mehr so heftig, Schmerzen gemindert; 20 Blutegel. Den 8.

war der Puls normal, Respiration leicht. Bis zum 14. blieb nur ein unbestimmter Schmerz in der Lebergegend; dieses Symptom schwand bald und der Kranke genas.

15. Bonnet (l. c. S. 187.) Eine 42jährige Näherin wurde durch einen Holzpfahl in die Lebergegend gestossen. Der Bauch wurde gross und als sie sich nach Gebrauch verschiedener Mittel an den Arzt wandte, glaubte dieser einen ascites in Folge vernachlässigter hepatitis vor sich zu haben. Paracenthesis ohne Erfolg. Der consultirte Dr. H. fand den Leib enorm ausgedehnt, die Nabelgegend kindskopfgross vorgetrieben. Aeusserste Athemnoth, kein Stuhl, Puls kaum fühlbar. Guter Humor. Punction durch den Nabel und Entleerung von 27 Pfd. einer geruchlosen, schleimigen, leicht getrübten Flüssigkeit. Während 7 Tagen entleerten sich täglich 5 Pfd.; die Kranke erholte sich in einigen Wochen; der Leib blieb aber hart, geschwollen. Ende des Jahres wurde die Kr. wieder bettlägerig und starb einige Monate hernach, ohne dass man während dieser Zeit im Unterleib hätte Fluctuation fühlen können. Section: Rechts ist das Zwerchfell bis zur 2., links bis zur 4. Rippe hinaufgedrängt. Lunge und Herz klein; auch die Organe im Unterleib sehr klein. Die Leber füllte die ausgedehnte Bauchhöhle an; der linke Lappen sehr gross, so dass er bis zur 4. linken Rippe sich ausdehnte; das Parenchym geschwunden, die Gefässe dilatirt. Der Spigel'sche Lappen zeigte keine Alteration; die Gallenblase war verschwunden und an ihrem Platze befanden sich Zellgewebe, kleine Geschwüre und einige nussgrosse Gallensteine, jeder von einer Art Membran umgeben. Der duct. bilios. war obturirt; gelbsüchtig war die Kr. nie gewesen. Die untere Fläche mit bindegewebigen Exkreszenzen und Geschwüren bedeckt; die convexe Fläche mit dem Zwerchfell verwachsen. Der rechte Lappen, äusserst voluminös, zeigte Fluctuation. Eine Incission entleerte zuerst 12 Pfd. eines flüssigen serum, dann kam es trüb und flockig und schliesslich eitrig; die Wände des Abscesses waren nur $^1/_2$'' dick.

16. Bonnet (l. c. S. 51.) Ein junger Mann fiel von einem Wagen auf einen Pfahl, dessen eiserne Spitze in die Abdominalwandung eindrang, $1^1/_2$'' von den Rippenknorpeln entfernt, und der einen schrägen Verlauf von innen nach aussen und von unten nach oben nahm. Die Wunde hatte die Peritonealhöhle nicht geöffnet. Aderlass. Den 10. Jan., 2. Tag, war die affizirte Partie schmerzhaft

und sehr gespannt, Puls voll und hart. Den 11: Heftige Schmerzenssteigerung hinter der Verletzung, wie der Kr. sich ausdrückte. Den 12.: Der Schmerz erstreckte sich auf die rechte Seite der Brust; Mund bitter, Zunge gelb. Den 13., 14. und 15.: Die Schmerzen erstrecken sich bis zum Hals und zur Schulter; heftige Schmerzen bei der Inspiration. Gelbsucht. Kopfschmerz. Fieber. Den 16.: Grünes Erbrechen. Nach 6 oder 7 Tagen Tod. Section: Rechte Lunge hepatisirt. Peritonealüberzug des Zwerchfells geröthet; im Unterleib eine grosse Quantität einer röthlichen, flockigen Flüssigkeit. Peritonitis. Leber sehr gross, enthielt 2 Abscesse, der Eine in der Dicke des Parenchyms gelegen, der Andere hinter den falschen Rippen nahe der grossen Krümmung. Die Schleimhaut des tract. intest. entzündet; besonders hochgradige Röthe im Magen und duodenum. Abscess zwischen den Abdominalwandungen.

17. Bonnet (l. c. S. 31.) M. M., 35 Jahre alt, fiel auf der Jagd auf die rechte Seite; er hatte wenig Schmerz und setzte die Jagd fort. Am 4. Sept., einige Tage nach dem Unfall, bekam er Frösteln und Schmerzen in den Beinen. Den 5.: Frösteln, Kopfschmerz, Uebelkeit und ein Unbehagen in der reg. epigastr., Nierenschmerzen, dunkel gefärbter Urin. Puls klein, schwach, unregelmässig; allgemeine Schwäche. Den 6.: stat. idem. Ein Brechmittel von tart. emetic. entfernt nach unten und oben eine grosse Menge einer gelben Flüssigkeit. Der Kopfschmerz minderte sich und der Patient schien sich nach dem Vomitiv wohler zu fühlen; die Uebelkeit hörte auf, doch das unbehagliche Gefühl in der regio epigastr., sowie das unregelmässige Frösteln blieb. Zunge sehr weiss, dick belegt. Den 9—12.: Gelindes Abführmittel entleert nach oben und unten; Nierenschmerz vorbei, ebenso das Gefühl im epigastr. Urin weniger dunkel. Der Kranke ist den ganzen Tag ausser Bett, aber sehr schwach; kleiner Puls, unregelmässig. Zunge belegt, manchmal trocken, leichtes Fieberfrösteln. Vom 14. auf 15. trat plötzlich ein heftiger Schmerz in der rechten Seite auf; der Kr. konnte nur auf dem Rücken liegen; bei Berührung wenig Schmerz; derselbe steigerte sich jedoch bei der Inspiration und exazerbirte zuweilen beim Trinken, wenn die Flüssigkeit in den Magen gedrungen war. Den 18.: Puls hart, gespannt; Aderlass von 14 Unzen; nächsten Tag wiederholt. Puls und Schmerz blieben sich gleich; derselbe strahlte zuweilen gegen die rechte Schulter aus. Dieser Zustand dauerte bis

zum 25. Um diese Zeît liess die Härte des Pulses und der Schmerz nach. Den 27.: Weicher Puls. Auf ol. Ric. drei copiöse, gallige Entleerungen; die Schmerzen waren so gut, dass der Kranke sich im Bett wenden und einige Zeit auf jeder Seite, besonders auf der affizirten liegen konnte. Im Verlaufe des Monats Oktober und November waren die Diarrhöen nicht mehr gelblich, sondern von grauer Farbe; ein tumor der Leber wurde bemerkbar, der immer mehr zunahm und sich bis in's linke hypochondrium ausdehnte. Der Kranke fühlte Schmerz in den Waden, vorzüglich rechts, der besonders beim Gehen und bei Berührung sich steigerte. Abendliches Fieber mit Frösteln und häufigem Gähnen, dem zuweilen Kältegefühl folgt. Der Seitenschmerz steigert sich von Zeit zu Zeit und correspondirte zuweilen mit einem Schmerz im Schulterblatte; ausserdem machte sich ein vorübergehender, sehr heftiger Schmerz zwischen den rechten falschen Rippen und dem os il. fühlbar. Den 6. Dezemb.: Härte und heftiger Schmerz im rechten Bein in der Nähe der Hüfte. Den 7. dehnte sich die Geschwulst und Schmerzhaftigkeit an die Innenseite des Oberschenkels aus; den 8. und 9. erstreckte sie sich bis zu den Maleolen mit Röthung der Haut. Fieber andauernd. Unter evacuirenden Mitteln nahm die Geschwulst des Beines ab, auch im hypochondr. war die Geschwulst geringer geworden. Urin in grosser Menge; grosse Schwäche, Frösteln, Hüsteln. Den 6. Jan. steigerte sich wieder der Schmerz im hypochondr., der Leib wurde ausgedehnt, der Puls klein und schwach. Den 7. trat der Tod ein. Section: Leber enorm ausgedehnt; im rechten Lappen ein grosser Abscess; ringsum Verwachsungen mit dem peritoneum. Der Spigel'sche Lappen vergrössert; die Gallenblase voll gelblicher, flüssiger Galle; das Netz entartet, das Zellgewebe um das duodenum ebenfalls; das pancreas welk. Wenig serum in der Bauchhöhle; die übrigen Eingeweide gesund. Wenig seröse Flüssigkeit in beiden Pleurahöhlen.

18. Braun (Rheinische Monatsschrift für pr. Aerzte. 5. 1851. S. 678.) Ein 20jähr. Zimmergeselle fiel in den letzten Tagen des August 1851 von einer nicht beträchtlichen Höhe herab auf einen Zaunpfahl von mehreren Zollen Durchmesser, so dass die stumpfe Spitze desselben die Gegend in der rechten Seite unter den falschen Rippen heftig presste, aber nur einige leichte Spuren von Hautablösungen hinterliess. Er wurde alsbald pulslos und mit den

heftigsten Schmerzen bleich und in Todesangst in's Krankenhaus gebracht, wo er am andern Morgen vor Tagesanbruch starb. Section: Grosse Menge von Blut im Unterleib, vorzüglich auf der betroffenen Seite, und die Leber auf ihrer Convexität in mehr als Handbreite und Länge rupturirt, nicht in der Form eines Risses oder einer Spalte, sondern eines verhältnissmässig grossen hiatus mit höckeriger Fläche, welche das Ansehen darbot, als wäre die Leber von Thieren zerfetzt und Stücke derselben herausgerissen worden. Grösse und Textur der Leber normal.

19. Bret (Journal de M. Ch. et Ph. Tome 65 u. Richter's Bibl. B. X. S. 370.) Stoss auf die rechte Seite des Unterleibes. Leberabscess. Section: Grosse Eiterhöhle im rechten Lappen; derselbe fast ganz zerstört. Linker Lappen geschwollen.

20. Bryant (Guy's Hosp. Rep. 3. Ser. VII. 1861 u. Schmidt's Jahrb. B. 117. 1863. S. 189.) 45jähr. betrunkener Mann stürzt vom Wagen. Schlaf ohne besondere Erscheinungen. 36 Stunden nach dem Unfall plötzlicher Schmerz in der Seite; er fiel rückwärts im Bette um und starb. Section: Fissur des rechten Schläfebeins, im abdomen ein Nössel Blut, ein faustgrosses Stück vom rechten Leberlappen getrennt. Rechte Niere ebenfalls zerrissen.

21. Canton (Lancet. 1867. S. 610. Charing-Cross Hospital. V. u. Canstatts Jahrb. 1864. II. S. 460.) Sidney F., 23 J. alt, wurde am 22. Sept. beim nach Hause Fahren vom Wagen herabgeworfen. Er hatte sich die 9. rechte Rippe ungefähr in der Mitte gebrochen. Ruhelose Nacht. Nächsten Morgen Klagen über Kopfweh, Schmerzen in der Seite unter dem Sitz der Verletzung, Zunge weiss. Puls voll und gespannt. Fieber. Abdomen ausgedehnt, sehr empfindlich bei Berührung. Puls klein und schnell. Zunge trocken. Haut heiss und trocken. Augen gelb. Die Kniee an den Körper angezogen. Urin sparsam. Ausleerung träge. Diese Symptome von peritonitis im Zusammenhange mit dem Sitze der Verletzung wiesen auf eine Laesion der Leber hin, wahrscheinlich, dass die zerbrochene Rippe die Leber zerrissen hatte. Fomentationen. Calomel mit Opium, 4 std. Gerstenw. mit Citronenw. als Getränke. Die Schmerzen im Leibe bis zum 26. verbreiteter. Athem kurz, thorazisch; Puls klein, 120. Schluchzer. Zunge trocken, braun. Anhaltendes Erbrechen von galliger Flüssigkeit. Flüssiger Stuhl. 5 Gr. Camphor mit Calomel und Opium; Mixtur mit Moschus und Ammoniak, 4 std.;

Champagner. Dadurch das constante Erbrechen gebessert. Abdomen noch sehr ausgedehnt; noch Erguss vorhanden. Athem kurz. Mercurialeinreibungen. Umschläge von Mercurialsalbe. Diese Behandlung wurde einige Tage fortgemacht während welcher Zeit das Befinden des Patienten ein sehr wechselndes war. Am 2. Oktober hatte das Erbrechen fast ganz cessirt; Diarrhö etwas gebessert. Puls 112—120; Schluchzer nachgelassen. Aengstlicher Gesichtsausdruck verlor sich. Patient herabgekommen. Den 5.: gute Nacht; abdomen weniger aufgetrieben, Athem leichter. Augen weniger gelb, Flüssigkeit im abdomen vermindert. Den 8.: Konnte sich auf die Aussenseite des Bettes legen. Puls 90. Zunge rein, feucht. Gelbsucht abgenommen. Abdomen von natürlicher Form und normalem Gefühl. Kein Schmerz an der Stelle der Verletzung. Aussehen frisch, Athem leicht und normal, Puls regelmässig, Zunge rein. Langsame, aber sichere Reconvaleszenz.

22. Carganico (Kleinert's allg. Repertorium. II. Jahrg. 1838. S. 139. — Mediz. Zeitschr. in Preussen. VII. 1838. — Schmidt's Jahrb. B. 23. S. 334. 1839.) Ein 10jähr. starkes Mädchen wurde von einem grossen Baumstamme, der auf einem Schlitten transportirt wurde, überfahren und blieb auf der Stelle todt. Section: Hautschrunden, Fractur beider Oberarme; vollkommene Zerstörung des rechten Leberlappens. Dieser Theil war von mehreren durch die ganze Substanz gehenden Quer- und Längsrissen vielfach zerstört und in breiige Masse verwandelt.

23. Carter (Mediz.-chir. Monatshefte von Friedrich, 1861.) Verletzung durch Zerplatzen eines Gewehres. Der Betroffene fühlte sich nicht schwer verletzt, konnte aber nicht sprechen. Erbrechen. Anaemie. Pulslosigkeit. Tod in 10 Minuten. Section: Kleiner blauer Fleck in der reg. hypog. dextr. Mehrere grosse Leberrupturen, besonders eine, die sich durch den halben rechten Leberlappen erstreckte und mit seitlichen Ausläufern versehen war. Bauchhöhle mit schwarzem flüssigen Blut gefüllt. Der Ruptur der Leber entsprach ein Extravasat in der Muskulatur.

24. Casper (Prakt. Handb. der ger. Mediz. S. 124 u. Fischer l. c. S. 891.) 44jähr. Mann, 46′ tief in den Keller gefallen; wahrscheinlich sofort todt. Pericard. zerplatzt; Herz unverletzt; Fractur des Schädels, Riss in Leber, Milz; Einknickung der Rippen.

25. Casper (l. c. S. 348 u. 888.) 35jähr. Mann, 40′ hoch vom

Baum geschleudert. Linke Brust ganz flach gedrückt, linke Rippen gebrochen. Herz nur an der ven. cav. infer. hängend; Riss in Lunge und Leber.

26. Casper (l. c. S. 122 u. S. 888.) 24jähr. Mann vom Wagen gegen eine Pappel geschleudert. Aussen keine Wunde. Proc. spinos. des ersten Brustw. gebrochen. Herz von den Gefässen abgerissen, Risse in Lunge und Leber.

27. Casper (l. c. S. 281. Fall 127.) Das 2 jähr. Mädchen war von einem Wagen herabgestürzt und nach einer Stunde gestorben. Gänzlicher Mangel einer äusseren Verletzung. Wachsbleiche Farbe des Körpers. Aufgetriebener Bauch. Eine grosse Menge geronnenen Blutes in Bauch- und Beckenhöhle; der rechte Leberlappen in Handtellergrösse durch longitudinale Risse fast zertrümmert.

28. Casper (l. c. S. 280. Fall 126.) Wirbel-Brustbein- und Rippenbrüche, Ruptur des Rückenmarkes und der Leber durch Sturz aus einer Höhe bei einem 30jähr. Taglöhner. Tod nach 3 Stunden. Während dieser Zeit röchelnd und bewusstlos. . . . Tförmiger, oberflächlicher Einriss in den rechten Leberlappen und ein kleinerer im lobul. quadr. mit Erguss von 3 Unzen Blut in die Bauchhöhle.

29. Casper (l. c. S. 276. Fall 116.) Rupturen der Leber, Milz, des Netzes und Magens durch einen Windenbaum. Beim Aufwinden einer schweren Getreidemasse schnellte der Windenbaum zurück und tödtete in wenigen Minuten den mit dem Aufwinden beschäftigten 53jähr. Arbeiter. In der Oberbauchgegend eine bräunliche 6″ lange Hautstelle. $1^1/_2$ Quart dunklen, dünnflüssigen Blutes in der Bauchhöhle. Die Leber zeigte an ihrer Oberfläche 13—14 flache, nur einen Viertelzoll in die Substanz eindringende Längsrisse; ebensolche Einrisse an der unteren Fläche. Ausserdem war der linke Leberlappen wie abgequetscht und hing nur noch wie eine faserige Masse mit dem übrigen Organe zusammen.

30. Casper (l. c. S. 276. Fall 115.) Ein 60jähr. Schiffsknecht von einem herabfallenden Mastbaum zusammengeschlagen. Tod nach 6 Stunden. Keine Spur einer Sugillation. In der rechten pars orbit. des Stirnbeines eine kleine Fissur; die 5 rechten Rippen, 3—7, gebrochen, 6 Unzen Blut in der pleura. An der hinteren Seite der Leber 4 Einrisse, die offenbar von den hineingedrückten zerbrochenen Rippen herrührten, 6 Unzen Blut in der Bauchhöhle.

Splitterfractur des rechten Oberschenkels und Querfractur beider Vorderarmknochen.

31. Casper (l. c. S. 274. Fall 111.) 7jähr. Knabe durch einen Omnibus überfahren und nach wenigen Minuten gestorben. Keine äusseren Verletzungen. Emphysem der linken Brustseite. Querbruch der 6. und Knickung der letzten wahren linken Rippe. Lungenriss. 8 Unzen Blut in der rechten pleura. Auf der convexen Fläche des rechten Leberlappens ein zolllanger Längenriss und der rechte Lappen vom linken durch einen $^3/_4''$ langen Einriss abgesprengt. 4 Unzen Blut im Becken.

32. Casper (l. c. S. 273. Fall 109.) Dem 6jähr. Knaben sollte das Rad über den Leib gegangen sein. Aeusserlich keine Verletzung. Die Leber war im rechten Lappen durch einen Längsriss fast ganz getheilt, in ihrem linken durch einen Querriss zerrissen. Milz durchrissen. Im Bauche $^1/_2$ Pfd. halb flüssigen, halb geronnenen Blutes. Der Knabe war mit diesen Verletzungen noch gegangen und lebte $^1/_4$ Stunde.

33. Casper (l. c. S. 271. Fall 104.) Gehirnruptur, Rippenbrüche, Leber- und Milzrupturen durch Ueberfahren. Es war ein 72jähr. Mann, der auf der Stelle todt blieb. Im Bauche eine kleine oberflächliche Ruptur an der convexen Fläche des rechten Leberlappens.

34. Casper (Wochenschrift für die gesammte Heilkunde. Gerichtliche Leichenöffnungen. 1848. S. 6.) 6jähr. Knabe durch Ueberfahren getödtet. Unerhebliche Sugillat. Längsriss der Leber, die in zwei Theile getheilt gefunden wurde.

35. Casper (l. c.) Ein Arbeitsmann durch Anfahren eines Wagens umgeworfen; schneller Tod. Handtellergrosse verbrannt aussehende Hautstelle auf der linken Brusthälfte; äusserlich sonst Nichts auffallend. Completer Längsriss der Leber, der sie in 2 Hälften theilte; Querbruch der 5. und 6. rechten Rippe.

36. Casper (l. c.) 14 monatl. starker Knabe durch Ueberfahren getödtet. Kleine Hautabschilferung am Kopfe, wallnussgrosse Ecchymose am rechten grossen trochanter. Aeusserlich sonst Nichts zu sehen. Der rechte Leberlappen war durch einen Längenriss fast ganz getrennt.

37. Chabert (The americ. Journal 1861. Vol. XLII. S. 556. Case of Traumatic Emphysema.) Ein trunkener Artillerist stürzte

sich zum Fenster hinaus und starb 3 Tage hernach an den zahlreichen Verletzungen, wobei sich eine gelbe Färbung der Haut zunächst geltend mache. Bei der Section fand sich eine Menge kleiner unregelmässig geformter, bräunlich gelber Erhöhungen auf der Oberfläche der Leber. Beim Anstechen wurde ein Geräusch gehört ähnlich der entweichenden Luft aus einer kleinen mit Luft gefüllten Blase. Es waren 3 Zerreissungen der Leber vorhanden, nur 2—3 mm. tief. Incissionen in verschiedene Partieen der Leber liessen Nichts ausfliessen; die Oberfläche trocken, von braungelber Farbe, zeigte zahlreiche Vacuolen wie ein Schwamm. Bei Druck zwischen den Fingern war Crepitation deutlich zu hören. Abnahme des spec. Gew. der Leber bemerkbar. In Wasser gelegte Theile flottirten darin und wenn sie unter dem Wasser zusammengedrückt wurden, entwichen zahlreiche Blasen, die an der Oberfläche platzten und die Leber sank dann auf den Grund. Die Oberfläche der Gallenblase, ausgedehnt durch dunkel gefärbte Galle, war bedeckt durch eine grosse Zahl von Bläschen, ähnlich denen auf der Leberoberfläche. Keine cadaverösen Veränderungen waren Ursache dieser Erscheinungen, da die Section gleich nach dem Tode vorgenommen wurde. Diaphragma und Eingeweide nicht verletzt, so dass die Luft nicht etwa aus den Lungen oder Eingeweiden stammte.

38. Constantin (Schmidts Jahrb. B. IV. 1834. S. 65. u. Journ. hébd. Nr. 14. 1834.) Ein 35jähr. Schiffssoldat, von einer herabfallenden Segelstange am 12. Aug. 1825 schief auf die rechte Seite der Brust getroffen sank bewusstlos nieder. Angstgefühl, schwierige Respiration, Puls unfühlbar. Knochen- und emphys. Crepitation auf der rechten Seite, 5., 6. u. 7. Rippe fracturirt. Die Gegend sehr schmerzhaft. Blutiger Auswurf. Schröpfköpfe. Heftiger Schmerz in der rechten Schulter, Bauch aufgetrieben, Lebergegend sehr empfindlich. Kalte Compressen auf den Leib. Häufige Ohnmachten, Erbrechen, furchtbare Angst, Kälte, kein Puls. Am Morgen etwas besser; Nachmittags Puls voller, Respiration äusserst beschwerlich. Venaes. v. 15 Unzen. Fomentationen auf den Leib. Unruhige Nacht, Delirien, ängstliche Respiration, Husten, keine blutigen sputa. Lebhafter Durst. Ekel. Icterus am 13. Morgens, Puls zusammengezogen, hart, Respiration kurz, trocken, Schulterschmerz fortdauernd, Bauch vorzüglich rechts sehr schmerzhaft. 80 Blutegel auf Bauch und Lebergegend. Abends Puls weicher.

Schlaf. Am 14. Abends heftiges Fieber. Aderlass von 15 Unzen. Am 15. Puls weich, 90 Schläge, Bauch weich und kleiner, Schmerz fortdauernd; Abends Respiration kürzer, Puls fieberhaft. Aderlass von 8 Unzen. Nachts Schlaf. Am 16. merkliche Besserung. Nach einer Bewegung auf die linke Seite heftiger Schmerz, Mittags Fieber; 30 Blutegel; Fomentationen. Gegen 10 Uhr Abends Besserung; Puls 80. Die folgenden Tage ging es immer besser, am 27. waren die Bewegungen schmerzlos, Gefühl von Schwere in der rechten Bauchgegend. Ein umschriebener Erguss an dieser Stelle erkennbar. Anfangs des nächsten Monates plötzlich Koliken und Diarrhöen, schwärzliche mit Eiter gemischte faeces, 2 Tage lang. Hierauf volle Genesung; nur blieb die rechte Seite empfindlich, wenn er sich schnell gerade richtete oder nach links bog.

39. Constantin (l. c.) Ein Matrose fiel von der grossen Raa auf's Verdeck auf den Rücken. Leichte Contusionen der Haut in der Lendengegend. Heftige Schmerzen in der reg. hepatic. und epigast.; lebhafter Schmerz in der rechten Schulter; grosse Unruhe, brennender Durst. Aderlass von 16 Unzen. Bauch tympanitisch; deutliche Fluctuation in demselben. Erschwerte Respiration nach ein paar Stunden; Puls unfühlbar. Tod nach $3\frac{1}{2}$ Stunden. Section: Bauchhöhle voll Blut; die Leber zeigte an der Convexität einen 3'' langen und 6''' tiefen Riss. Die Milz an mehreren Stellen zerrissen. Im Magen eine Ruptur von 5'' Breite.

40. Copland and Robley (The London medical Repository Vol. XX. 1823. u. mediz. Zeitg. von Ehrhart B. 1. Nr. 84. 1825.) Der Kranke klagte nach dem Falle auf die rechte Seite über Schmerzen daselbst und Beschwerden beim Athemhohlen; er konnte keine fest anliegenden Kleidungsstücke tragen. Am 11. Tage starb er plötzlich. Section: Bauchfell entzündet, das omentum tuberculös, in beiden Hypochondrien etwa 4 Pinten eiterähnlicher Flüssigkeit; der rechte Leberlappen fast ganz in zwei Hälften gespalten, die getrennten Flächen mit durchsichtiger Lymphe überzogen.

41. Dahlin (Kleinert's allg. Repertorium S. 64 u. mediz. Annalen 3. B. 2. H. 1837.) Sprung aus dem dritten Stocke. Vorderarmfractur. Zeichen von delir. tremens; Puls klein, langsam, weich; Respiration kurz und beschwerlich, aber weder Schmerzen noch Husten vorhanden. Gleich nach dem Sturze blutiger Stuhl. Unterleib im höchsten Grade empfindlich, doch nicht sonderlich hart

und gespannt; unwillkürlicher Abgang von Urin und Stuhl. Aderlass. Kalte Umschläge auf den Kopf. Am anderen Morgen Tod. Section: Die sin. dur. metr. und die Gefässe der pia mat. mit Blut ausgedehnt. Das grosse Gehirn ungewöhnlich fest, die Ventrikel mit einer blassen, serösen Flüssigkeit gefüllt. Linke Lunge fest verwachsen, im Herzbeutel blassrothes fluidum. Im Unterleibe bedeutender Erguss eines dünnen Blutes sowie auf die Gedärme abgesetztes coagulum. Der linke Leberlappen gross, mürbe und sowol in seiner oberen als unteren Fläche einen tief in's Parenchym gehenden Riss zeigend; eine ähnliche Ruptur im rechten Leberlappen. Milz gross, am hilus geborsten und mit Blutextravasat umgeben.

42. Demme (Kriegschirurgie S. 123.) J. R. bei Magenta von einer Kartätsche an dem rechten hypoch. getroffen; er sank ohnmächtig zu Boden und empfand als er zu sich kam einen intensiven Schmerz in der Lebergegend. Derselbe hatte einen reissenden, bohrenden Charakter, strahlte namentlich nach dem linken hypoch. aus und wurde durch Bewegung und Druck vermehrt. Schon nach 24 Stunden nahm der Schmerz einen mehr dumpfen, drückenden Charakter an, jedoch hatte Patient anhaltende Uebelkeit und erbrach wiederholt. Der Leberrand überragte den Rippenrand. Am 6. Tage trat eine leichte icterische Färbung über den ganzen Körper auf. Kein Appetit, schlechter Geschmack, anhaltende Verstopfung, zeitweiliges Erbrechen, Pulsfrequenz, Temperaturerhöhung, Kopfschmerz, Schwäche und Mattigkeit waren während 7 Tagen die hervorragenden Symptome. In der dritten Woche hatten sich die Schmerzen verloren. Plötzlich traten eitrige Stühle auf, welche den Verdacht erweckten, es möchte ein Abscess in den Darmkanal durchgebrochen sein. Diese Erscheinung dauerte 3 Tage an. Die Kräfte waren sehr erschöpft, als ein heftiger Schüttelfrost das Bild der Pyaemie eröffnete. Schon im Verlaufe weniger Tage trat der Tod ein. Keine Section. Die äusseren Erscheinungen dabei zeigten in diesem Falle ausser einer mässigen am Ende der zweiten Woche grösstentheils resorbirten Sugillation keine Veränderungen.

43. Demme (l. c. S. 123. B. II.) Bei einem Arbeiter über den das Rad eines Wagens gegangen war und eine Reihe ächter und falscher Rippen gebrochen hatte, trat nach 9 Stunden der Tod ein. Es fand sich ein tiefer Riss des rechten Leberlappens, welcher dem

Eindruck der untersten Rippen anzugehören schien. Die ganze Bauchhöhle war mit dunklem Blute angefüllt.

44. Dernen (Kleinert's allg. Repertorium 1. Jahrg. Septemberheft 1837. S. 118; mediz. Zeitg. in Preussen VI. Jahrg. 1837 u. Bluff's Leistungen der Mediz. B. 6. S. 211.) Ein Arbeiter von einer umstürzenden Eiche auf den Unterleib getroffen, stürzte zusammen und wurde noch zu Fuss $^1/_8$ Meile in seine Wohnung gebracht. Er legte sich zu Bett und trank viel Camillenthee mit Branntwein. 4 Stunden nach dem Unfall klagte er über einen spannenden Schmerz in der Magengegend, der bei Druck nicht zunahm; der Leib zeigte nirgends eine Spur von Sugillation, war jedoch gespannt. Urin dunkelgelb, Zunge rein, Durst stark, Hände und Füsse bis zum Knie und Ellbogen eiskalt, Puls schnell, kaum fühlbar. Um sich zu stärken ass Patient noch Kartoffel mit Butter und Salz. Baldiger Tod. Section: Ueber $^1/_2$ Quart Blut in der Unterleibshöhle, im grossen Lappen der Leber ein 2″ langer Riss, in dessen Folge 2 Aeste der v. port. durchrissen waren.

45. Dupuytren (Vorlesungen über die Verletzungen durch Kriegswaffen. 1836. S. 560.) V. stürzte von einem Wagen und ward zwischen dessen Rad und einer Mauer gequetscht. Der Körper nach vorne gebeugt, die Hand gegen das sehr schmerzhaft scheinende epigastrium gedrückt, die Brust mit Schweiss bedeckt, Gesicht blass, die Stimme schwach, kein Puls; liegt auf der rechten Seite. Tod nach $^3/_4$ Stunden. Section: Bauchhöhle voll Blut; der an's Zwerchfell geheftete Lebertheil zerrissen, zermalmt, während andere Stücke in einer grossen mit Blut gefüllten in der Lebersubstanz befindlichen Höhle schwammen. Milz ebenfalls zerrissen.

46. Durand (Gaz. méd. de Lyon. Nr. 13. u. Jahresber. von Virchow und Hirsch. 1866. II. B. S. 141.) Ein Mann, der gegen die Deichsel seines Wagens gefallen war, empfand unmittelbar nachher Schmerz im Unterleibe und starb nach 10 Minuten unter Erblassen der Körperoberfläche. Man fand das cav. perit. bluterfüllt, die Leberoberfläche durch drei Risse sternförmig eingerissen und zwar am rechten Lappen durch seine ganze Dicke. Die Bauchhaut war unversehrt.

47. Erichsen (Handbuch der Chirurgie. 1864. S. 808.) Quetschung des Unterleibes bei einem Manne zwischen einen Laternenpfahl und ein Rad. Erbrechen. Tod nach 5 Stunden. Zerreissung der

Leber und Milz; fast vollständige Abtrennung des Magens in der Nähe des Pförtners.

48. Erichsen (l. c.) Ein Mann, der zwischen zwei Buffer gequetscht war, wurde collabirt und augenscheinlich sterbend in's Spital gebracht, erholte sich aber nach einigen Stunden. Zwei Tage darauf stellte sich ein heftiger Schmerz ein, die Lebergegend wurde empfindlich, der Percussionston bis zum Nabel herab gedämpft und der Patient bekam ein gelbsüchtiges Aussehen; bald darauf Erscheinungen einer asthenischen peritonitis, stärkere Schwellung des Unterleibes, tympanitische Auftreibung. Verstopfung. Weit verbreitete Dämpfung mit Fluctuation. Tod am 16. Tag. In der Bauchhöhle 240 Unzen einer galligen mit Lymphflocken vermischten Flüssigkeit, deren Druck, sowie Verklebung der einzelnen Darmwindungen durch Lymphe die Verstopfung bedingt hatte. Eine weite Spalte am dicken Leberrande hatte bereits angefangen sich zu vernarben.

49. Faber (Deutsche Zeitschr. für die Staatsarzneikunde von Schneider, Schürmayer und Knolz. B. 24. S. 124. 1866.) 2jähr. Kind überfahren. Section: Oberflächliche Hautschärfung links am Rücken und auf der Brust. Bauch gross, missfarbig. Beim Oeffnen strömt eine Menge dunkelrothes, flüssiges Blut heraus, ein anderer Theil ist coagulirt im cav. abdom. Die ganze linke Hälfte der Leber ist in zwei Theile gespalten, der obere convexe Theil ist gänzlich zerfetzt.

50. Faber (l. c.) Ein ungefähr 30jähr. Mann wurde todt auf der Strasse gefunden. Die Leber ist sehr stark in die rechte Brusthöhle hinaufgedrückt, der convexe Theil derselben ist total zerrissen, das Parenchym normal. Im Unterleib 10—12 Pfd. flüssiges und coagulirtes Blut. In der ven. cav. inf. sind nebeneinander 2 Löcher, jedes einige Linien weit.

51. Flügel (Aerztl. Intellig.-Blatt Nr. 26. 1859 u. Fischer l. c. S. 888.) 17jähr. Mann vom Kammrade gefasst; sofort Tod. Herz abgerissen. Risse in Lunge, Leber, Milz.

52. Foster (the medical Times. Vol. II. 1864. S. 553.) Eine junge Frau im Rausche durch ein Cab überfahren; Hautschärfung am abdomen; Fractur der 9. Rippe. Collaps und Quetschung; sonst keine andere Verletzung. Erholung in zwei Stunden. Schmerz über das abdomen verbreitet. Schlaf. Den nächsten Morgen schien sie

besser, nachdem sie ihren Rausch ausgeschlafen, bis um 2 Uhr Nachm., wo sie sich übler zu sein klagte und ohnmächtig wurde. Tod um 4 Uhr. Section: Der linke Lappen war quer durch vom rechten abgerissen, nur durch eine sehr schmale Membran noch verbunden; in dem cav. perit. viel Blut.

53. Gadelins (Swenska Läkare-Sällskapets Handlingar femte Bandet 1818 u. med. Zeitg. von Ehrhart B. 2. 1822. S. 126.) fand die Zerreissung der Leber zufällig bei Untersuchung eines 4monatlichen Embryo. Der Unterleib war voll Blut, das vorzüglich die Lebergegend bedeckte. Es fand sich im rechten Lappen ein Riss, der sich eine Linie tief in die Substanz der Leber erstreckte und wahrscheinlich die Todesursache war.

54. Gamgee (Resarches in pathol. anatomy etc. London 1856 u. Fischer l. c. S. 886.) 38jähr. Mann, vom Wagen gestürzt. Pericard. zerrissen, linkes Herzohr, Leber.

55. Gerard (Gazette médicale de Paris. B. 4. 1836. S. 153.) Der 21jähr. Kupferschmied R. wird am 29. Sept. 1835 um 9 Uhr Abends todt in seinem Wagen gefunden. Er sass im Wagen bleich und noch warm; sein Anblick zeigte einen leichten Tod; keine Entleerung hatte statt; bei der gerichtl. Untersuchung 36 Stunden später fand man äusserlich keine Verletzung; die Todtenstarre war sehr ausgesprochen, etwas schwärzliches Blut floss aus dem Munde. Kopf- und Brusthöhle zeigten keine Abnormität. Als man die Bauchhöhle öffnete entleerte sich Gas und schwärzliches Blut; die Peritonealhöhle enthielt 3 Litres Blut. Die Eingeweide waren nach links geschoben und die Leber nach rechts gedrückt. Man sah an ihrer concaven unteren Fläche eine grosse Ruptur nach vorne und von unten nach oben ziehend, welche ganz der Furche für die ven. umbil. zwischen mittlerem und grossem Lappen folgte und sich an der Basis des lobulus theilte, um sich noch in der ganzen Furche der ven. port. auszubreiten. Diese Verletzung durchsetzte die ganze Dicke der Leber bis auf zwei Drittel und zeigte am Grunde eine Menge von schwer zu beschreibenden Zerreissungen. Die Substanz war sehr weich, graulich, ähnlich der placenta, leicht zerreisslich; sie war wenig voluminös und zeigte keine organische Erkrankung. Die Gallenblase unverletzt, aber leer. Kein bedeutendes Gefäss zerrissen.

56. Glückselig (Med. Jahrb. des österr. Staates. B. 20. 1839. S. 158.) Die 17jähr. K. fiel über einen Baumstamm, fühlte heftige

Schmerzen in der Lebergegend; über Nacht vermehrten sich dieselben immer mehr, verbreiteten sich in das Rückgrat und verursachten opisthotonus. Augen starr, Gesicht roth; trismus; Puls gross, hart, langsam; Herzschlag heftig, Athem stöhnend; bei der Berührung der Lebergegend erfolgte ein Zusammenfahren des ganzen Körpers. Dieser Anfall dauerte 2—3 Minuten und kehrte längstens alle Viertelstunden zurück. Nach dem Anfall kam Bewusstsein wieder. Die Kr. klagte nur über heftige Schmerzen aller Glieder, über ein unerträglich schmerzhaftes Klopfen und die heftigsten Schmerzen in der Lebergegend, welche den Körper durchzuckten. Bei der leisesten Berührung dieser Gegend stellte sich sogleich ein kurz dauernder Anfall von Starrkrampf ein. Zunge belegt, Haut gelblich gefärbt, Durst unlöschbar, Appetit fehlte; Stuhlentleerung seit 2 Tagen nicht erfolgt, Urin sparsam, dunkelbraun. Die Wirbelsäule war in der Gegend der oberen Bauchwirbel etwas empfindlich. Menstruation regelmässig, nie Krämpfe. Da in diesem Falle trismus und tetanus nur ein secundäres Leiden waren, welches durch die Heftigkeit der Leberentzündung und ihre Verbreitung auf das Solargeflechte und Rückenmark bedingt wurde, so wurden ein Aderlass von 1 Pfd., 16 Blutegel in die Lebergegend, 12 Schröpfköpfe längs der Bauchwirbel verordnet; innerlich ein Dec. gram. c. tart. tart. u. nitr., Klyst. mit Bittersalz. Nach einigen Stunden hatten die Krampfanfälle aufgehört, der Puls war schneller und weicher, und das Klystier hatte reichlichen Stuhl bewirkt. Leinsamenüberschläge auf die Lebergegend. Nachts Schmerzen in der Leber wieder heftiger, neuerdings Krampfanfälle. Aderlass und Blutegel brachten wieder Besserung. Am 3. Tage wieder Exacerbation der Schmerzen und Krampfanfälle. Einreibg. der Brechweinsteinsalbe längs des scarificirten Theiles der Wirbelsäule; Aq. lauroc. Calomel. Mit dem Auftreten der Pusteln schwand die letzte Spur des Krampfes. Rasche Genesung.

57. Godfrey (Med. Tim. Aug. S. 234 u. Canstatt's Jahresb. 1851. S. 26. B. 4.) beobachtete die Zerreissung der Leber bei einem Kinde von 2—3 Jahren, welches von einem schweren Karren überfahren worden war. Dasselbe starb bald. Man bemerkte äusserlich am unteren Theile der Brust eine Spur des Rades. Die Leber war der Länge nach in der Art zerrissen, dass ihr rechter und linker Lappen ausschliesslich durch die grösseren Gefässe, welche unver-

sehrt waren, zusammenhing. Die Peritonealhöhle war voll von flüssigem dunklen Blut.

58. Goodwin (Brit. med. Journ. 1864. u. Schmidt's Jahrb. B. 125. 1865.) Eine 39jähr. Frau erlitt einen Stoss in die Lendengegend, 3½ Monate vor ihrer Aufnahme in's Spital, bekam bald darauf lebhafte Schmerzen, Fieber, Delirien. Rasche Zunahme der Erscheinungen; bedeutende Schwellung der rechten Seite; Uebelkeit; nach heftigem Würgen erbrach sie eine halbe Pinte stinkenden Eiters, 3 Wochen hindurch; rechte Seite an Umfang abnehmend. Am 30. Juni 1863 in das Suffolk General Hospital aufgenommen. Grosse Erschöpfung und Abmagerung. Fieber. Beschleunigtes Athmen. Uebelkeit und Würgen. Klopfende Schmerzen, Gefühl von Schwere in der rechten Seite. Menstruation fehlte, Stuhl verstopft, Urin sparsam, ohne Eiweiss. Schlaf unterbrochen, profuse Schweisse. Kein Appetit. Die Untersuchung ergab die rechte Seite beträchtlich vorgewölbt, besonders das rechte hypoch. gespannt, undeutlich fluktuirend. Die Haut in einer Breite von 4″ und in einer Höhe von 3″ rothblau gefärbt und das Percutiren und Betasten sehr schmerzhaft. Der Leberrand liess sich nach unten bis zur reg. iliac. und nach vorne bis zum epigastr. und Nabel verfolgen; überall gedämpfte Percussion. Heftige Schmerzen, das Würgen, die Schwäche und der Husten waren die Hauptsymptome. Bittersalz. Aq. lauroc. mit Ammon. carb., Fomente von Mohnabkochung auf die Lebergegend. Nahrhafte Diät. Die Fluctuation wurde immer deutlicher und 14 Tage nach der Aufnahme in's Spital spontane Eröffnung des Abscesses, 2½″ oberhalb des Nabels, 1¾″ unter dem proc. ensif., 1″ nach rechts von der Mittellinie. Nach Entleerung von ½ Pinte gelblichen, übelriechenden Eiters erfolgte beträchtliche Erleichterung. In der folgenden Zeit dauerte der Eiterabfluss in geringer Menge fort; Schlaf und Appetit besserten sich, doch traten wiederholte Schüttelfröste mit Hitze und Schweiss ein und 5 Tage später öffnete sich gerade unter dem Rippenrande an der Aussenseite des Leibes eine zweite Eiteransammlung und 9 Tage später zwischen den beiden ersten ein dritter Abscess, jedesmal mit Entleerung von einer halben Pinte stinkenden Eiters. Nach 2 Monaten verschlossen sich die beiden zuletzt entstandenen Oeffnungen, während die erste noch immer absonderte. Die Secretion verschieden, sparsam, bräunliches serum ohne Gallereaction, bald dick,

purulent, unter vorausgehendem Frösteln, Fieber, Spannung und brennenden Schmerzen mit nachfolgender Erleichterung. Genesung langsam. Im Dezember konnte die Kranke im Zimmer herumgehen. Rückenschmerzen, stinkende Absonderung noch vorhanden. Leberdämpfung bis zum Nabel. Die Haut an verschiedenen Stellen mit den Rippen verwachsen.

59. Grateloup (Journal de Med. Ch. et Ph. 1784. Tom. 61. u. Richter's Biblioth. B. VIII. S. 212.) Fall vom Pferde. Tauber Schmerz in der Lebergegend. Erst nach ein paar Jahren schleichendes Fieber. Unterleib gespannt, aufgetrieben, im rechten hypoch. eine Geschwulst. Entleerung von 8 Pfd. Eiter. Tod. Leber mit allen nahe liegenden Theilen verwachsen, in derselben eine grosse Eiterhöhle, die mit einer in dem unteren Theile der rechten Lunge befindlichen communizirte. Die zwei untersten falschen Rippen cariös.

60. Günther und Weickert (v. Walther u. v. Ammon, Journ. der Chir. B. 37. 1847. S. 481. und Gurlt, Lehrbuch der Knochenbrüche, 2. Thl. 1. Lfg. S. 214. Fall 39.) Ein 39jähr. Mann überfahren. Fractur der rechten 4—7. Rippe. Subject. Symptome nicht bedeutend, nur Schmerz in der rechten Thoraxseite, nicht im Unterleibe; mässige Respirationsbeschwerden, wenig Husten; guter Schlaf, geringes Fieber, Puls 90; erst kurze Zeit vor dem Tode grosse Dyspnö; keine Schüttelfröste, kein icterus. Tod nach 17 Tagen. Section: Ein Rippenfragment so stark nach innen dislozirt, dass es durch das Zwerchfell hindurch in den rechten Leberlappen sich eingebohrt hatte; Ruptur des linken Leberlappens, der ganz mit braunem Eiter erfüllt war; eitriges Exsudat in der rechten Pleura- und in der Bauchhöhle in grosser Menge; die rechte Lunge comprimirt, die linke ödematös.

61. Guthrie (on wounds and injuries of the abdomen. London 1847.) Ein 13jähr. Junge erhielt 1803 einen heftigen Stoss von der Deichsel eines Wagens in die Lebergegend, der von den heftigsten Symptomen gefolgt war. Am 4. Tage war er ganz gelb, obwol die Hauptsymptome abgenommen hatten. 10 Tage darnach hatte die Anschwellung des abdomen zugenommen und war Fluctuation fühlbar. 21 Tage nach dem Unfall verfiel er sehr rasch, der Bauch wurde stark ausgedehnt. Punction. 13 Pint reiner Galle entleert; 12 Tage darnach 15 Pint mehr, worauf der Kranke sich besserte.

62. Hamilton (the Dublin guaterly Journal of medical Science.

Bd. 37. 1864. S. 170.) Der Körper eines Knaben zwischen zwei Waggons gequetscht. Tiefster Collaps. Todtenähnliche Blässe des Gesichts. Die Augenlider waren von einem schwarzen Ring umrandet und der Puls am Handgelenke konnte nicht gefühlt werden. Kein Erbrechen, keine Convulsionen. Tod 1 Stunde nach der Verletzung. Section: Unterleibshöhle voll Blut, zum Theil coagulirt. Die Quelle der Blutung war eine Ruptur der Leber; der Riss durchschnitt dieselbe ganz von dem dünnen zum dicken Rande.

63. Harlan (Americ. med. Rev. 1859 u. mediz. Neuigkeiten von Wintrich. B. 10. 1860.) Ein Mann, der zwischen Wägen gequetscht war, starb nach $1^1/_2$ Stunden. Fractur des Schädels und der 3 unteren wahren Rippen linkerseits; am Rande der Oberfläche des linken Leberlappens ein sternförmiger Riss von $^3/_4''$ Tiefe. Das Zwerchfell nicht zerrissen; äusserlich in der Lebergegend keine Verletzung.

64. Harlan (l. c.) 20jähr. Mann überfahren. Fractur des Oberarmes; heftige Schmerzen im Unterleibe; häufiges Erbrechen; Tod nach 12 Stunden. In der Bauchhöhle mehrere Unzen blutiges serum; im Becken ein Blutcoagulum; die Leber an ihrer unteren Fläche nahe der Gallenblase gequetscht und zerrissen.

65. Harlan (l. c.) Alter Mann, auf der Eisenbahn verunglückt. Grösste Erschöpfung, beinahe ohne Puls, volles Bewusstsein; Dyspnö und Schmerzen im Unterleibe. Tod nach 1 Stunde. Section: Bruch mehrerer Rippen, des Armes und Beines, Zerreissungen der rechten Lunge und der Leber; der letzteren an mehr als 20 Stellen. Die Risse waren 1—5'' lang und bis zu $^1/_4''$ tief, betrafen vorzüglich den rechten Lappen sowol die obere als untere Fläche. Keine äussere Verletzung des Bauches.

66. Harlan (l. c.) Ein Mann war 3 Stock hoch herabgefallen; Bewusstlosigkeit; Athem schwer, Puls frequent und voll, Pupille contrahirt, Bluterguss aus beiden Ohren. Tod nach $^1/_2$ Stunde. Section: Fractur der Schädelbasis; Zerreissung der oberen Fläche des rechten Leberlappens, ungefähr 4'' lang und $^1/_8''$ tief, von unregelmässigem, körnigen Aussehen. Blutextravasat in der Bauchhöhle. Aeussere Spuren am Bauche fehlen.

67. Hewey de Chégoin (Archives générales de medicine, B. 19. S. 619.) erzählt einen Fall von Rocques von Zerreissung der Leber, Milz, Lunge, des Schädeldaches, der Wirbelsäule, des

Beckens, der Rippen; Trennung der Schädelnähte und der Symphyse, bedeutenden Blutergüssen, entstanden durch einen Sturz mit augenblicklichem Tod.

68. Hilton (mediz. chir. Monatshefte von Friedrich, 1861. S. 431 u. med. Times and Gaz. 1861. S. 241.) Einem 24jähr. auffallend starken und fetten Manne fiel eine Bleiwalze auf die Brust. Gleich darauf spie er etwas Blut, athmete kurz und schwer. Er lag stets auf der linken Seite, die rechte Lunge athmete aber. Kein Rippenbruch. Puls äusserst schwach. Tod am 9. Tage. Section: Bluterguss in die Muskeln der Brust- und Bauchwand. Links alte Lungenadhärenzen, rechts ein frischer plastischer Erguss mit etwas Blut auf der pleura. Die 7., 8. u. 11. Rippe fracturirt. Das peritoneum enthielt nahe bei der Leber etwa 1 Pinte flüssiges Blut; keine peritonitischen Produkte ausser auf der Leber, die mit dem Zwerchfell innig verwachsen war. Ein langer vertikaler Riss ging durch den rechten Leberlappen quer hindurch. Der Riss war tiefer, wo das Zwerchfell die Leber bedeckt, etwa 1½''' tief. Unterhalb dieser Stelle, wo das Zwerchfell den Riss berührte, war er weniger tief und hier zugleich durch Blut und Lymphe geschlossen, in der That der Heilung entgegen gehend. An der unteren Leberfläche fand sich ein horizontaler Riss, wie wenn eine Schnitte des Organs mit dem Messer abgetragen worden wäre. Das Zwerchfell nicht zerrissen, an der Stelle der Leberruptur nur gequetscht und mit Ecchymosen und entzündlichem Exsudate getränkt.

69. Chirurg. Joh. Andreae a cruce, libri septem 1573. Cap. XXI. Citat von Hippocrates: Cuidam Astili, percusso jecore, statim color cadaverum se se sparsit, oculi introcesserunt, molestia, difficultas ferendi ac aestuatio consecuta est et eadem die vitam cum morte commutavit.

70. Hippocrates (l. c.) Puer a mulo in hepate percussus, quarta die mortuus est. Spiritum densum habebat, nec quicquam intelligebat, ac febre cruciabatur.

71. Johnson (Med. chir. Transact. Vol. 34. 1851. u. Schmidt's Jahrb. B. 75. S. 342. 1852.) Ein 32jähr. Mann stürzt 30' herab und fällt mit der linken Seite auf einen Pfahl. Collaps. Schmerzen im Unterleib. Blutleere. Tod nach ½ Stunde. Section: Leberzerreissung an der hinteren Seite des linken Lappens; Milz in der Mitte getrennt. Die 10. linke Rippe zweimal gebrochen.

72. Johnson (l. c.) Ein 25jähr. Mann stürzt 30′ hoch von einem Gerüste; völlig bei Besinnung; grosse Erschöpfung, Angst, blutleeres Gefühl. Unterleib aufgetrieben, schmerzhaft, Athem kurz und schnell; die rechte Thoraxseite hebt sich nicht. Tod in einer Stunde. Section: Grosse Quantität flüssigen Blutes im abdomen; rechter Leberlappen tief zerrissen. Rechte pleura voll Blut, Lunge zerrissen. Costalknorpel von der 4. Rippe nach abwärts von der Verbindung mit dem Brustbein gelöst und Parietalpleura dadurch verletzt. Linker Arm und linker Unterschenkel gebrochen.

73. Johnson (Archives général. de med. IV. Ser. 43. S. 222. 1852 u. med. chir. Transact. Vol. 34. 1851. u. Schmidt's Jahrb. B. 75. 1852. S. 342.) Ein 40jähr. Mann wurde von einem Wagen überfahren. Collapsus. Heftiger Schmerz im abdomen; Tod am 3. Tage. Section: Viel Blut in der Peritonealhöhle, Adhärenzen zwischen den Gedärmen. Grosse Zerreissung der Leber durch die ganze Dicke des rechten Lappens und des lob. Spigel. Die zerrissenen Partien waren durch das Fibrin des ergossenen Blutes verklebt. Alles in der Peritonealhöhle befindliche Blut mit Galle gefärbt.

74. Johnson (l. c.) Ein 30jähr. Dienstknecht fällt 35′ vom Heuboden und hatte beim Fall mit dem Hintern zuerst am Boden liegende Holzklötze getroffen. Die unteren Extrem. und der linke Arm gelähmt, der rechte Arm nur theilweise. Heftige Schmerzen in den gelähmten Gliedern. Unterleib geschwollen, ohne Empfindung. Collaps mehrere Stunden. Urin mit Catheter entleert, Darm durch Klystiere. In der Gegend des 7. Halswirbels eine Geschwulst, Crepitation. Athemholen schwer. Tod 3 Wochen nach der Verletzung. Section: Körper des 7. Halsw. in mehrere Stücke zerbrochen, Rückenmark in der Ausdehnung von $1/2''$ breiig erweicht. Etwas blutiges serum im abdomen. 5″ lange Ruptur des rechten Lappens der Leber, $1/2''$ tief, schon geheilt. Ebenso eine Ruptur der rechten Niere.

75. Johnson (l. c.) Ueber ein 6jähr. Mädchen war das Rad eines Karren gegangen. Grosser Collaps. Blutleere. Völliges Bewusstsein. Heftiger Schmerz im Leibe; derselbe gespannt und namentlich rechts bei Berührung sehr schmerzhaft. (Perihepatitis?) Dauer der Symptome 10 Tage. Bleiches Aussehen noch einige Wochen; nach 9 Wochen volle Genesung.

76. Keig (Hygiea. B. 20. u. Schmidt's Jahrb. B. 10. 7. 1860. S. 69.) Ein 22jähr. Matrose fiel mit der Vorderseite des Leibes auf einen Floss und auf seinen Rücken ein eiserner schwerer Cylinder. Collaps. Frostgefühl. Druck und Angst in der Magengrube, heftige Schmerzen im Unterleib und Rücken. Erstickungsgefühl und unersättlicher Durst. Paralyse der sphincteren. Puls klein und schwach, 70; Leib aufgetrieben, bei tieferem Drucke schmerzhaft, besonders in der Magengrube. Tod nach 8 Stunden. Section: Im abdomen eine Kanne voll Blut. Auf dem hinteren Theile des rechten Leberlappens 3 parallel von hinten nach vorne laufende Rupturen, die mittlere und grösste 3″ lang, 1″ tief; die Leber anaemisch. Milzrupturen. Luxation der Lendenwirbel.

77. Kilgour (Beiträge zur Pathologie in Schmidt's Jahrb. B. 23. S. 45. 1842. u. the Edinburgh medical and surgical Journal u. mediz. Zeitg. fortg. von Ehrhart. 1841. 4. S. 105.) Ein 36jähr. betrunkener Schuster wird von einem Nachtwächter geschlagen, der sich auf ihn kniet. Tags darauf heftige Schmerzen in den Eingeweiden, Leib tympanitisch, sehr schmerzhaft, Puls fadenförmig, 108; Hautwärme normal. Aderlass. Tod den 2. Tag bei vollem Bewusstsein. Section: Aeussere Verletzung fehlt; im Unterleib dunkle blutige Flüssigkeit von 12 Pfd. Gallenblase von der Leber abgerissen; Leber mit Blut bis zu einer Tiefe von 2″ tief infiltrirt und eine Spalte von 1″ Länge erstreckte sich einwärts von der foss. ves. fell. und war $1/2$″ tief. Die Eingeweide stark entzündet.

78. Kingdom (London medic. Gazette B. XXXV. 1845. S. 879 u. Lancet. March. 22.) Ein Knabe fiel von einem Kohlenwagen und die Räder gingen über seinen Körper. Er war gefühllos und die unteren Extremitäten paralysirt in Folge einer Fraktur der Wirbelsäule. Urin und faeces gingen unwillkürlich ab. Tod in 5 Stunden. Jede äussere Verletzung fehlte. Abdomen aufgetrieben, enthält viel Blut. Die Leber in der ganzen Ausdehnung quer durchrissen, in 2 Theile getheilt wie mit einem Messer.

79. Kreuser (Mittheil. aus dem Katharinen-Spital in Stuttgart im Würtemb. mediz. Correspondenzb. Nr. 33—37. 1867. u. Jahresb. von Virchow u. Hirsch. B. II. S. 5. 1867.) Ein 28jähr. dem Trunke ergebenes Individuum kam moribund in's Spital. Section: Blutig seröser Erguss in das linke cav. pleur.; Lungenödem; ruptur. hepat.; die Leber von anscheinend normalem Bau;

etwas gelblich gefärbt auf der hinteren Fläche; etwas über dem unteren Rande des rechten Lappens, eine etwa thalergrosse Ablösung des Peritonealüberzuges mit dünnflüssigem Blutextravasate darunter und ein mit dem Rande parallel laufender 14 Mm. langer und $2^1/_2$ Mm. tiefer, an der Oberfläche linienweit klaffender Riss des Parenchyms mit sehr unregelmässigen Rändern und lebhaft geröthetem, von frischem Exsudate infiltrirten mürben Gewebe des umgebenden Parenchyms; am hinteren Rande des linken Lappens eine ähnliche, etwas groschengrosse Ablösung des serösen Ueberzugs ohne Ruptur. Die übrigen Eingeweide normal.

80. Lancashire (the medical times, B. 32. 1855. S. 426) wurde den 9. Oktober 1855 zur Section eines 3 jähr. Mädchens gerufen, welche den vorhergehenden Nachmittag getödtet war. Das Aussehen des Körpers bleich; die Pupillen dilatirt, blutig gefärbten Schleim an Nase und Lippen. Kein Zeichen einer äusseren Verletzung, nur einige leichte Anschwellungen am rechten Vorderarm waren sichtbar. Gehirn blutreich; Lunge gesund, die rechte Pleurahöhle enthielt 5 Unzen Blut; die ven. cav. infer. gerade am Eintritte in das rechte Herzohr von vorne und seitlich federkieldick zerrissen, die Ränder ganz glatt. Die Ventrikel contrahirt, ohne Blut. Bei Eröffnung der Bauchhöhle lag zwischen den Falten der dünnen Gedärme ein haselnussgrosses Stück der Leber; 1 Unze Blut in der Höhle und die Leber in der schrecklichsten Weise zerrissen. Der hintere Rand des rechten Lappens war zermalmt, nur ein birngrosses Stück war noch durch eine fadenförmige Lücke mit dem Reste der Leber zusammenhängend. Durch das centrum des rechten Lappens von hinten nach vorne war eine Ruptur, die denselben in zwei Lappen theilte und die sich bis zur concaven Fläche der Leber erstreckte bis in die fossa transvers. und an die vordere Oberfläche bis $1^1/_2''$ an den freien Rand. Einige schmale Stücke waren von der Leber entfernt, wie wenn sie abgerissen wären. Die Gallenblase leer und unverletzt.

81. Larrey (mémoires de chirurg. milit. 1812. tom. IV. S. 215.) Den 13. Febr. 1817 wurde ein Reiter in einen Graben geworfen auf das rechte hypochondrium. Tod nach einigen Stunden. Section: Aeussere Verletzungen fehlen, der Unterleib aufgetrieben, das rechte hypochondrium viel erhabener als das linke. 2 Pfd. schwarzgrüner

Galle im Unterleib; die Eingeweide entzündet; 2 Risse an der concaven Leberseite.

82. Lidell (the americ. Journal of the medical sciences. New Series LIII. 1867. S. 340.) Ein grosser muskulöser Mann von einem Wagen überfahren. Tod nach 36 Stunden. Section nach 8 Stunden: Der Leichnam fett; Gesicht, Lippen, Zunge und Hautdecken bleich; die rechte Seite ecchymosirt. Nach Eröffnung der Bauchhöhle bemerkte man an der Convexität der Leber, dass der Peritonealüberzug abgetrennt war und dazwischen Blut lag wie ein blaufärbiger Kuchen, der auf der Convexität des rechten Leberlappens lag. Das die Leber überziehende peritoneum war nicht zerrissen und bot keine Zeichen eines entzündlichen Zustandes. Beim Durchschneiden dieser grossen, flachen, kuchenähnlichen Masse wurde eine Menge von flüssigem und coagulirtem Blut gefunden, ungefähr 40 Unzen, welche zwischen dem peritoneum ausgegossen war und dasselbe von der Leber abgerissen hatte. Bei Entfernung des coagulum fand sich eine ausgedehnte Zerreissung des convexen Theiles des rechten Leberlappens. Die Länge der Ruptur war ungefähr 6″ und die Tiefe 3″. Der Verlauf war längs der Leberachse d. h. perpendiculär zur Mitte des Rumpfes; die Ränder waren von einander getrennt durch eine ansehnliche Quantität coagulirten Blutes. Die Leber selbst vergrössert und fettig degenerirt. Die Consistenz war weicher oder weniger derb als normal. Das Herz gross, die inneren Organe blutleer. Spuren von einer alten oder neuen peritonitis oder pleuritis fehlten.

83. Livezeyd (the americ. Journal, Vol. XLIII. 1862. S. 412.) Ein 30jähr. Deutscher wurde von einem Wagen herabgeworfen und überfahren. Die Räder gingen über seinen Unterleib. $2^1/_2$ Stunden darnach war der Puls äusserst klein, schwach und schnell, die Haut kalt und klebrig, das Bewusstsein vorhanden; die Pupillen etwas contrahirt. Im rechten hypochondr. waren die meisten Schmerzen. Der Unterleib gross, keine tympanitis. Er beklagte sich über grosses Unbehagen, aber es schien nicht so heftig, wenn er auf dem Rücken oder der linken Seite lag. Gegen Abend legte er sich auf die rechte Seite und sprach sich aus, dass er in keiner anderen bleiben könne. In der That war der blosse Versuch, seine Stellung zu ändern, von den heftigsten Schmerzen bekleidet. Wiskey und Laudanum; hierauf geringes Erbrechen. Den nächsten Tag war er

viel schwächer; die Pupillen noch mehr contrahirt, die Klebrigkeit der Haut hatte zugenommen, ebenso die Schmerzen im abdomen. Die Nacht über delirirte er, bei Tag war er bei Bewusstsein. Er war zusehends verfallen durch eine innere Blutung. Urin konnte entleert werden und war normal. Tod den nächsten Morgen. Section nach 10 Stunden: Nicht viel Todtenstarre. Abdomen gross; bei der Punction 3 Quart Blut entleert. Das peritoneum roth und rauh durch Exsudation. Bedeutende Ausdehnung der Gedärme durch Gas. Die Leber gross; nahe dem lig. susp., auf der rechten Seite, wurde eine bedeutende Zerreissung gefunden, die sich von der Oberfläche des Ligaments an bis nach rückwärts und über die linke Seite unter dem Ligament bis zur hinteren Fläche erstreckte; der Riss war zickzack geformt, ungefähr 3'' lang und drang tief in die Substanz der Leber ein. Beide Nieren vergrössert, fettig degenerirt; die übrigen Eingeweide des Unterleibes und Thorax gesund.

84. Lohmeier (Bluff, Leistungen der Medizin, B. 4. S. 190. u. Zeitschr. v. Ver. f. Heilk. in Preussen Nr. 2.) erzählt einen Fall von tödtlicher Verletzung durch den Schuss einer blind geladenen Pistole. Magen, Leber und Milz waren zerrissen und Blutextravasat mit Mageninhalt im Unterleib.

85. Löwer (Berlin. klin. Wochenschr. 1864. Nr. 48. u. Centralbl. für die med. Wissenschaft von Hermann 1865. 3. Jahrg. S. 27. u. Canst. Jahresb. S. 323. III. 1865.) Ein Arbeiter fiel von einem Baugerüste auf einen Balken; gleich nachher heftige Schmerzen in der rechten Schultergegend und rechts den Rücken herunter; nach 16 Tagen heftige Schmerzen in der rechten Schulter, nachdem sie eine Zeitlang sistirt hatten. Die Berührung der ganzen rechten Schultergegend äusserst empfindlich. Am 15. Tage Schüttelfrost, der sich Tags darauf wiederholte und von da wurde ein stark remittirender Fiebertypus (Morg. 38°, Abds. 40°) beobachtet. Rechts konnte der Kranke wegen heftiger stechender Schmerzen in der Schulter und unter der Brustwarze nicht liegen. Auf Druck starke Empfindlichkeit zwischen dem 4. und 6. Intercostalraum. In der 4. Woche starker Schüttelfrost mit Hitze und Schweiss und täglicher Wiederholung; intermittirendes Fieber mit abendlicher Exacerbation bis zu 40° und Morgenremission bis zu 36,8°. Sieben Wochen später wurde die Leberdämpfung den Rippenrand in der linea parasternalis nur mehr 2½'' überragend gefunden; nach oben reichte die

Leber bis zur 4. Rippe, dabei Verstreichung der Intercostalräume und der Inframammalgrube rechterseits; Hyperalgesie der Haut an der ganzen rechten Seite des thorax. Eine Woche später stechende Schmerzen in der rechten Thoraxwand, enormes Angstgefühl, Orthopnö; in der Lunge Rasselgeräusche. 2 Tage nachher pleuritischer Erguss, der bald die ganze Thoraxhälfte einnahm. Wenige Wochen später nahm die Expectoration auffallend zu und bald nachher fand man in den riechenden sputis kleine weisse Pfröpfe, die microsc. detritus mit vielen stark glänzenden Fetttröpfchen zeigten. Pericarditis. Tod $3^1/_2$ Monat nach der Aufnahme. Section: Im rechten Pleurasak $^3/_4$ Quart eitriger Flüssigkeit mit grossen Fetzen schwärzlichen Lungengewebes. Die Basis der rechten Lunge ist mit dem Zwerchfell und dieses mit der Leber verwachsen; zwischen den Adhaesionen blieben grössere Räume; durch einen derselben gelangt man in die Oeffnung des Zwerchfells. Die Oberfläche der Lunge, so weit sie von Eiter umspült ist, ulcerirt. Am stumpfen Leberrande kommt nach dem Abtrennen der Verwachsungen ein faustgrosser Sack zum Vorschein, der stark prominirt und dicken Eiter enthält. Die Lebersubstanz selbst ist von normalem Ansehen.

86. Mason (the Boston medical Journal, S. 456. 1867. u. Jahresb. der ges. Mediz. von Virchow u. Hirsch. II. 1867. S. 157.) T. A., 66 Jahre alt, fiel am Montag den 4. Februar auf dem Eis auf die rechte Seite; er klagte Nichts, ausgenommen einen kleinen Schmerz in der rechten Schulter und Hüfte. Montag Nachts wurde er von heftigen Schmerzen im abdomen befallen, zwischen Nabel und epigastrium, welche sich Dienstag Morgens besserten, so dass Patient nur sehr empfindlich war, aber so gut als gewöhnlich aussah. Puls normal, etwas schwach. Morphiuminject. $^1/_4$ gr., gegen die einige Tage dauernde Obstipation pulv. hydrarg. chlor. nitr. u. bicarb. sod., welcher Ordination um Mittag eine Rochelle powder folgte. Dienstag Vormittags war der Kranke sehr gut, stand auf und vollbrachte Tag und Nacht gut. Mittwoch Morgens repetirte er das Rochelle Pulver. Den ganzen Tag über befand er sich wohl und ging die Stiege hinab zu seiner Mahlzeit. Ungefähr um 8 Uhr Abends fühlte er eine kleine Ohnmacht und dachte sich dieses als Wirkung der Medizin. Er ging auf den Abort, hatte guten Stuhl. Er bekam Uebelkeit und Erbrechen einer saueren Flüssigkeit, unmittelbar darnach fiel er in Ohnmacht. Er war sehr sensibel, ant-

wortete auf Fragen schwierig und mit leiser Stimme. Gesicht blass, Hände und Kopf kalt; Puls kaum fühlbar; Respiration kurz, beschleunigt und etwas keuchend. Atheromatöse Ablagerungen konnten an der Radialarterie gefühlt werden. Er sagte, er habe keine Schmerzen, fiel aber in Ohnmacht. Brandy, Ammoniak und Aether. Er beklagte sich nun über starke Schmerzen im Rücken, welche ihn hin und her warfen. Senfteig und warme Umschläge an die Extremit. Er klagte darnach über dieselben Schmerzen und befand sich in derselben Lage wie Montag Nachts. Die meiste Zeit lag er ruhig, aber wenn er aufgehoben wurde, was er oft verlangte, beklagte er sich über Schmerzen in seinem Magen. Er lag gerne auf der rechten Seite, aber drehte sich fortwährend von einer auf die andere. Freitag Morgens 3 Uhr hatte er einen Anfall von wüthenden Schmerzen, wurde plötzlich bewusstlos und starb um 3¼ Uhr Morgens, den 7., fast 2½ Tage nach der Verletzung und 8 Stunden nach der Ohnmacht. Section: Ueber den Körper zahlreiche Flecken zerstreut, 2—3‴ im Durchmesser, ähnlich denen bei purpura. Geringe Tuberkelknoten in beiden Lungen. Feste Adhaesionen an der rechten Lungenspitze. Herzmuskel schlaff; Muskelsubstanz sehr blass und brüchig; Wände dünn; flüssiges Blut. Keine Neigung zur Coagulation. Ungefähr 2 Quart Blut in der Abdominalhöhle, dünn und wässerig. Leber blass und sehr brüchig, über den hinteren Theil des rechten Lappens ausgedehnt längs der ven. cava zum Zwerchfell ecchymosirte Flecken. In dem hinteren Theile des rechten Lappens und in dem rechten von der ven. cav. gelegenen Theile war eine Ruptur ungefähr 3″ nach hinten ausgedehnt und in die Substanz der Leber hinein 3″. Die Ruptur bildete eine Tasche in der Leber, die untere Wand derselben war ungefähr ½″ dick. In dieser Tasche lagen zahlreiche schwarze Blutcoagula. Die Nieren waren fettig. Das Herz, die Leber und die Nieren enthielten viel fettig degenerirte Zellen.

87. Menière (Archives générales de medic. B. 19. S. 341.) Ein 56jähr. geisteskranker Mann klettert auf das Fenster und fällt herab auf den Bettrand. Aeusserste Athemnoth. Kleiner Puls. Rückenaufschärfungen. Schmerz an der linken Brustseite. Rippenbrüche. Emphysem. 13 Stunden nachher todt. Section: Lungenzerreissung, kein Bluterguss. Nieren zerrissen. ½″ lange Wunde an der vorderen und hinteren Fläche des grossen Leberlappens, die

genau in Verbindung steht mit den Fragmenten der 9. und 10. Rippe. Periton. voll von coagulirtem Blut.

88. Millan (the Lancet. Nov. 3. 1860. S. 431.) B., 20 Jahre alt, wurde am 20. April von einem Pferde auf die Lebergegend geschlagen, wodurch eine beträchtliche Entzündung entstand, verbunden mit Fieber und Gelbsucht. Das Fieber und die Gelbsucht hörten ungefähr am 17. Tage auf. Als Folge davon trat ascites auf und er war beunruhigend krank bis zum 3. Mai als er den Platz verliess, um nach Schottland zu gehen. Die Behandlung während des Entzündungsstadiums bestand in Antimonialien, Abführmitteln mit mercur, lokalen Blutentziehungen, Kräuterumschlägen und Fomenten. Calomel und Opium wurden verordnet, um den Appetit zu reizen. Während der Dauer der Wassersucht wurden Einreibungen mit Mercurialsalbe in der Lebergegend gemacht und Diuretica (digital. magnes. sulf. blue pill) gereicht. Nun (31. Mai) nimmt er juniperus mit digitalis und 2 mal im Tage Einreibungen einer Jod-Mercursalbe. Es ist ihm angerathen worden, eine Luftveränderung in seine Heimat zu machen. Am 2. Juni war das abdomen stark aufgetrieben, wie bei einer schwangeren Frau in den letzten Wochen. Der Leib fühlte sich hart an, aber unähnlich einem ascites. Heisse Fomente zur Beseitigung der Schmerzhaftigkeit, welche die Ausdehnung des Leibes verursacht. Anodyna zur Erleichterung der nervösen Aufregung. 3. Juni: Wenig geschlafen, fortwährendes Aufschreien: „o, mein Bauch!“ Viele Schmerzen beim Drucke. Die Eingeweide in die linke reg. iliaca verdrängt. Die ganze Abdominalhöhle angefüllt mit Flüssigkeit, bedingt durch einen Erguss in Folge einer ausgedehnten Leberruptur. Den 4.: Punction des abdomen; 324 Unzen einer mit Blut und Galle gemischten, übelriechenden Flüssigkeit entleert. Gegen Abend schlief Patient ein wenig; als er erwachte nahm er etwas Nahrung zu sich. Den 5. fühlte er sich am Morgen besser, nahm etwas Frühstück. Er beklagte sich über kneipende Schmerzen im abdomen, für welche er eine schmerzlindernde Medizin erhielt. Der Kranke nahm täglich zu und wurde kräftiger. Am 17. Juni machte er einen Spaziergang von ¼ Meile; nach 1 Woche machte er einen kurzen Ritt; am 4. Sept. ist er gänzlich hergestellt und arbeitet auf dem Felde.

89. Morgagni erzählt einen von Lanzoni entlehnten Fall,

wo Jemand einen Faustschlag auf die Leber erhielt, alsbald unter den heftigsten Schmerzen starb. Ruptur der Leber und Extravasat.

90. Morgagni citirt aus dem Commerc. litter. den Fall eines Mannes, welcher in der Lebergegend einen so heftigen Stoss von einem Pferde erhalten hatte, dass die unteren Rippen gebrochen waren und die convexe Oberfläche der Leber eine grosse Anzahl von Fissuren zeigte, die indess nicht tief waren, daher im Leib nur blutige Lymphe, kein Blut sich fand. Patient starb am 14. Tage.

91. Morgagni (Epist. 54. Art. XV. cit. von Baumer med. for. 1778. S. 275 u. Braun, rhein. Monatsschrift. 1851.) Puer, pugno ad jecur violenter percussus, extravasationem sanguinis in ventre habuit et rupturam vasorum in hepate, ab ictu in terram prolapsus misere expiravit.

92. Murchison (the medic. times B. II. S. 514.) Ein 8 jähr. Knabe erlitt eine Ruptur der Leber am oberen und hinteren Theil des rechten Lappens. Bluterguss in die Bauchhöhle, Bluterguss in die pleura ohne Verletzung der Rippen.

93. Murchison (the Lancet. Pathological society of London. Nov. 16. 1861. S. 475) zeigte einen Fall von bedeutender tödtlicher Zerreissung der Leber einer Person durch einen Eisenbahnunfall.

94. Niemann (Henke's Zeitschr. für die Staatsarzneikunde, B. 72. 1856. S. 336.) Eine Bauernmagd überfahren. Sie konnte noch nach ihrer Wohnung gehen. Tod in 2 Stunden. Aeussere Spuren einer Verletzung fehlen. 4.—10. Rippe links gebrochen. In der linken pleura 2 Unzen Blut. In der Bauchhöhle $^1/_4$ Pfd. halb flüssiges, halb coagulirtes Blut. An der Leber 8 Risse, 3 an dem oberen stumpfen Rande, 5 auf der oberen convexen Fläche. Sie verliefen quer. Die Länge betrug 2—3″. Sie erstreckten sich $^1/_4$″ in die Substanz der Leber. Im Mittelpunkte der Leber gleichfalls eine Berstung, die eine Höhle von der Grösse eines Taubeneies gebildet hatte und mit Blut gefüllt war. Auch in der Beckenhöhle 12 Unzen Blut.

95. Niemann (l. c. B. 81). Ein Knecht stürzte vom Wagen und wurde überfahren. Am Unterleib verlief ein blau gefärbter $^1/_2$″ langer Streifen in der Haut. 2 Pfd. Blut in der Bauchhöhle. Zwischen der leeren Gallenblase und der foss. pro ven. cav. fand sich ein $2^1/_2$″ breiter Riss in der Substanz der Leber. Die Hohlvene zerrissen. Bauchfell und Gedärme gelb gefärbt. Riss $^3/_4$″ tief. Ein

zweiter Riss von $1\frac{1}{2}''$ Länge, $\frac{1}{2}''$ Tiefe auf der rechten gewölbten Seite der Leber, 2'' vom stumpfen Rande in schiefer Richtung verlaufend.

96. Niemann (l. c.) $1\frac{1}{2}$jähr. Mädchen überfahren. Fissur an der Basis cranii. Bluterguss in den Wirbelkanal. In der Bauchhöhle 4 Unzen Blut. Die Leber vom lig. susp. $1\frac{1}{2}''$ nach oben durchrissen. Mehrere grössere Blutgefässöffnungen zeigten sich in ungleich gerissenen Flächen. Von diesen Einrissen war nach rechts die Leber förmlich zermalmt, so dass ein abgerissener Theil in 3 Lappen zerfiel, wovon der untere nur noch mit einer ganz schmalen Brücke mit der übrigen Lebersubstanz zusammenhing, sowie mit dem Ausführungsgange der Gallenblase und einigen grösseren Gefässsträngen. Die Länge dieser Lappen betrug 4'', ihre Höhe $2\frac{1}{2}''$, die innere Gränze war der Rand der Gallenblase. An seiner vielfach zerrissenen Gränzfläche war nach vorne ein festes, schwarzes Blutextravasat gelagert. Die Gesammtfläche des Leberrisses betrug 5'' und war die Leber in ihrer ganzen Substanz von vorne nach hinten durchrissen; die Verästlungen der Pfortader lagen in der Länge von $1\frac{1}{2}''$ frei. Der lob. Spigel. war an seiner hinteren Fläche durch einen 1'' langen Riss in zwei Theile getheilt; die Milz zerrissen.

97. Niemann (l. c. B. 77. S. 171.) 20jähr. Mensch durch einen Frachtwagen überfahren. Sugillationen am Brustkorb. Zerreissung des Zwerchfells mit Ruptur der linken Lunge. Bauchfell und Eingeweide mit Blut überzogen. $1\frac{1}{2}$ berliner Mass Blut in der Bauchhöhle. An der hinteren Fläche des vorderen Lappens in der Leber ein quer verlaufender Riss mit zackigen Rändern in der Länge von $\frac{1}{2}''$ und in der Tiefe von 1—3'''. Milz rupturirt; beide Nieren zerrissen.

98. Niemann (Blätter für gerichtl. Anthrop. B. 10. S. 65.) Ein Ueberfahrener starb nach 14 Tagen. Bruch der 6. u. 7. Rippe. Erguss von 1 Pfd. Blut in die Brusthöhle. Der lob. Spigel. von oben nach unten zerrissen und eine Ruptur auf dem linken Lappen der Leber, von oben nach unten verlaufend, am unteren Rande 1'' lang, 1''' tief. Der rechte concave Lappen der Leber mit Exsudat überzogen. Ueber die untere Fläche der Leber im Umfange einer halben Hand Blut ausgetreten.

99. Niemann (l. c.) Tödtung von einem 20jähr. Menschen

durch Ueberfahren mit einem schweren Wagen. 6., 7., 8. Rippe frakturirt. Blut und Luft im subcutanen Zellgewebe an dieser Stelle. Zwerchfell links von den Rippen abgerissen; Magen, col. transvers. und linker Leberlappen durch diesen Riss zum Theil in den linken Brustfellsack hineingedrängt. In demselben 4 Loth bräunliches Blut. Vom unteren Lappen der linken Lunge ein Theil wie zermalmt. Die 8 untersten Rippen links quer durchbrochen. In der Bauchhöhle $1^1/_2$ Mass Blut; Netz vom querlaufenden Theile des Dickdarmes 4″ abgerissen. An der hinteren Fläche des vorderen Lappens der Leber ein quer laufender Riss in der Länge von $1^1/_2$″ und in der Tiefe von 1—3‴, auch das Netz zerrissen, ebenso die linke Niere.

100. Niemann (Henke's Zeitschrift für die Staatsarzneikunde. B. 74. 1857.) Ein 4jähr. Knabe überfahren. In der Bauchhöhle $4^1/_2$ Unzen Blut, die ganze untere Hälfte des rechten Leberlappens zermalmt, einzelne Stücke der Leber lagen in der Bauchhöhle. Milz zu Brei zerquetscht. Rechte Niere zerrissen, zweiter Lendenwirbel vom dritten getrennt. Rechte Lunge gequetscht. In der pleura $2^1/_2$ Unzen Blut. Zwerchfell zerrissen. 9. Rückenwirbel vom 10. getrennt.

101. Niemann (l. c. B. 72.) $1^1/_2$jähr. Kind überfahren; Tod in 24 Stunden. Keine äussere Verletzung. Ruptur des rechten oberen Lungenlappens. Adhärenzen zwischen Netz und Bauchfell. 2 Unzen Blut in der Bauchhöhle. $^5/_4$″ vom äusseren Rande des rechten Leberlappens ist dieser mit dem Netz verwachsen. Die Verwachsungen erstreckten sich 3″ vom oberen Rande der Leber gerade nach unten hin und $^3/_4$″ breit über die Oberfläche der Leber weg. Unter dieser verwachsenen Stelle war ein ungefähr 2‴ grosser Riss in der Substanz der Leber. Nach Trennung der Verwachsungen zeigten sich unter denselben bis nach der unteren Fläche der Leber hin Zerreissungen der Lebersubstanz; es liessen sich eine Menge einzelner kleiner Höhlen wahrnehmen, in welche sich überall schwarzes Blut ergossen hatte, so dass die Leber wie marmorirt aussah. An dem rechten Rand der Leber war unter dem Peritoneal-Ueberzug ein geringer Blutaustritt vorhanden.

102. Niemann (l. c.) 3jähr. Knabe überfahren; keine äussere Verletzung. Mittlerer Lungenlappen rechts zerrissen. 3 Loth flüssiges Blut in der Pleurahöhle. An der inciss. vesic., dem inneren

Rande der Gallenblase folgend, fand sich ein Einriss in der Leber, welcher sich vom scharfen Rande dieses Organes in senkrechter Richtung 2'' weit in die Substanz hinein erstreckte. Wundränder uneben, zackig; zwischen den beiden Flächen dieser Ruptur fand man einen Theil des Netzes nicht blos eingeschoben, sondern bereits locker verwachsen. Zur rechten Seite von diesem Risse in gleicher Richtung mit demselben und auch in gleicher Länge lief ein zweiter oberflächlicher Riss, welcher nur den Bauchfellüberzug der convexen Fläche der Leber und etwa 1''' ihrer Substanz getrennt hatte. Die etwa $^{3}/_{4}$'' breite Substanz der Leber sah dunkelblau aus, mürbe; innerhalb derselben bis zur Tiefe von $^{1}/_{2}$'' war flüssiges Blut ausgetreten. Eine dritte jedoch nur oberflächliche Ruptur wurde an der unteren concaven Fläche der Leber angetroffen. Dieselbe erstreckte sich bogenförmig und gegen 3'' Zoll lang von der inciss. pro ven. umbil. nach dem linken Leberlappen hinüber; auch hier waren die Wundränder ungleich. Das Zellgewebe, welches die Pfortader umgibt, mit Blut infiltrirt. In der Bauchhöhle $5^{1}/_{2}$ Lth. flüssiges Blut.

103. Niemann (l. c. B. 74.) 3jähr. Knabe. Ruptur der Leber und Lunge durch Ueberfahren. An der convexen Fläche des rechten Lappens der Leber, etwas nach hinten ein halbmondförmiger, über 3'' langer und in der Mitte über 1'' tiefer Einriss; die Ränder uneben, zackig, mit Blut unterlaufen, theilweise zermalmt.

104. Owen (London med. Gazette. Vol. II. 1848. S. 1048.) J. T., 22 Jahre alt, kam am 23. Aug. 9 Uhr p. M. im Zustande des grössten Collaps zur Behandlung. Er wurde aus dem Wagen geworfen, scheint aufgestanden und einige Ellen gegangen zu sein, um an einen Platz sich zu setzen. Gefragt, ob er verletzt sei, antwortete er, dass er fürchte sehr stark innerlich verletzt zu sein. Er zitterte an den Gliedern, war kalt und blass, mit einem kleinen Puls und beklagte sich über Schmerzen im Magen. Rückenlage. Ammoniak mit einiger Erleichterung. Kurze Zeit darauf wurde er in einem Wagen 2 Meilen nach Hause gefahren. Als ihn O. nach 2 Stunden des Unfalls sah, lag er auf dem Bette mit bleichem Antlitz, Gesichtszüge verzerrt, die Augen eingesunken mit dunkeln Rändern umgeben; der ganze Körper kalt und mit klebrigem Schweiss bedeckt; die Pupillen leicht contrahirt, reagiren bei Licht. Der Puls konnte nicht gefühlt werden; Herzschok schwer hörbar. Er war empfindlich, antwortete auf Fragen und zeigte den Sitz seiner

Schmerzen. Respiration kurz und beschleunigt. Unruhe. Keine Wunde am Körper. Branntwein mit Wasser und Aether in Intervallen. Sinapism. auf die Herzgegend. Heisse Umschläge über den Leib und heisse Flaschen an die Füsse. Nach Anwendung dieser Mittel innerhalb 4—5 Stunden konnte der Puls der radialis gefühlt werden, ebenso die Herzaction und Wärme des Körpers stellte sich ein. Die Stimulantien wiederholt. Linsenmehlcatapl. auf den Unterleib. 24. Aug. a. M. Die Circulation freier, obwol noch eine Kälte im Gesichte vorhanden. Viel Klagen über Schmerz in der Schulterhöhe; keine Verletzung an dieser Stelle, die Bewegungen des Armes ganz frei, Empfindlichkeit bei Druck fehlend. Klagen über Schmerzen in der Lebergegend, im abdomen und der rechten reg. lumbalis, welche sich bis zum Rücken und zur Brust erstrecken. Das Athmen ist noch kurz und beschleunigt und vermehrt die Schmerzen auf der Seite. Er kann nur auf der linken Seite liegen und es ist ihm nicht möglich wegen Zunahme der Schmerzen sich herumzudrehen; besonders heftig ist der Schulterschmerz. Puls klein, regelmässig, 120; liess 4 Unzen durch blutiges Sediment getrübten Urin. 9. a. M. Die Reaction zugenommen, sonst stat. id. Die Schmerzen im abdomen, besonders in der Lebergegend gesteigert, gegen die Schulter ausstrahlend. Das sehr kurze Athmen vermehrt den Schmerz in Folge eines leichten Druckes auf die Theile. Stuhl angehalten, kein Durst. Der Schmerz hindert jede Lageveränderung. Puls 120. Zunge trocken. Abnahme der Ausdehnung des Unterleibes. 1 Dutzend Egel auf die schmerzhafte Seite. Fomente mit hydr. chl. gr. 11 u. p. opii gr. $^1/_2$ alle 3—4 Stunden mit geringer Linderung. Aussehen noch blass. Körper kalt. — 25. Ziemlich gute Nacht, theilweise durch Schmerzen gestört; seit gestern Abend etwas Besserung; kein Schluchzer; Durst; Zunge weiss, in der Mitte braun ; Respiration freier, noch schmerzhaft im abdomen; bei Druck Schmerz links vom Nabel. Ausdehnung und Resonanz des abdomen besteht noch. Urin klar, normal, ohne Coagulation beim Kochen. Puls 108, kräftiger. Blutegel. Fomente über das abdomen. Calomel und Op. alle 4 Stunden. 26. Gute Nacht. 3—4 mal Schmerzanfälle; kann sich etwas auf die rechte Seite legen; Haut warm, mit Schweiss bedeckt. Der ganze Körper bleich, conjunctiva gelblich, nicht viel Durst. Zunge feucht. Athem freier, aber noch Schmerzen dabei in der Lebergegend, wenn er tief ist. Schmerz im abdomen noch bei tiefem Druck vorhanden. Abdomen nicht mehr so ausgedehnt. 3 mal, wenig gefärbter Stuhl. Urin in mässiger Quantität, klar und dunkel gefärbt. Puls 84, weich. 27. Gute Nacht; Stuhl und Urin dunkel gefärbt; Körper feucht, warm, gelblich; Respiration leicht, kein Schluchzer. Zunge weiss und feucht; bei Druck noch Schmerz, bewegt sich besser auf die rechte Seite, fühlt aber dabei noch Schmerz in der Lebergegend. Unterleibsausdehnung und Resonanz gleich. Puls 84; theilweise intermittirend. Diarrhö. Mixt. pot. citr. Pill. Hydr. c. Extr. hyosc. 28. Mittelmässige Nacht. Stuhl während derselben, welcher ihn etwas aufregte und Kolikschmerzen verursachte, besonders um den Nabel. Stuhl blutig-schleimig. Haut tiefer gelb gefärbt, kühl. Zunge feucht, weiss, Urin klar, wenig; Athmen ohne viel Schmerz; Puls 64, intermittirend; häufige Ohnmachten beim Stuhl; Schmerz bei Druck auf das abdomen rechterseits gebessert. 6 a. m. zeitweise blutig-schleimiger Durchfall; Puls 60, Abends 84, regelmässig; der Kranke ist heiterer. Oppression besser. 2 Stärkeklystier c. op.; Hydr. c. cret. gr. 1. Pulv. Dow. gr. IV. Mixt. Camph. — 29. Hatte eine bessere Nacht zugebracht; einige Ausleerungen; leichte Uebelkeiten; Athem frei. Opiat. Gegen Nachmittag kam ein anstrengender Husten mit grossem Schmerz. Sinapism. Abends schien der Kranke nicht so wohl, sah sehr schlecht aus, klagte über Schmerzen bei Druck; dreimal Stuhl; Husten andauernd, faeculente Ausleerungen; Puls 90; Haut fieberheiss. — 30. Unruhige Nacht durch vielem Husten; dreimal faeculenter Stuhl. Puls 90; dreimal Nasenbluten; leichtes Erbrechen. Abends eine Ausleerung mit ½ Pinte Blut. Mixtr. efferv. c. Acid. Hydr. gr. III. Ext. Op. — Hydr. c. Gret. gr. 1. — 31. stat. id. — 1. Sept. Mittelmässige Nacht, 6 mal braun gefärbter Stuhl, ohne Schmerz; Blasenreizung. — 2. Sept. Abdomen ausgedehnt und flach; keine besondere Empfindlichkeit in der Lebergegend, ausser bei tiefem Druck; Stuhl noch breiig; kein Schluchzer; Neigung zur Uebelkeit; Urin sparsam; zitternde Bewegungen der Hände, Einziehen der Daumen, besonders rechts; Gesicht wie gefleckt; Puls 84, unterdrückt; regelmässige Herzaktion, erster Ton verstärkt. Mixt. efferv. ammon. et. mixt. camph. Hydr. c. cret. gr. II. Pulv. Dower. Empl. Lytt. reg. hep. Abends wegen Aufgetriebenheit des Leibes ein Terpentinliniment. — 3. Sept. Unruhige Nacht; 2 dünne, faeculente Stühle; Delirien; will aus dem Bett; Hände und Daumen besonders rechts krampfhaft zusammengezogen. Zunge trocken, mit braunen Streifen; Mund klebrig; Blase entleert sich freiwillig; Flüssigkeit ganz gelb. Puls 84, mässig kräftig, unterdrückt, ohne Intermission; abdomen ausgedehnt, nicht besonders empfindlich, sehr tympanitisch; keine bestimmte Schmerzen bei Druck; keine Uebelkeiten. Hände und Füsse warm; liess ein wenig klaren Urin. — Um. 1. p. m.: Eine Ausleerung am Morgen, fiel in Ohnmacht als er aufstehen wollte; zaghaft, unruhig. Puls idem; während man seinen Kopf etwas hob, um ihm Rindfleisch zu geben, schlug er mit seinen Armen herum, bekam Convulsionen und hörte 5 Minuten nach dem Anfall zu athmen auf. Section, 26 Stunden post mortem: Oberfläche des Körpers gelb gefärbt; ein beträchtliches Fettlager bedeckte die Muskulatur des abdomen. Bei Eröffnung des peritoneum entleerte sich eine kleine Quantität von klarem, gelblichem serum, frei von Lymphflocken und eine Pinte wurde noch mit dem Schwamm entleert; letzterer leicht mit Blut gefärbt. Die Gedärme mit Gas ausgedehnt, ohne Zeichen von Entzündung oder Lymphablagerung. Auch die Peritonealwandungen frei, aber gegen den Rand der Rippen waren Ecchymosen unter dem peritoneum zu sehen, nicht grösser aber als ein Schilling. Die Leber war grösser und zwischen ihrer convexen Oberfläche und dem diaphragma verwachsen; leicht trennbar. Nach ihrer Herausnahme sah man eine Ruptur quer durch den rechten Lappen nach innen und abwärts verlaufend. Der vordere Rand der Wunde war in Heilung und durch Lymphe verklebt, welche aufgebrochen war; gegen Mitte dieser Linie war eine Partie so gross wie $^1/_2$ Krone dem diaphragma adhärent. Die Zerreissung erstreckte sich tief in den Lappen hinein gegen die hintere Fläche und als sie nach rückwärts sich zog, divergirten die Ränder und waren durch Blut getrennt; im hinteren Theile war eine Ansammlung von coagulirtem Blut, welches nicht so tief gefärbt erschien, aber von blutig eitrigem Charakter. Das Gewebe der Leber um diese Stelle schien weich und zerreisslich, während andere Theile, besonders ober der Zerreissung, härter und fester als gewöhnlich schienen. Der linke Lappen unverletzt. Keine Verklebung mit den Gedärmen; Nieren gross und flach; Blase gesund, mässig ausgedehnt. Rasche Verwesung.

105. Pearson (med. Transact. B. III. S. 378. 1785. u. Schmidt's Jahrb. B. 33. S. 45. 1842.) Ein junger Mann fiel von der 6. Stufe

einer Leiter, schlug mit dem hypoch. und dem epigastr. auf den scharfen Rand eines Eimers auf, den er in der Hand hielt. Leber durchaus geborsten.

106. Pietsch (Bluff, Leistungen der Medizin, B. 2. S. 262. 1833. u. mediz. Zeitsch. v. Ver. f. Heilk. in Preussen Nr. 9.) erzählt einen Fall von tödtlicher Verletzung durch den Stoss vom Kopfe eines Pferdes auf den Unterleib, worauf erst am folgenden Tage Erbrechen und bei ungetrübtem Bewusstsein 63 Stunden nach der Verletzung der Tod eintrat. Die Section zeigte ausser Brand des scrotum und des colon, die Leber an ihrer convexen Seite vom hinteren zum vorderen Rande der Länge nach geborsten, und nur nach unten $^1/_4$'' lang zusammenhängend. Die übrigen Eingeweide unverletzt.

107. Pirogoff (Kriegschirurgie 1854.) Aeltliche Frau. Vor einem Jahr heftiger Schlag auf die rechte Brusthälfte, worauf Athemlosigkeit, Bluthusten. Pneumonie und hepatitis. Endlich Geschwulst in der rechten vorderen Brustgegend, Berstung, Eiterentleerung. Stat. praes. Stark wuchernde Fistelöffnung dem 7. Rippenknorpel der rechten Seite entsprechend, die Sonde drang nicht tief, stiess an den Knorpel an. Bedeutender Eiterausfluss. Leber vergrössert, Respirationsgeräusch dumpfer. Bei erneuter Untersuchung retrocostaler schräg seitwärts ziehender Gang, der zu einem Gallenstein führte. Extraction. Heilung. Also: Quetschung der Leber und Lunge. Abscessbildung und Gallensteinbildung.

108. Poland (Guy's Hospital, the medic. times B. I. 1864. S. 282.) W. B., 31 Jahre alt, kam am 20. Januar in's Spital. Er wurde durch den Handgriff einer Winde niedergeschlagen, welche ihn auf Brust und Unterleib traf. 8. u. 9. Rippe rechts fracturirt, starke Risswunde ober dem rechten tensor. vag. femor.; der Muskel blosgelegt. Schmerz im Unterleib; äussere Verletzung hier nicht zu finden; kein grosser Collaps. 12 stünd. spasmod. Strictur der urethra Bronchitis. Pyaemie. Tod am 8. Februar, 19 Tage nach der Aufnahme. Section: Die fractur. Rippen durchdrangen die pleura costalis, rechte Lunge unregelmässig consolidirt, dem diaphragma adhärent. Linke Lunge zeigt pyaemische Pneumonie. Herz, Niere, Milz gesund. Aorta desc. sehr ausgedehnt, Wände atheromatös. Peritoneum schwarz von Blut. Wenig Blut im omentum und Leber. Diaphragma der Leber adhärent; letztere ausgedehnt zerrissen. Am

oberen Theile des rechten Lappens war eine tiefe Wunde, geschlossen durch Lymphe, aber in der Mitte derselben gelbliche, gallige Massen — ein Gallenerguss. Von da aus gingen nach allen Seiten noch 6—7 Rupturen, alle geschlossen durch Lymphe. Allgemeine peritonitis fehlte.

109. Pollock (Holmes' System of Surgery Vol. II. p. 416, mitgeth. von Lidell in the americ. Journal N. S. LIII.) erzählt den Fall einer ausgedehnten Zerreissung der Leber durch das Rad eines schwer beladenen Karrens, welches über den Rumpf ging und wo dennoch der peritoneale Ueberzug nicht mit zerrissen war. Der Patient starb in 2 Stunden. Das peritoneum, welches die Oberfläche der Leber bedeckte, erschien nur gering verletzt. Beim Einschnitt in den rechten Lappen fand sich eine bedeutende Zerreissung der Lebersubstanz, obwol das peritoneum unversehrt war und keine Blutung in die Peritonealhöhle stattgefunden hatte.

110. Prescott Hewett (Lond. med. Gazette 1847 u. Fischer l. c. S. 881.) Ein 29jähr. Mann stürzt von einer Leiter, tiefster Collaps; Tod nach 2 Stunden. Keine äussere Verletzung. Riss im linken Ventrikel, 2 Risse in der Leber; Bluterguss im Bauch.

111. Pyl's Repertorium B. 5. und Henke, Zeitschrift für die Staatsarzneik. S. 347. B. 10. theilt die Leichenöffnung eines Bauernknechtes mit, welcher beim Aufwinden des Kornes von der Winde so stark an die Brust getroffen wurde, dass 4 Rippen der rechten Seite brachen und der Tod in $^1/_2$ Stunde eintrat. Section: Berstung des rechten grossen Leberlappens; die Wunde penetrirte tief in die Leber hinein, so dass die Hauptäste der ven. port. und der art. hepat. zerrissen gefunden wurden. Im abdomen fand sich $1^1/_2$ Quart schwarzes Blut.

112. Römhild (allg. Repert. fortg. von Neumeister, IV. Jahrg. 1840. S. 94. u. mediz. Zeitg. in Preussen. Jahrg. VIII. 1839. u. Bluff's Leistg. der Mediz. B. 8. S. 186.) Bei einem 35jähr. seitwärts an der Landstrasse todt gefundenen Manne, der eine Menge Spuren erlittener Misshandlung am Halse und im Gesichte an sich trug, die jedoch sämmtlich nur leichte Hautverletzungen waren, fanden sich bei der Untersuchung der Bauchhöhle die Bauchdecken äusserlich in völliger Integrität und nicht eine Spur von äusserer Verletzung, dagegen in der Bauchhöhle gegen 6 Unzen Blut, auf dem grossen Netze ein Extravasat geronnenen Blutes von

etwa $^1/_2$ Unze und auf der convexen Fläche der Leber 2 Rupturen, von denen die eine 4'' lang und 2'' tief, die andere nur 1'' lang war.

113. Roux (Gaz. des Hôpit. 1844. p. 119. u. Gurlt's Lehrb. der Knochenbr. 2. Thl. S. 242. F. 69.) Ein 16jähr. Knabe war durch eine Wagendeichsel heftig gegen eine Mauer gedrückt worden. Er zeigte beträchtliche Dyspnö, Emphysem auf der ganzen rechten Seite der Brust, des Halses und am rechten Arme. Tod am 3. Tage. Fractur der 6., 7., 8. rechten Rippe mit ausgedehnter Zerreissung der Lunge. Zwerchfell geritzt. Leber an einer Stelle contundirt.

114. Ruffli (Mezler's mediz. chir. Zeitg. B. I. 1795. S. 351. u. Museum der Heilk. Zürich. B. II. 1794.) Ein 32jähr. Mann fiel 18—20' mit einem um den Hals gehängten Sacke vom Baume herab. Er klagte, nachdem er sich wieder etwas erholt hatte, über heftige Schmerzen im Unterleibe, vorzüglich um die Nabelgegend; äusserlich war keine Beschädigung zu entdecken. Er starb gegen Morgen des dritten Tages. Section: Leber an ihrem grösseren lobus ganz zerschmettert; die sie umgebende Haut von ihrer Substanz losgelöst, mehrere Risse von 3—5'', die sich bis in die quer laufende Grube erstreckten und mehrere von den grösseren Aesten der Pfortader zerrissen mit tödtlicher Blutung.

115. Rupp (Bluff's Leistungen der Mediz. B. 9. S. 104. und Rust's Magaz. B. 55. H. 2.) beschreibt den Fall einer ruptur. hepat. et renis. Aeussere Verletzungen waren nicht bemerkbar, doch äusserten sich beim Druck in die reg. hypoch. und iliac. dextr. Schmerzen. Der Kranke starb den 2. Tag nach der Verletzung unter convulsivischen Bewegungen.

116. Rust's Magazin, B. 22. S. 196 aus amtlichen Berichten: Ein 3jähr. Knabe von einem Pferde geschlagen. Das Kind lag besinnungslos, röchelnd und schnell respirirend. Es war nicht die geringste Spur einer äusseren Verletzung vorhanden. Bei der Section fand sich die Leber durch und durch zerrissen.

117. Schuster (Friedreich's Centralarchiv für das gerichtl. u. polizeil. Medizinal-Wesen. 1849. S. 557. 5. Hft.) M. wurde im Streite mit den Füssen, die mit Schuhen voll hölzerner Nägel bekleidet waren, gestossen. Darauf folgten heftige Schmerzen in der Lebergegend, Erbrechen, gallige Stuhlausleerungen, Ohnmachten, Kälte der Extremitäten und Tod nach 24 Stunden. Section: Die Leber

war an ihrer Oberfläche schwarzroth und zeigte auf ihrer convexen Seite 4″ vom oberen stumpfen Rande eine Ruptur. Die Wundränder waren gezackt und standen weit von einander und zwar am meisten in der Mitte, wo dies 1/4″ betrug; die Länge der Ruptur machte 2″ aus, die Tiefe 1/2″. Viel schwarzes flüssiges Blut in der Bauchhöhle. Die Wunde befand sich im rechten Lappen und war ungefähr der Kranke nach der Verletzung noch 2 Stunden gegangen.

118. Spencer Smith (the Lancet, St. Mary's Hospital. 1861. S. 208.) Ein 30jähr. Mann erhielt einen Hufschlag auf den Unterleib. Er fiel in Ohnmacht. Tod nach 1/2 Stunde. Section: Zwei von den rechten unteren Rippen gebrochen; bei Eröffnung des abdomen wurde eine grosse Menge Blut gefunden, welche das Bindegewebe hinter den Nieren und der Leber besonders infiltrirt hatte. Die Leber war mitten entzwei gerissen, der rechte Lappen beinahe getrennt vom linken; an der Stelle des Hufschlages war fast keine Veränderung der Hautdecken.

119. Speyer (medic.-chirurg. Transact. Vol. IV. pag. 330. u. Cooper, Handb. d. Chirurg. 3. B. S. 598.) Ein 14jähr. Knabe wurde sehr heftig auf die Lebergegend geschlagen, so dass Schmerz, ungeheures Erbrechen galliger Massen, Kälte der Extremitäten, kleiner und fieberhafter Puls eintrat. Später fluktuirte die Bauchhöhle, die nach und nach immer mehr anschwoll. Die Geschwulst wurde punktirt und viel gallige Flüssigkeit herausgelassen. Die Operation wurde zweimal wiederholt, worauf Genesung eintrat.

120. Sweeting (the London medic. Repository. Vol. IV. 1815 u. mediz. Zeitg. fortg. von Ehrhart, B. 4. S. 308. 1816.) Die Verletzung der Leber bestand in einer heftigen Entzündung der Leber durch Druck und Fall auf die Gegend derselben. Der Kranke war ein 18jähr. Mensch. Die Zufälle waren sehr heftig und liessen Ruptur dieses Organs befürchten. Aderlässe, in fünf Tagen bis auf 116 Unzen, entzündungswidrige innere und gelinde Abführung bewirkende Mittel brachten eine vollkommene Heilung zu Stande.

121. Theden (Neue Bemerkungen und Erfahrungen zur Bereicherung der Wundarzneikunst. Thl. III. 1795. S. 136.) Ein 19jähr. Mensch sprang aus dem vierten Stocke, kam mit den Füssen auf den Boden. 8 Rupturen der Leber, von welchen 5 an der oberen, 3 an der unteren Fläche sich befanden. Von den 5 oberen Spalten waren 2 über 3″ lang und 1/2″ tief, während die 3 unteren

nur kleinere Risse darstellten und lediglich durch die äussere Haut der Leber drangen.. 1 Pfd. Blut in der Bauchhöhle. Tod am 7. Tage, nachdem am rechten Unterschenkel, dessen beide Knochen gebrochen waren, der Brand sich einstellte.

122. Med. chir. Transact. V. 300: Auf einen Stoss von einer Wagendeichsel in der Lebergegend entstand biliöses Erbrechen; 3 Wochen darauf musste der von Flüssigkeit ausgedehnte Leib 3 mal punktirt werden, wobei sich 41 Unzen reine Galle entleerten. Patient ward hergestellt.

123. Tuthill (mediz. Zeitg. fortg. von Hartenkeil. B. 37. S. 357. u. the Lond. med. and physic. Journal. Vol. I.) Zerreissung der Leber durch Schläge ohne bedeutende äussere Verletzung. 2 sehr tief gehende Risse.

124. Volkmann (Deutsche Klinik. 1868. Nr. 1. S. 6.) Ruptur der Leber vom Rande her und ziemlich genau entsprechend der Grenze vom rechten und linken Leberlappen, durch die ganze Dicke 3″ weit. Im Peritonealsack fanden sich mehrere Pfunde flüssigen Blutes. Der Verletzte, der 3 Stock hoch herunter gefallen war, hatte noch etwas über 1 Stunde gelebt, obwol noch eine Zerreissung des Herzens aufgefunden wurde und eine contusio cerebri schon am Lebenden hatte diagnostizirt werden können.

125. Walter (Brit. med. Journ. 1859. u. Schmidt's Jahrb. B. 105. S. 73.) Ein Mann fiel vom 3. Stocke herab, bewusstlos; Athem erschwert; Puls frequent und voll, Pupille contrahirt; Bluterguss aus beiden Ohren. Tod nach $^1/_2$ Stunde. Section: Fractur der Schädelbasis; Zerreissung der oberen Fläche des rechten Leberlappens, ungefähr 4″ lang und $^1/_8$″ tief, von unregelmässigem, körnigem Aussehen. Blutextravasat in der Bauchhöhle.

126. Walter (l. c.) Alter Mann; auf der Eisenbahn verunglückt; Collaps; Pulslosigkeit; vollständiges Bewusstsein; Dyspnö; Schmerzen im Unterleib. Tod nach 1 Stunde. Bruch mehrerer Rippen, des Armes und Beines, Zerreissung der rechten Lunge und Leber. Die Leber war an mehr als 20 Stellen zerrissen; die Risse 1—5″ lang und $^1/_4$″ tief, vorzüglich im rechten Lappen und zwar an der oberen und unteren Fläche.

127. Walter (l. c.) Ein 20jähr. Mann wurde überfahren; Fractur des Oberarmes, heftiger Schmerz im Unterleib; häufiges Erbrechen.

Tod nach $1\frac{1}{2}$ Stunden. Im abdomen blutiges serum von mehreren Unzen; im Becken Blutcoagula; die Leber an der unteren Fläche nahe bei der Gallenblase zerrissen und gequetscht.

128. Weitenweber (Oesterr. med. Wochenschr. 1844. Nr. 14.) Eine 30jähr. Frau hatte beim Tragen eines schweren Holzblockes denselben heftig an die Lebergegend gedrückt, um ihn nicht fallen zu lassen. Gleich darauf fühlte sie daselbst einen dumpfen Schmerz, zu dem sich bald Fieberschauer, Kopfschmerz, Appetitlosigkeit und trockener Husten gesellte. Die folgenden 4 Tage entwickelten sich die Symptome einer hepatitis mit zunehmender Heftigkeit. Kopf heiss, drückender Schmerz in der Stirngegend, Ohrensausen, die Physiognomie leidend, Gesicht aufgetrieben, an den unteren Augenlidern und um die Nasenflügel sowie die Bindehaut der Augenlider gelblich. Geschmack pappig, weiss belegte Zunge, vermehrter Durst, Eckel, Brechneigung. Häufiger trockener Husten, stechender, brennender Schmerz im rechten hypochondrium, der sich beim leisesten Druck steigert. Die Lebergegend geschwollen, heiss; Puls frequent; Urin sparsam, hochroth, Stuhlverstopfung. 15 Blutegel und erweichende Cataplasmen auf die Lebergegend. Decoct. gram. mit 3 Drachm. Glaubersalz innerlich; 3 Std. 1 Pulv. mit $\frac{1}{2}$ gr. Calomel. Zum Getränk Gerstenabsud. In der Nacht störten häufiger Husten und Schmerzen in der Lebergegend den Schlaf. Am 6. Tage der Krankheit Kopfschmerz geringer, gelbliche Färbung der albuginea und des Gesichtes stärker. Beim tiefen Einathmen vermehrte Schmerzen. Die schleimigen sputa zeigten Blutstriemen. Die Gegend des rechten und linken Leberlappens heiss, geschwollen, sehr empfindlich. Erbrechen gallichter Flüssigkeit; öfter fühlte die Kranke auch den rheumatischen ähnliche Schmerzen unter dem Schlüsselbein und im Schultergelenke. Venaes. von 8 Unzen. Decoct. Alth. et fruct. tamarind. mit Kal. tart. et Mellag. gram. ââ $\frac{1}{2}$ Unze. Cataplasmen fortgesetzt und ung. ciner. mit ung. digital. eingerieben. Am 7. Tage Kopf und Brust frei, Husten gering; die Lebergegend noch schmerzhaft, aufgetrieben, Puls frequent. 12 Blutegel und erweichendes Klystier. Abends Erleichterung, Schmerz geringer. Nachts 5 Stühle, Schweiss; am Morgen des 8. Tages alle Erscheinungen gebessert; den 9. und 10. Tag faeculente Stuhlentleerungen, am 12. vollkommene Heilung.

129. Weitenweber (l. c. u. Canstatt's Jahresb. 1844. S.319.)

Eine 22jähr. Dienstmagd von einer Kuh mit den Hörnern mehrere Male in die rechte Rippenreihe gestossen, so dass sie ohnmächtig niederfiel. Heftiges Fieber; rechtes hypochondr. und Magengegend aufgetrieben, höchst schmerzhaft. Aeusserlich keine Verletzungen wahrnehmbar. Hepatitis. Heftiges Erbrechen. Venaes. Kalte Umschläge. Am 4. Tage icterus; Anfälle von Hitze- und Kältegefühl; Hautwärme brennend; Geschwulst im hypoch. dextr., äusserst empfindlich, nahm immer mehr zu, klopfende Schmerzen darin; am 7. Tage Fluctuation fühlbar; am 10. Tage in der Gegend des rechten Leberlappens gerade unter den falschen Rippen nach vorne ein 2 Fäuste grosser, gespannter Abscess. Bei der künstlichen Eröffnung entleerte sich $^1/_2$ Pfd. Eiter. Der Ausfluss dauerte 17 Tage, nach 6 Wochen vollkommene Herstellung.

130. Wilks (the Lancet. Guy's Hospital. Dec. 24. 1864. S. 716.) Ed. C., 22 Jahre alt, kam am 6. Sept. in's Spital. Vor 3 Wochen fiel er quer über einen Balken und streifte dabei seine Seite und das abdomen. Es wurde sogleich gedacht, er möchte einen Riss der Leber haben. Enorme Ausdehnung des Unterleibs. Obstruction. Nach Klystieren ruhiger; zusehende Abnahme; Tod am 16. Sept. Section nach 18 Stunden: Körper ödematös; die rechte Lunge durch das diaphragma nach aufwärts gedrängt, an der basis adhärent. Oberhalb eine frische pleuritis. Diaphragma zerrissen; die Höhle communizirte mit einem Abscess unter dem diaphragma; dieses mit der Leber verwachsen. Leber auf der rechten Seite zerrissen; blutig galliger Erguss. Die Eingeweide durch Exsudat unter einander verklebt.

131. Wilson (the medic. Times. Vol. II. S. 527. 1864.) Ein betrunkener Mann wird gebracht heftig schreiend und herumschlagend. Puls gut, Haut normal; kein Erbrechen, kein Schluchzer; keine Verletzung war zu finden. Tod am anderen Morgen. Die Leber wurde zerrissen gefunden, viel Blut in der Peritonealhöhle.

132. Wright (the medic. Times. Vol. XV. S. 161. 1846.) C. J., 20 Jahre alt, kam zwischen die Buffer zweier Eisenbahnwägen und wurde bewusstlos in's Spital gebracht. Stat. praes.: Er schrie vor Schmerzen, die sich seiner Aussage nach über das ganze abdomen erstreckten, aber vorzüglich heftig in der reg. epigastr. waren. Keine Wunde oder Dislocation sichtbar. Gesicht blass, von ängstlichem Ausdruck und bedeckt mit kaltem klebrigen Schweiss. Puls schnell,

klein und schwach; beständiges, blutiges Erbrechen in schwarzen Klumpen. Er zieht die Extremitäten an den Körper an und wirft sich im Bette herum. Diagn.: Ruptur eines inneren Organes, wahrscheinlich der Leber. Eiswasser und Morphium. Es blieb aber Nichts im Magen; beständiges Erbrechen schwarz gefärbter Massen. Opium brachte etwas Beruhigung. Später wieder heftiges Erbrechen, zusehender Verfall; Tod den nächsten Morgen 7 Uhr. Section: Die Haut über der reg. epigast. und umbilical. schwärzlich verfärbt, in der Inguinalgegend eine beträchtliche Blutextravasation; scrotum aus derselben Ursache ausgedehnt; Abdominalhöhle enthielt eine grosse Menge zum Theil coagulirten Blutes. Der Peritonealüberzug des col. ascend. und transvers. verfärbt durch Blutextravasat. Am vorderen Theile der Leber, wo das lig. rotund. angeheftet ist, ist eine Ruptur von 1'' Länge, die von dem Ligament bedeckte Brücke der Leber durchgerissen; ein wenig höher ist in der Richtung der fiss. transv. ein 1½'' langer Riss.

133. Mediz. Zeitg. Russlands. 1844. S. 151: 50jähr. Matrose. Sturz von einer Höhe. Wunde am Hinterhaupt. Tod in kürzester Zeit. Impression am cranium. Blutextravasat unter der dura mater und auf der basis cranii. Im pericard. 6 Unzen Blut. Ruptur der Leber. 10 Pfd. Blut in der Bauchhöhle.

134. Mediz. Zeitg. v. Ver. für Heilk. in Preussen. Nr. 52. S. 251. 1855. Ein Mann stürzte beim Aufmauern des Giebels eines zweistöckigen Hauses herunter und fiel mit dem Bauche auf die scharfe Kante eines unten liegenden Balkens. Er brach sogleich eine Menge Blut und starb nach ¼ Stunde. Section: Sämmtliche kurze Rippen aus ihren Verbindungen mit den Rückenwirbeln gelöst, vom Zwerchfell abgerissen, das Zwerchfell an seiner pars costal., an der Stelle, wo das lig. susp. hep. sich anheftet, zerrissen, das genannte Ligament abgerissen und die Leber an der entsprechenden Stelle so tief geborsten, dass der rechte mit dem linken Lappen nur noch wenig zusammenhing und ein Theil des rechten Lappens durch den Riss des Zwerchfells in die Brusthöhle eingedrungen war. Brust- und Unterleibshöhle mit Blut gefüllt.

135. Allg. Wiener mediz. Zeitg. 1857. Nr. 3. S. 16. Der Fahrkanonier P. B. erhielt am 29. Juli 1856 einen Hufschlag in der Mitte des Unterleibes früh 5 Uhr. Stat. praes.: Am Unterleib keine Verletzung sichtbar, Gesichtsfarbe blass, Extremitäten kühl, Bauch

aufgetrieben, in seinem ganzen Umfange, vorzüglich aber in der Lebergegend schmerzhaft. In der Peritonealhöhle war Flüssigkeit nachzuweisen. Puls ungemein klein, 95; grosse Schwäche, zweimaliges Erbrechen einer mit Blut gemischten Flüssigkeit. Eispillen. Eisüberschläge. 16 Blutegel auf den Bauch. Opium. — Nachmittags hatte die Auftreibung des Leibes zugenommen, die Oligaemie war noch grösser, Puls kaum zu fühlen; Nachts 2 Uhr trat der Tod ein. Section: 8 Pfd. Blut in der Bauchhöhle, dunkel und flüssig; Berstung des rechten Leberlappens in einer Länge von 4'' senkrecht von der oberen Fläche gegen die ven. cav. infer. zu, deren vordere Wand eingerissen. In der Risswunde der Leber klafften mehrere Pfortaderäste. Alle Organe blutarm. —

II. Rupturen der Gallenblase und ihrer Gänge.

136. Alberti (System jurisprudent. medic. Tom. VI. cas. 19.) berichtet einen Fall, wo zwei Knechte mit einander rauften und der eine den anderen mit dem Fusse auf den Bauch stiess, so dass die Gallenblase riss; dies war Mittags geschehen und Abends war der Getroffene todt.

137. Mittheilungen aus dem Gebiete der Heilk. von Blumenthal, Anke und Levestamm, 1845. S. 235: Ein 15jähr. Knabe fiel auf die Lebergegend. Die Krankheitserscheinungen liessen auf Leberentzündung schliessen. Zugleich war icterus zugegen. Bald trat Bauchwassersucht hinzu und der Kranke starb. Bei der Eröffnung der Bauchhöhle floss über einen Eimer eines mit Galle gefärbten serum aus. Ferner fand man das Bauchfell verdickt und alle Zeichen einer sehr ausgebreiteten Entzündung desselben. Die Leber war normal, es fand sich aber eine Ruptur der Gallenblase, nahe an ihrem Uebergange in den duct. cystic.

138. Fizeau (Septemberh. des Journ. de Med. Chirurg. et Pharm. de Paris 1811 u. mediz. Zeitg. fortges. von Hartenkeil, Ergänzungsbl. 14. 1811. S. 161.) beobachtete einen Riss im duct. choledochus mit Ergiessung von Galle in den Bauch.

139. Drysdale (the americ. Journal 1861. Vol. XLI. S. 399.) Der 13jähr. G. Pepper wurde vor einigen Wochen durch eine Feuerspritze im rechten hypochondr. verletzt, indem er gegen eine

Mauer gepresst wurde. Er musste nach Hause getragen werden. 8 Stunden nach dem Unfall war er blass, mit ängstlichem Gesichtsausdruck und sehr niedergeschlagen. Er erbrach beträchtliche Massen von Blut und beklagte sich über starke Schmerzen im abdomen, welche augenblicklich nach der Verletzung eingetreten waren. Morph. gr. $^1/_4$ 2 stdl. bis zum Aufhören der Schmerzen. Schlaf. Blutbrechen während 3 Tagen. 2 Tage nach dem Unfall wurde eine grosse Menge schwärzlichen Blutes durch den Darm entleert. Dies dauerte einige Tage fort; als das Blut aufhörte, war der Stuhl beinahe ganz weiss und mit Schleim gemischt. Blutiger Urin wurde in der ersten Woche entleert unter brennenden Schmerzen in der Harnröhre; dann war der Urin dunkelgrün gefärbt, sehr trübe. Am 3. Tage war Patient leicht gelblich. Diess nahm so zu, dass er eine ganz dunkelgelbe Farbe bekam. Er erbrach mehr oder weniger jeden Tag und die Nahrung verursachte ihm grosses Unbehagen, bis sie wieder erbrochen war. Sie verursachte auch grosse Anschwellung des abdomen. Unterleib wenig empfindlich und konnte festen Druck ertragen. Ol. Ric. und Magn. sulfur. gegen Stuhlverstopfung; Pillen gegen die Gelbsucht; das abdomen mit Jodtinctur eingerieben. Der Kranke fuhr fort schnell abzuzehren, das abdomen wurde stark ausgedehnt. D. beschreibt folgenden stat. praes.: Es ist dem Kr. unmöglich zu liegen, er sitzt beständig in einem Stuhl; er ist sehr unruhig und sein Gesicht drückt grosse Trauer aus; er kann sich nicht bücken ohne Schmerz. Tiefer Druck auf die rechte Seite unter den Rippen verursacht heftige Schmerzen. Er fühlt, als ob etwas zerrissen wäre. Starke Abmagerung und Gelbsucht. Haut kalt, Puls 130, schwach und schnell, Respiration mühsam und beschleunigt; Urin sehr dunkel, grün gefärbt; blassgelber Niederschlag, faeces beinahe weiss. Die Ausdehnung des Unterleibes sehr gross; die oberflächlichen Venen voll und hervortretend. Die Percussion über einer von dem unteren Rande der rechten 8. Rippe zum Nabel schräg laufenden und sich von da nach abwärts 3″ unter diesem Punkt krümmenden Linie gibt einen hellen tympanitischen Ton; unter diesem, ausgenommen längs des Verlaufes des colon ascend. ist anstatt einer Resonanz, ein dumpfer Ton und Fluktuationsgefühl. Bei Anlegen des Catheters wurden 3 Unzen dunklen Urins entleert. Auf der linken Brustseite heller Percussionston; die Respiration pueril; die rechte Seite hat nach vorne bis zur Brustwarze dumpfen Percussionston; hinten dehnt sich die Dämpfung 1'' höher aus; darüber ist schwaches vesiculäres Athmen. Bei Aenderung in der Lage des Patienten ergibt sich keine Aenderung in der Dämpfung. Therapie: gegen 2 täg. Verstopfung Klystier; Jodtincturbepinselungen auf's abdomen, 3 stündl. 1 Pulv. aus Calomel gr. $^1/_2$, Morph. sulf. gr. $^1/_8$; 3 mal im Tage 10 Tropfen Terpentin gegen die tympanitis. 20. Sept.: Strangurie durch das Terpentin, beseitigt durch warme Fomente und Opium. Kein Erbrechen seit gestern; sonst stat. id. Repetition des clysma; Terpentin weggelassen; Pillen fortgesetzt. Der untersuchte Urin enthält viel Galle. Der Niederschlag bestand aus Trippelphosphat und Uraten von Ammoniak. Den 24.: Wenig Aenderung in den Symptomen. Erbrechen nahm wieder zu; 3 stdl. Laudanum, das er behielt; er brach etwas helles Blut. Die Ansammlung von Flüssigkeit im abdomen ist stetig gewachsen; er leidet sehr. Den 26.: Zustand unverändert. Punction des abdomen. 2 Gallonen einer schwarzgrünen Flüssigkeit entleert. Dadurch Athmen besser. Anschwellung der grossen Hautvenen des abdomen. Der tympanit. Ton schwand; er war offenbar bedingt gewesen durch den Magen und die Gedärme. Puls 108, wurde voller. Patient mit seinem Befinden zufriedener. Den 27.: Puls 100, weich und voll; Respiration leicht; kein Schlaf, Empfindsamkeit bei Druck über der Nabelgegend. Urin heller gefärbt. Die abgezapfte Flüssigkeit war viscid, die Farbe dunkelgrün, spec. Gew. 10,18. Reakt. alcal. Beim Erhitzen und Zufügen von acid. nitric. bildet sich ein coagulum. Acid. sulfur. ändert die Farbe in Roth, in einigen Minuten durch Grün ersetzt. Acid. nitric. gibt eine blaugrüne Farbe, die sich in Grau verfärbt. Pettenkofer's Probe gab die charakt. Reaktion. Die microsc. Untersuchung lässt einige geschrumpfte Epithelzellen und moleculäre Massen erkennen. Die Flüssigkeit ähnelte im Ganzen den Beschreibungen der Galle von Budd, Carpenter und Simon, aber unterschied sich davon durch den Gehalt von Eiweiss und das geringe spec. Gew. Diese Differenz war wahrscheinlich bedingt durch die Beimischung des serösen peritonealen Exsudats. Den 28.: Der Kranke ist schwächer und fährt fort abzumagern; er erbricht seine Nahrung. Der Urin ist wieder dunkel; Schlaf sehr wenig, beklagt sich fortwährend über Schmerzen im Magen, welche ihn wecken, wenn er schläft; die Empfindsamkeit des Unterleibes dauert fort; keine Ausdehnung. Eingedickte Ochsengalle 8 gr. 3 mal im Tage; Nahrung in kleinen Quantitäten. Klystiere von Fleischbrühe. Den 30.: Klystier wegen Stuhlverhaltung. Delirien. Den 8. Oktob.: Der Kranke fährt fort zu verfallen; das abdomen wird nach und nach grösser an Umfang. Capillare Circulation beinahe ganz aufgehört. Brust und Arme ganz blau und an einigen Stellen Ecchymosen. Schreckliche Abmagerung. Erbrechen des Opium. Grosse Unruhe. Constante Delirien. Morph. und Fleischessenz durch Klystiere. Den 16.: Ohne Aenderung der Symptome fortschreitender Verfall und Tod um 12 Uhr M. Section: Der Körper bedeutend abgemagert; die Haut scheckig, purpurn gefärbt. Ueber der Brust, den Unterleib und an verschiedenen Partieen des Körpers grosse ecchymotische Flecke. Abdomen enorm ausgedehnt. Bei Eröffnung der Abdominalhöhle schien dieselbe ganz ausgefüllt durch eine grosse Cyste, welche an einzelnen Partieen grün, an anderen braun gefärbt erschien. Sie war nach vorne und seitlich der Abdominalwand leicht adhärent, 1'' über der Ebene des Nabels; die Wände waren erweicht, zerreisslich und entleerten dieselbe Flüssigkeit wie bei der Punction. Die Cyste drang in's kleine Becken zwischen Blase und rectum, schwach adhärent an die Peritonealüberzüge der beiden Organe. Sie füllte die Peritonealhöhle bis zum Nabel aus und auf der rechten Seite schob sie das diaphragma vor sich her, bis sie die Brustwarze erreichte, dislozirte den Dünndarm, das coecum und col. transvers., das in einander geschoben war und drängte sie alle gegen die linke Seite und zur Wirbelsäule. Die Leber war gegen die linke Seite geschoben, der rechte Lappen stand nach abwärts und war nach aufwärts gebogen. Der obere Fortsatz der Cyste in der Medianlinie war an der Wurzel des mesenterium aufgehalten, wand sich um dasselbe herum und stieg zur linken Seite hinter den Gedärmen empor bis zum diaphragma, so einen hufeisenförmigen tumor bildend. Das mesocol. transvers. war über den oberen Theil der Cyste ausgebreitet, dem sie adhärirte. Auf der rechten Seite war der tumor nach vorne geschoben in die reg. epigastr. vor die Leber, welche er bis auf eine kleine Partie des linken Lappens bedeckte, welcher an ihrer ganzen Oberfläche fest an dem diaphragma adhärirte. Der Magen war mit der Leber verwachsen und das orific. pyloric. wurde zwischen der Leber und der Cyste comprimirt. Das peritoneum entfärbt, wo es die Cystenwand berührte, ohne Entzündungserscheinungen, ausgenommen da, wo es an der Cyste adhärirte. Die Cyste und Leber waren so verwachsen, dass sie zusammen entfernt werden mussten. Die Gallenblase wurde unter der Cyste gefunden, gefüllt mit Galle und in normaler Lage. Ein sorgsames Aufschneiden derselben zeigte, dass der tumor im Zusammenhang war mit der Peritonealbedeckung sowol der Leber als des zerrissenen duct. commun. choledoch.; die Ruptur verlief $^3/_4$'' unterhalb dem duct. cyst.; das abgerissene Ende des ductus reichte $^1/_4$'' in die Cyste hinein. Der tumor war über den grössten Theil seiner inneren Fläche mit einer Lage von Lymphe eingehüllt. —

140. Hutchinson (the medical Times Vol. I. S. 8.) Der 27jähr. R. kam Mittags den 18. Dez. mit einem heftigen Schlage in die rechte Seite auf den unteren Theil der Brust, den er durch eine Holzstange erlitten hatte. Collaps. Erbrechen. Puls schwach; bleiche Farbe. Quetschung im rechten epigastr. ober den falschen Rippen; es war hier eine Stelle in der Abdominalbedeckung, die etwas nachgiebiger war, wie wenn ein Deffect vorhanden wäre. Der Kranke war sehr schwach, erholte sich wohl etwas, liess Urin ohne Blut, starb aber Abends des nächsten Tages. Vor dem Tode war Emphysem auf Brust und Bauch aufgetreten. Section: Ruptur aller Muskel der Abdominalwandung und des Parietalblattes des peritoneum, hinreichend 3 Finger hineinzulegen. Haut unverletzt, keine Rippenfractur. Grosse Menge Galle im abdomen, diffuse peritonitis, die Gedärme unter einander verklebt; keine Ruptur derselben. Ruptur des duct. commun. der Gallenblase. Bluterguss um die rechte Niere. Im Zellgewebe oberhalb des epigastr. eine Schwellung von ergossenem Blut. Das Emphysem wohl veranlasst durch „Decomposition.“

141. Maclachlan (the Dublin medical Press. B. XV. S. 354.) Ein 77jähr. Mann will aus dem Bette steigen und fällt mit grosser Heftigkeit, nachdem er kurz zuvor gegessen hatte, auf den Boden. Bewusstlosigkeit. Erbrechen. Schmerz in der reg. epigast. Puls schwer fühlbar; grosser Kräfteverfall. Den folgenden Tag ist der Leib bei Druck sehr empfindlich, hauptsächlich über der reg. iliac. Tod nach 48 Stunden. Section: Ruptur der Gallenblase, copiöser Gallenerguss in die Bauchhöhle; peritonitis. Die Gallenblase sehr

atrophisch, die Wände ohne Erkrankung. Ein nussgrosser Gallenstein im duct. cystic. Die Leber war gesund.

142. M'Swiney (Dublin Journ. of med. sc. 1866. Nov. u. Jahresb. für die ges. Mediz. 1866. S. 144.) Der 25jähr. gesunde Maurer erwacht mit heftigem Schmerz im epigastrium und rechten hypochondrium und Stuhldrang. Unter fortwährender Steigerung des Schmerzes stellte sich nach 1—2 Stunden Erbrechen einer braunen kothhaltig aussehenden Flüssigkeit ein. Stuhl und Urin fehlen vollständig. Der Puls war sehr klein und fast unfühlbar. Tod nach 58 Stunden. Section: Mehrere Quart dunkelgrüner Flüssigkeit im Bauchfellsacke, das peritoneum in der Nähe der Leber und am Netz hellgelb gefärbt; bei der microscop. Untersuchung dieser Stelle sollen sich nur Fettzellen gallig durchtränkt und hie und da mit Margarinsäurekrystallen erfüllt gefunden haben. Die Gallenblase war leer, der duct. choledoch. zeigte sich nahe seinem Eintritte in das duodenum $^3/_4$'' weit eingerissen, gerade an seiner Vereinigungsstelle mit dem duct. pancreat.

III. Rupturen der Leber und Gallenblase mit ihren Gängen.

143. Campaignac (Emmert's Chirurgie. B. III. u. Journ. hebdom. T. II. 1829.) Verletzung des duct. hepat. und Zerreissung des lob. Spigellii. Tod 18 Tage nach der Verletzung.

144. Clark (the Lancet. 1864. June. S. 698.) Ein 22jähr. Fuhrmann wurde zwischen 2 Wägen gequetscht und eine Strecke geschleift. Keine äussere Verletzung. Bedeutender Collaps. Schmerzen quer über die Magengegend. Uebelkeit. Urin frei von Blut. Die Uebelkeit dauerte die Nacht hindurch und der Schmerz im epigastr. war sehr heftig. Eingeweide entleert; viel Durst. Puls 94. Ende des zweiten Tages und am 3. Tage Besserung. Den 5.: Mehr Unterleibsschmerzen, die bei Druck nicht stärker wurden. Mehr Durst. Sonst stat. idem. Den 6.: Mehr Fieber und Unruhe. Abdominalbeschwerden grösser, begleitet von Empfindlichkeit bei Druck. Puls 108. Gesicht gelb und ängstlich. Diffuse peritonitis, im Beginn. Fomentationen des abdomen, 2 gr. blue pill mit $^1/_2$ gr. Op. Ausleerung war vorhanden. 8. Tag: Abdominaler Erguss von mächtiger Ausdehnung; die allgemeinen Symptome etwas besser. Wäh-

rend der folgenden Woche wechselte sein Zustand und der Erguss nahm ein wenig ab. Die gelbliche Hautfarbe blasste ab. Nachher folgte tympanitis mit verstärkter Empfindsamkeit; der Kr. verfiel rasch und starb am 18. Tage nach dem Unfall. Section: Die Peritonealhöhle enthielt ungefähr 5 Gallonen einer gelbgefärbten Flüssigkeit und die Gedärme und übrigen Eingeweide waren ebenfalls stark gefärbt mit Galle. Auf der Oberfläche der Leber war eine grosse Menge Exsudat ergossen und die Oberfläche der Gedärme war durch Auflagerung von Exsudat verdickt. Das peritoneum an der vorderen Bauchwand war rauh und hyperaemisch. Die Leber gross; Zerreissung derselben an der unteren Fläche vom vorderen Rand nach hinten verlaufend nahe und parallel mit der Gallenblase. In dem hinteren Theile dieser Wunde war der rechte duct. hepat. vor seinem Abgange von dem duct. commun. beinahe in der Mitte entzwei gerissen. Die Gallenblase und der duct. cyst. unverletzt; aber der letztere war mehr contrahirt, so dass man nicht leicht eine Sonde durchschieben konnte. Milz gross, Kapsel verdickt. Unter dem serösen Ueberzug der rechten Niere ein festes blasses coagulum. Keine äussere Verletzung sichtbar, mit Ausnahme einer Quetschung der rechten Schulter.

145. Vol. 13. des med. and. phys. Journal: Ein Mann erhielt nach einer reichlichen Mahlzeit einen Stoss mit dem vorderen Ende eines schweren Gewehres auf das rechte hypochondr. und fiel zusammen. Heftiger Schmerz. Tod nach 20 Minuten. Keine äussere Verletzung. Leib voll Blut; Ruptur des rechten Leberlappens bis zum Spigell'schen Lappen und war ein Stück der Gallenblase von ihrem Befestigungsrande abgerissen.

146. Niemann (Henke's Zeitschr. für die Staatsarzneikunde. B. 81.) Ein 5jähr. Knabe überfahren. Schrunden an der äusseren Haut. 1 Pfd. Blut im Unterleib. Rechter Leberlappen gequetscht; ein zolllanger Riss durch die für die Gallenblase bestimmte Grube. Gallenblase zerrissen, leer; ein zweiter Riss durch die fossa transversa; ven. port., da, wo sie in die Substanz der Leber einmündet, zerrissen.

147. Todd (medico-chirurg. transact. of the Royal medical and chirurg. society of London. 1848. Vol. XIII. Fall von Walther Fergus u. Oppenheim's Zeitschr. für die gesammte Mediz. B. 42. S. 205.) Die Räder eines schweren Wagens gingen über den

Bauch eines 17jähr. Knaben, gerade unterhalb der kurzen Rippen. Anfangs waren die Erscheinungen unbedeutend und er erschien schon fast ganz convalescent, so dass er ausserhalb des Bettes sich aufhielt und bald das Hospital verlassen sollte, als plötzlich am Tage vor seinem Tode heftiger Schmerz im abdomen auftrat und der Kranke unter den Erscheinungen einer sehr acuten und intensiven peritonitis am 9 Tage starb. Section: Mehrere bedeutende Rupturen durch das ganze Parenchym der Leber und Gallenblase; Galleerguss in die Bauchhöhle; blutige Ecchymosen am diaphragma und pericardium; die Ausgänge der peritonitis. —

IV. Schusswunden der Leber.

448. Andral (cliniq. med.) Ein Mann todt gefunden, daneben ein abgefeuertes Pistol. In der rechten Seite über der Lebergegend eine Wunde, schief durch den rechten Lappen derselben gehend. Der Grund der Wunde enthielt den Pfropf. Viel Blut im abdomen.

149. Alix (observat. chirurg. 1777. Richter's chir. Biblioth. B. 4.) Ein Schuss ohne Blei, das Gewehr nur mit Papier geladen, drang durch die Seite, zerriss die Rippenschlagader, verwundete die Lunge, das Zwerchfell und die Leber.

150. Baudens (p. 353. cit. in Demme's Kriegschirurg. S. 137.) beobachtete eine Leberschusswunde mit zurückgebliebenem Projectil. Nach dessen Extraction verlief der Fall günstig. Zwei Monate nach der Verletzung war völlige Heilung eingetreten.

151. Baudens (neueste Vorträge der Pariser Chirurgen über Schussw., herg. von Dr. Wierrer, 1849.) Eindringende Bauchwunde quer vom linken hypochondr. nach dem epigastr.; die Kugel ist durch die Leber gegangen; durch die Oeffnung im epigastr. ergiesst sich Galle. Zustand befriedigend.

152. Beck (Kriegsgch. Erfahrg. von 1866.) Verletzung der Leber durch ein Projectil von vorne nach rückwärts. Reichlicher Gallenausfluss. Anfangs Befinden schlecht; allmäliche Erholung. Nach 2 Monaten noch Gallenabfluss. Fistel.

153. Beck (die Schussw. Ges. Erfahrg. von 1848 u. 49.) Verwundung der Leber durch einen Posten. 2—3 Finger breit unter den Rippenknorpeln an der vorderen Fläche der rechten Seite durch

den oberen Theil der Leber eingedrungen und rückwärts zwischen der 10. und 11. Rippe ausgetreten. Heilung.

154. Beck (l. c.) Soldat der Guardia civica von Livorno bei Montanara durch die Leber geschossen. Die Kugel stack rückwärts in den Weichtheilen. Excission auf dem Felde. Erscheinungen innerer Blutung. Tod am anderen Morgen.

155. Beck (l. c.) Insurgent, Leberschuss. Tod nach 3 Tagen an hepatitis und peritonitis. Section: Rechter Lappen völlig durchschossen und zerrissen, Blutextravasat, Exsudat in der Unterleibshöhle, Leber erweicht, breiartig.

156. Beck (l. c.) Offizier, ungefähr auf einer Distanz von 25 Schritten durch die Leber geschossen. Am 5. Tage Tod unter den heftigsten Schmerzen an peritonitis. Der Schuss war von links nach rechts durch die rechte Leberhälfte getreten.

157. Beck (l. c.) Verletzung der Leber durch Projectil von vorne nach rückwärts. Reichlicher Gallenausfluss. Befinden schlecht. Tod nach 2 Wochen.

158. Bernt (mediz. Jahrb. des österr. Staates. B. VII. 1817. S. 469.) 24jähr. Barbiergeselle; Schrotschuss, drang in die linke Seite der Brust in der Nähe der Herzgrube durch die Haut, Zwischenrippen-Muskel, Brustfell, den unteren Rand der Lunge, das Zwerchfell, den linken Leberlappen, die vordere und hintere Wand des Magens; Blutaustritt in Brust-, Bauchhöhle und Luftröhre. Unmittelbarer Tod.

159. Bigger (the Dublin Journal. Vol. I. 1846. S. 249.) Ein 38jähr. Gärtner schoss sich mit einer Vogelflinte in das abdomen und starb 18 Stunden darnach. Er konnte noch 200 Schritte gehen. Die Wunde lag oberhalb und links vom Nabel, von welchem sie ungefähr 2″ entfernt war. Die äussere Oeffnung, ungefähr so gross wie ein Schilling, war durch Blutcoagula geschlossen. Der Patient lag auf dem Rücken, sein Gesicht war eingefallen und der Puls sehr schwach. Er beklagte sich über heftige Schmerzen in der rechten Schulter und konnte nicht Urin lassen; er machte einige Anstrengungen zum Brechen, aber er war im Stande zu trinken und etwas Nahrung zu nehmen, die er im Magen behielt. Er war bei Sinnen bis zu seinem Ende. Section: Unterleib schon stark aufgetrieben und verfärbt. Einiges Blut hatte sich in die Peritonealhöhle ergossen und hier waren Zeichen von Entzündung auf der

serosa der Eingeweide. Der Schuss verlief nach Durchdringung der äusseren Bedeckungen und Abdominalmuskeln schräg in gerader Linie zwischen die Muskeln 6″ und dann verwundend das peritoneum am unteren Rande des linken Lappens in die Leber, durch welchen er, aufwühlend die Substanz der Leber, vorwärts in den rechten Lappen eindrang, von dem er die Gallenblase in ihrer Anheftung trennte, aber ohne Verletzung und dann in's peritoneum austrat. Die Kugel, welche abgeplattet war, wurde mit einem Stückchen wollenen Tuches auf dem duodenum liegend gefunden.

160. Bilguer (chir. Wahrnehmungen im preuss. Feldlazareth 1763.) Eine Kugel war ganz nahe an den Lendenwirbelbeinen durch die letzte unterste falsche Rippe rechts hinein und nirgends wieder herausgetreten. Tod im 4. Monate. Die Kugel war durch die rechte Niere durchgefahren. Die Wunde vernarbt. Das Lager der Kugel war $^1/_2$″ tief in der Leber. Darmfell fest mit der Leber verwachsen.

161. Braun (Magaz. für die gesammte Heilk. von Rust. B. 16. S. 241.) Ein 30jähr. Schneider erlitt am 1. Nov. 1816 Nachmittags durch ein mit Schrott geladenes Pistol eine tiefe Wunde unter dem Schwertknorpel in die Bauchhöhle; die Wunde war in der reg. epigastr. sehr nahe dem Schwertknorpel, erstreckte sich von der linken gegen die rechte Seite und verletzte hier einen Theil der hervorragenden Leber. Bedeutende Blutung. Am 3. Nov. bleiches Aussehen. Schmerz nur bei Bewegungen nach der Seite hin. Nachts 1 Stunde Schlaf. Mässiges Fieber. Stuhl fehlt. Viel Durst. Pot. temper. mit Tamarind. 4. Nov.: Fieber mässig, Nachts Schlaf, Puls klein, kein Stuhl. Arznei repet.; Clysma. 5. Nov.: Aus der Wunde fliesst viel dünner Eiter; die Hypochondrien schwellen mehr und mehr an. 6. Nov.: Stuhl. Appetit. Aus der Wunde waren einige nicht ganz kleine Stückchen Papier und 3 einzelne Schrotkörner zum Vorschein gekommen. 9. Nov.: Zustand täglich besser. Schlaf gut, Appetit und Stuhl vorhanden.. Zunahme der Kräfte, Aufgetriebenheit der Hypochondr. verloren. Noch 4 Schrotkörner durch die Wunde abgegangen. Fieber fehlt. 11. Nov.: Mehr Fieber; unruhiger Schlaf; aus der Wunde fliesst eitrige Jauche von bräunlicher Farbe. 13. Nov.: Wechsel im Befinden; Fieber veränderlich. Selten grosse Schmerzen. Aus der Wunde fliesst ununterbrochen eine grosse Menge bräunlicher, sehr übelriechender Jauche mit etwas grösseren, bräunlichen, festen Theilen, fast wie

losgelöste Lebersubstanz. Kräfteabnahme. 23. Nov.: Wieder Besserung. Wunde allmälich sich verkleinernd. 8. Dez.: Wenig Eiterung aus der Wunde, noch Schmerz bei Druck im hypochondr. 30. Dez.: Vollkommen wohl, nur noch etwas Eiter aus der Wunde entleert. Heilung in 8 Wochen.

162. Brotherston (the Edinburgh medical and surgical Journal. IX. 2. 1864. S. 826.) Fergusson, 29 Jahre alt, erlitt den 11. Sept. 1863 eine Schusswunde der rechten Seite. Auf der Jagd überstieg er eine Hecke und richtete die Mündung gegen seinen Körper. Die Ladung ging ihm in die Seite. Die Wunde lag über dem unteren Theile der rechten Brustseite; es war eine zerrissen aussehende Oeffnung von einer rundlichen Form von 2½" im Durchmesser. Grosse Blutung. Der Schuss hatte die 8. und 9. Rippe gebrochen; die letztere war ganz gesplittert und die Splitter waren in die Substanz der Leber gedrungen. Das Zwerchfell war verletzt und die Brusthöhle geöffnet; keine Wunde in der Lunge. Am Grunde der Wunde, welche tief zwischen den Integumenten und den Muskeln des Rückens verlief, lag der Kugelpfropf mit einem Stückchen Tuch. Die Wunde wurde nach Entfernung der fremden Körper ausgewaschen und eine Compresse von Lint in kaltes Wasser getaucht übergelegt. Den nächsten Tag war Pat. sehr wohl, doch beklagte er sich über Schwerathmigkeit, bedeutende Schmerzen und expectorirte blutige Flüssigkeit, was auf eine Lungenverletzung wies. Einige Schrotte wurden am 4. Tage entfernt; der Patient wurde besser und in ungefähr 3 Wochen sprach er den Wunsch aus ½ Meile nach Hause gebracht zu werden. Das Schütteln beim Transport verursachte einen copiösen Ausfluss von serum, welches aus der Peritonealhöhle kam. Er war dadurch für einige Tage schlechter, aber bald darnach begann die Wunde zu granuliren und war Ende November vollständig geheilt.

163. Casper's gerichtl. Mediz. B. 2. S. 296: Mord des Vaters an seinem 21jähr. Sohn durch Aufsetzen einer Pistole in der Lebergegend. Augenblicklicher Tod. Die Leber so zermalmt, dass nur noch der lob. Spigel. übrig war. Die ganze übrige Substanz mit der Gallenblase war in einen blutigen Brei zermalmt. 2 Pfd. dunkelflüssiges Blut lagen frei in der Bauchhöhle. Die Kugel war von der Leber noch in die Milz gedrungen und blieb im 8. Rückenwirbel stecken.

164. Casper's gerichtl. Mediz. B. 2. S. 302: Ein Knecht legte im Scherz eine Flinte, die er ungeladen glaubte, auf ein 22 jähr. Mädchen an, das 6′ von ihm stand und tödtete dasselbe sofort. Auf und unter der linken mamma waren 30 theils runde, theils ovale schwarzrothe Stellen. Ein Korn war am unteren Drittel des rechten Herzventrikels eingedrungen, durch dessen hintere Wand hinausgegangen, hatte das Zwerchfell durchbohrt, war durch den linken Leberlappen und durch beide Magenwände durchgegangen und blieb im Netze stecken. Der Herzbeutel mit Blut gefüllt. Ebenso lag aus der Leberwunde stammend auf den Därmen unter dem linken Leberlappen eine handgrosse Masse dickgeronnenen Blutes.

165. David (Gazette medic. de Paris. B. XIV. S. 957.) Den 19. Dez. 1800 wurde ein 30jähr. Uhlanenoffizier bei Vertheidigung der Brücke von Lambach über die Traun von einer Kugel in's abdomen getroffen. Schusswunde, deren Eingangsöffnung sich 2″ von der Wirbelsäule rechts im Niveau des 12. Dorsalwirbels befand; die Ausgangsöffnung ebenfalls vorne rechts einige Linien vom proc. xiphoid. am unteren Rande des thorax. Ein röthlich gefärbter Ausfluss zeigte sich allein an der hinteren Wunde bedingt durch die Entzündungsproducte, welche wie das Fieber gering waren. Es war der 6. Tag des Unfalls. Eiterung. Foment. humid. später foment. Chamomill. Bald war der Eiter gallig gefärbt (Verletzung der Leber im unteren Theile ihres grossen Lappens), welche Färbung während der folgenden 20 Tage immer intensiver wurde. Den 29. Jan. 1801 schritt die Vernarbung der vorderen Wunde gut vorwärts, beim Geraderichten hatte aber der Kranke Schmerzen wohl wegen neugebildeter Adhärenzen und auch andauernde Schmerzen waren zugegen in der Lebergegend und am knorpeligen Rande der unteren Rippen. Die fistulöse hintere Wunde lieferte jeden Tag guten Eiter ohne Geruch und eine seröse ziemlich reiche oft gelblich gefärbte Flüssigkeit. Grosse Schwäche erlaubte dem Kranken nicht einige Stunden aus dem Bette zu sein. Seit 10 Tagen neuralgische Schmerzen im penis. Als die vordere Wunde immer vollkommener vernarbte, bekam er 3 oder 4 mal ein anderes heftiges neuralg. Phenomen, nämlich die heftigsten Schmerzen beim Schlingen. Den 28. Jan.: Einreibung des Unterleibes mit Laudanum von Erfolg. Digestion schlecht, Fiebersteigerung, schlechte Eiterung. Cammillen-

umschläge. Innerlich China. Der Kranke reiste in den ersten Tagen des Februar in seine Heimat. Am 11. April 1802 war die Wunde ganz geschlossen; er konnte seinen Körper wieder vollkommen gerade richten, aber das Fussgehen ist noch beschwerlicher als das Reiten. Bei Erhitzung kommen nervöse Schmerzen im Unterleib. 1815 befand sich der Kr. wohl in Paris.

166. Demme (Kriegschirurgie, S. 138.) P. Z., 29 Jahre alt durch eine franz. Kugel in das rechte hypoch. getroffen. Die Einschussöffnung lag in der Gegend der 9. und 10. Rippe, etwa $3\frac{1}{2}''$ vom proc. xiph. entfernt. Die Austrittswunde befand sich zwischen 7. und 8. Rippe, nahe der Wirbelsäule. Kein Symptom einer penetrirenden Thoraxwunde. Gleich Anfangs grosse Prostation der Kräfte, leicht icterische Färbung des ganzen Körpers. Wiederholte, nicht unbedeutende, aber durch Kälte und Tamponade stillbare Blutungen aus der hinteren Oeffnung. Schmerz bei jeder Bewegung. Anschwellung der Lebergegend. Der aus der vorderen Wunde abfliessende Eiter enthält eine gelbliche Beimischung. Urin dunkel, enthält Gallenfarbstoff. Hartnäckige Verstopfung. Puls frequent. Von Zeit zu Zeit kleiner Frostschauer. Am 10. und 11. Tage heftige kolikartige Schmerzen, welche sich von der Lebergegend nach links ziehen. Fortdauer der icterischen Färbung und des Wundsekrets. Die hintere Oeffnung beginnt in der 2. Woche sich zu schliessen. Ende der 3. Woche besteht nur eine kleine Fistelmündung mit geringer seröser Absonderung. Seit einigen Tagen hatte der Ausfluss aus der vorderen Wunde aufgehört. Nach einer Untersuchung mit dem kleinen Finger ergiesst sich plötzlich eine offenbar zurückgehaltene eitrig-sanguinolente Masse, in welcher ein dunkel gefärbter übelriechender Fetzen sich bei der Untersuchnng als Uniformsfragment herausstellt. Noch einige Tage dauerte eine Gallenbeimischung des Sekretes fort. Diese verschwand im Verlaufe der 5. Woche. Im Laufe der 8. Woche Evacuirung.

167. Dupuytren (Vorlesung über die Verletzungen durch Kriegswaffen 1836.) Ein Individuum war in den Julitagen unterhalb den falschen Rippen im vorderen und oberen Theile des rechten hypochondrium von einer Kugel verletzt worden, welche an der hinteren Körperfläche an der gerade gegenüberliegenden Stelle wieder zum Vorschein gekommen war. Es drangen Theile der Lebersubstanz und Galle aus der Wunde und später entwickelten sich

entzündliche Zufälle; die Wunde blieb ungefähr 8½ Monate fistulös und schloss sich dann zu schnell, denn es traten nach einigen Tagen Oppression und Schmerz ein, welche wohl auf eine Eiteranhäufung hindeuteten.

168. Dusenbury (the americ. Journal Vol. L. 1865. S. 399.) Ein 23jähr. Korporal erhielt am 6. April 1865 eine Schusswunde: eine runde Kugel trat rechts seitlich in den Körper zwischen der 9. und 10. Rippe, 8'' von der Medianlinie des Körpers entfernt und setzte ihren Lauf fort durch die Leber und die linke Niere, austretend zwischen der 11. und 12. Rippe ½'' von der Articulation. Empfindsamkeit in der Ein- und Ausgangsstelle, beide Wunden mässig eiternd. Haemorrhagie im Nierenbecken, mit dem Urin entleert. Patient leidet wenig. Er sagt, dass, als er verwundet wurde, er Schmerzen im linken Hoden und scrotum empfand, die sich auf das ganze Glied erstreckten. 1. März: Beide Wunden entleeren wenig, der Urin enthält Eiter, mit Klumpen. Allgemeinbefinden besser. Den 14.: Frost, gefolgt von Fieber miasmat. Ursprunges, mit heftigem Schmerz in der Leber. Icterische Färbung der oberen Körperhälfte. Dieser Anfall verlor sich in wenig Tagen unter Chinagebrauch. 1. Juni: Wunden fast geheilt. Patient geht auf dem Gange auf und ab. Allgemeinbefinden bessert sich. Urin enthält wenig Mengen von Eiter. Den 14.: Letzter Verband. Wunden fast geheilt. Urin beinahe normal. Den 26. Juli: Wunde gänzlich geschlossen; leichte Empfindsamkeit in ihrer Umgebung. Urin normal. Patient geht über 1 Meile ohne Schaden.

169. Formento (la presse medicale Belge. Nr. 44. S. 354. 1863.) Der 21jähr. R. am 3. Mai 1863 blessirt in der Schlacht bei Chaucellors ville, trat am 13. Mai in's Spital von Richmond, er war sehr schwer krank. Der Verwundete ist sehr bleich, scheint ganz blutlos. Continuirlicher Schluchzer, er bricht seit 5 Tagen. Es wird ein Miniékugelschuss in der rechten reg. hypoch. constatirt. Die Kugel drang vorne und etwas seitlich zwischen der 8. und 9. Rippe ein; sie lief von vorne nach hinten und etwas von oben nach abwärts und drang im Niveau der 11. Rippe aus, ungefähr 4'' von der Wirbelsäule. Während der Nacht nach der Schlacht hatte der Kranke eine beträchtliche Blutung aus beiden Oeffnungen gehabt, der eine Ohnmacht folgte. Während der 3 oder 4 folgenden Tage hat er auch Blut gebrochen. Er hat einen trockenen Husten, der

ihn sehr ermüdet. Nach heftiger Anstrengung entleerte er durch den Mund eine grosse Menge grüner Galle, durch die Wundöffnung fliessen ebenfalls grosse Quantitäten, welche sich durch Hustenstösse mehren. Die Ausleerungen sind flüssig, weiss; seit 4 Tagen erbrach der Kr. alles Genossene. Diagnose: Penetrirende Wunde der Leber und rechten Lunge. Ordinat.: Eispillen. Nachmittag stand das Erbrechen; Eisumschläge während zweier Tage. Schlaf regelmässig, Puls sehr schwach und beschleunigt. Der Kr. leidet wenig ausser durch den Husten. Die Galleentleerung durch die Wunde ist enorm gross. Den 14: Die Sekretion der Galle mindert sich und ist gemischt mit Eiter. Die Prostration ist weniger gross; seit dem 13. Abends kein Erbrechen. Husten noch sehr heftig mit schleimig eitrigem Auswurf. Den 18.: Der Kr. klagt über Schmerzen längs des Rippenrandes; leichte Diarrhö; Stuhl noch weiss; 1 gr. Opium und ein Stärkmehlklystier. Den 31.: Diarrhö sistirt; der Ausfluss durch die vordere Wundöffnung gemindert. Abends entleert sich unter Geräusch durch die hintere Wundöffnung eine Luftblase. Der Auswurf enthält keine Galle mehr, ist vermindert, ebenso der Husten; der Kr. schläft gut und nimmt etwas mehr Nahrung. Der Stuhl hat wieder seine natürliche Farbe. Die Besserung schreitet bis zum 10. Juni fort. Um diese Zeit kommt Fieber. Der Husten steigert sich, eine partielle Pneumonie der unteren rechten Lungenpartie wird erkannt. Opium und Calomel. Chlorhydrat. d'Ammoniaque. Tinct. ferr. pomat. Besserung des Zustandes. Den 28. geht er im Hof spazieren; Appetit gut, die Kräfte kommen zurück. In den ersten Tagen des Juli sind die Wunden vollkommen geschlossen; kein Husten; alle Funktionen sind normal. Die untere rechte Partie des thorax ist stark convex; die 9. Rippe ist dislozirt von ihrer cartilaginösen Verbindung mit der 8., man fühlt unter der Abdominalwandung 2″ von der crista iliaca entfernt den vorderen Rand der 10. Rippe. Die Lunge ist wieder lufthaltig.

170. Guthrie (on wounds and injuries ot the abdomen. London. 1847.) Ein Offizier wurde in einer der Schlachten in den Pyrenaeen durch eine Musketkugel verwundet, welche den äusseren Theil des rechten hypoch. am Rande der falschen Rippen durchdrang und dort stecken blieb. Blut und Galle ergoss sich in beträchtlicher Quantität. Die Haut wurde gelb, Schmerz und Schwellung des abdomen bedeutend. Unter sorgfältiger Behandlung zog

er sich einige Zeit hin und wurde so gebessert, dass er nach England gesendet werden konnte mit einer fistulösen Eingangsöffnung der Wunde. G. untersuchte die Wunde 3 Jahre darnach 1817, und fand dass eine lange stumpfe Sonde nach innen gegen den Magen drang, 5″, wo sie, offenbar in einer Art Sack, endete. Eitrige und gallige Materie wurde beständig entleert; sein Aussehen war schmutzig; die Digestion schlecht; er litt an constanten Uebelkeiten und Schmerzen, war immer kränklich. G. sah ihn einmal jährlich einige Jahre lang und zuletzt fand er, dass er die Kugel mit der Sonde berührte und dass der Kr. häufig nach einem Anfalle von Schmerz und Unpässlichkeit, Eiter durch den Stuhl entleerte, wenn die Oppression und die Unpässlichkeit an der Wunde aufgehört hatte. G. hatte Hoffnung, dass die Kugel von selbst austreten möchte und hatte daran gedacht, die äussere Wunde zu erweitern und die Extraction der Kugel mit einer langen Zange zu versuchen. Der Kr. hörte aber zuletzt auf seine jährlichen Besuche zu machen und G. glaubt, dass er starb in einem der erwähnten Anfälle. Diese Kugel muss sehr nahe der Gallenblase vorbeigegangen sein, wenn sie nicht dieselbe durchdrang.

171. Guthrie (l. c.) Lieutenant Ed. Hopper erlitt den 9. Dez. 1812 eine Schusswunde. Sie ging durch den oberen Rand der Leber, umkreiste die Rippen und wurde 2″ von der Wirbelsäule entfernt ausgeschnitten. Er konnte kaum glauben, dass seine Schulter nicht der verletzte Theil war. Puls schnell und intermittirend, Athmen beschleunigt und mühsam; in kurzer Zeit wurde die Conjunctiva gelb. Venaesect. Oeliges clysma. Warme Fomente auf den Unterleib brachten zeitweise Besserung. Den 10. Morgens die Symptome wieder gesteigert. Heftige Schmerzen im ganzen abdomen, bei Druck vermehrt; Erbrechen; harter, gespannter und schneller Puls. Wunde selbst nicht schmerzhaft. Venaesect. bis zur Ohnmacht; warme Foment. Salinische Mixtur mit 5 Tropfen Opium, zur Verminderung der Irritabilität des Magens. Abends Besserung. Erbrechen cessirt; Puls gefallen, minder hart; Schmerzen im abdomen weniger allgemein, mehr auf die Gegend der Wunde beschränkt; der copiös sedimentirte Urin schien mit Blut gemischt. Den 11. nach einer sehr schlechten Nacht war der Puls wieder gestiegen, das abdomen ausgedehnt, nicht sehr schmerzhaft. Stuhlanstrengung vergebens; etwas Blut ging ab. Pflaster aufs

abdomen. Ol. Castor. ℥ 1 mit Pfeffermünz. Den folgenden Abend war er besser; das Pflaster that ihm wohl und auf das Purgativ kamen 3 copiöse Ausleerungen von foetiden faeces. Den 12., nachdem er besser als sonst geschlafen hatte, beklagte er sich vorzüglich über seine Wunde mit kneipenden Schmerzen, die sich bis zur Schulter ausdehnten. 2 gr. Calomel mit 2 gr. pulv. Antimon. Den 13. Jan. frei von Schmerzen, Puls voller, weniger frequent, Urin klar; Ausdehnung des Unterleibes geringer; leichte Nahrung. Von diesem Tage an begann eine gradweise Besserung. Calomel bis zur leichten Salivation. Stuhl torpid wegen mangelhafter Galleabsonderung. Purgat. Infus. Columb. ℥ 1 mit Quassia. Die Wunde ist nun beinahe geschlossen; aber der herabgekommene Zustand des Körpers und eine gefährliche Wunde, die er bei St. Sebastian erhielt, lässt die Reconvalescenz, wenn sie überhaupt erfolgt, eine langdauernde erscheinen.

172. Guthrie (l. c.) Th. Dobson erhielt eine Schusswunde am 18. Juni in der Schlacht von Waterloo, die Kugel drang ungefähr 3″ über den Nabel in die rechte Seite und verletzte die Leber, was der Galleausfluss zeigte. Aderlass. Am 29. Juni kam er nach Antwerpen. Dort beklagte er sich über Schmerzen in der Lebergegend, die sich bis zur Schulter erstreckten; ängstliches Aussehen, Zunge weiss, Augen gelb, Puls schnell und hart, Leib aufgetrieben; Verstopfung. Venaes. 20 ℥; Senna infus.; Magn. sulfur.; Fomente auf's abdomen. Einfacher Wundverband. Den 30. Juni: Fühlt sich diesen Morgen leichter, hatte während der Nacht Ausleerung und Schlaf. Puls voll, aber weich; Haut heiss; Schmerzen vermehrt; Aussehen gebessert; Augen noch gelb, Zunge weiss, etwas Husten; Galleabsonderung vermindert. Mixt. c. liq. ammon. acet.; Purgativ. Den 1. Juli: Ausfluss aus der Wunde beträchtlich geringer, eitrig mit kleinen Quantitäten einer schwarzen Flüssigkeit gemischt; Ausdehnung des Unterleibes geringer; etwas Husten und Auswurf von unangenehmen Geschmack. Augen klarer, Zunge rein, Puls 80, weich und gleichmässig; äussere Wunde gesund granulirend. Den 2.: Fieber, heftiger Husten mit geringer Expectoration, etwas Schlaf, Zunge rein; Wunde gesund, schöner Eiter. Venaes. von 10 ℥. Den 4.: Fortwährende Besserung; Wunde heilt frisch; Kugel nicht ausgezogen. Ausfluss vermindert. Den 7.: Die letzten 2 Tage keine besonderen Ereignisse; Wunde fortwährend frisch; Allgemeinbefinden

bessert sich täglich. Infus. Chin. c. acid. sulfur. Den 2. August: Täglich schreitet die Besserung fort; Appetit nimmt zu; Wunde bis auf $^1/_4$'' geschlossen.

173. Guthrie (l. c.) Verwundung durch eine Musketkugel, welche die Knorpel der falschen Rippen zerstörte, einen Theil der Rippen mitnahm und beim Austritt die Leber verletzte. Ausfluss von Galle dauerte einige Wochen. Es blieb ein ziehender Schmerz und Druck in der Seite, welche bei Bewegung zunahmen. Im Herbst 1819 wurde er von einer heftigen Entzündung heimgesucht. Die Schmerzen in der rechten Seite erstreckten sich über den Magen bis zum Nabel, waren heftig und andauernd und wuchsen bei Druck. Puls sehr klein, kaum fühlbar; Extremitäten kalt; Gesichtsausdruck gedrückt und ängstlich. Stuhl angehalten. Magen reizbar. Blutegel und Aderlass besserten den Schmerz. Blasenpflaster. Opium mit Calomel. Kurz darnach kam Ruhe, Extremitäten weniger kalt und obwol die Schmerzhaftigkeit in geringem Grade noch einige Tage fortdauerte, genas er doch endlich glücklich. 2 Monate darnach hatte er einen anderen und gleich schweren Anfall, weil er fast 2 Meilen sehr schnell gegangen war, von welchem er in ähnlicher Weise befreit wurde. Wenn er seinen Körper zusammenbog schien ein Theil der Rippe auf die Leber zu drücken und hatte er heftige plötzliche durchschiessende Schmerzen. Als er Abends seine Stiefel in Hast und mit einiger Anstrengung anzog, hatte er einen 3. Anfall. Um diesen Druck auf die Leber beim Zusammenbiegen, sowie die Bewegungen der Leber selbst einigermassen zu hemmen, trug er eine Schnürbrust mit Eisenplatten, die ihm grosse Erleichterung brachte.

174. Guthrie (l. c.) Lieut.-Colonel H. wurde bei Quatre-Bras durch eine Musketkugel verwundet. Die Kugel trat rückwärts $2^1/_2$'' von der Wirbelsäule entfernt ein, die 8. und 9. Rippe frakturirend; sie trat aus zwischen der 7. und 8. Rippe vorne und ungefähr $4^1/_2$'' vom sternum entfernt. Die Blutung war gross und dauerte 3 Tage. Puls ungefähr 90, hart. Aussehen bleich und düster, Augen gläsern. Die Haut färbte sich schmutzig gelb und war mit klebrigem Schweiss bedeckt. Zunge belegt. Respiration erschwert und durch häufigen Schluchzer unterbrochen. Viel Schmerz, auch bei Druck in der Lebergegend; aber die heftigste Klage war über die Unmöglichkeit in derselben Lage zu bleiben und über Schlaflosigkeit.

Husten, aber nicht heftig; expectorirt Blut. Bei Untersuchung der hinteren Wunde fand sich ein copiöser seröser gelblicher Ausfluss mit Luftblasen gemischt und kleinen Blutcoagulis. Die vordere Wunde war beinahe geschlossen. So war der status, als er am 11. Tage nach Bruxelles verbracht wurde. Er erhielt vor seiner Ankunft 5 Aderlässe und sein Transport hatte einen weiteren Blutverlust von 30 Unzen verursacht, der die ganze Nacht hindurch dauerte. Den 12.: elend und schwach; Puls 81; tief gelbliche Hautfarbe; Bauch hart, Stuhl angehalten; Husten mit grosser Schwierigkeit, gelblich zäher Schleim ausgehustet von bitterem Geschmack und üblem Geruch. Den 12. Tag über wurden alle Symptome schwerer. 12 Unz. Blut zur grossen Erleichterung gelassen. Die Ränder der ungefähr 1'' runden Wunde waren emphysematös. Bis zum 24. Juli oder den 37. Tag nach der Verletzung war wenig Hoffnung auf seine Genesung. Nachher ging es besser; den 41. Tag betrug die Absonderung nicht mehr $^1/_4$ der früheren Quantität und hatte wenig gelbliches Aussehen. Ein kleiner Knochensplitter kam aus der hinteren Wunde heraus und bis zum 31. September war er glücklich geheilt.

175. Guthrie (l. c.) Ein Soldat des 48. Regiments wurde von einer Musketkugel bei Albuhera getroffen, welche über dem rechten hypochondrium über der Leber eindrang und in der Rückseite in derselben Höhe wieder austrat. Blut und Galle floss in beträchtlicher Menge aus. Zustand hoffnungslos. Den nächsten Tag nach Valvade gebracht, wurde ihm öfter zur Ader gelassen, die Wunde einfach verbunden. Ruhe. Sorge für offenen Stuhl. Haut gelb gefärbt; seine Kräfte verfielen und er wurde mager. Am Ende der 3. Woche wurde er nach Elvas transferirt und er ging von da nach Lissabon und England, wo die Wunden heilten.

176. Guthrie (l. c.) Corporal Macdonald wurde den 16. Juni durch eine Musketkugel bei Quatre-Bras verwundet. Sie drang in's abdomen ein, zersplitterte die 8. Rippe rechterseits, ging durch die Leber und man glaubte, dass sie auf der entgegengesetzten Seite stecken geblieben sei, da er angab, er fühle die Kugel auf der linken Seite, auf welcher er lange Zeit nicht liegen konnte. Er verlor wenig Blut. Anfangs nachlässig behandelt kam er am 19. nach Bruxelles unter heftigem Fieber. Puls schnell und hart, Haut heiss, Zunge trocken; Respiration kurz, anstrengend und schmerzvoll. Stuhl seit dem 16. fehlend. Venaes. 36 Unz.; Magn. sulf. 1 Unz.

Für 7 folgende Tage wurde der Aderlass wiederholt, 12—16 Unz. jeden Tag. Grosser galliger purulenter Ausfluss, worauf die entzündlichen Symptome abnahmen. So befand er sich bis zum 30. Juni. Nachts plötzliche Blutung aus der Wunde, ungefähr 20 Unz., die spontan stand. Er schien nun besser zu werden, als am 15. Juli die Blutung wiederkehrte mit so heftigem Fieber, dass 20 Unz. Blut aus dem Arm gelassen wurden, was den nächsten Tag wiederholt wurde. Salinisches catharticum jeden Morgen während der ganzen Krankheit. Mitte August cessirte der biliöse Ausfluss und den 2. September war er Reconvaleszent. Der einzige Nachtheil, der zurückblieb war eine Kurzathmigkeit bei jeder Anstrengung.

177. Gurlt (Jahresbericht, Langenbeck's Archiv, B. 8. S. 90. Nordamerik. Krieg. Circular 6.) Kugel auf der rechten Seite zwischen der 9. und 10. Rippe ein- und etwas nach rechts vom proc. xiphoid. ausgetreten. Prolapsus eines Theiles der Lunge durch die vordere Wunde; fortwährendes Abträufeln von Galle durch die hintere. Patient ging $1^1/_2$ Meile weit, gerieth in Gefangenschaft; es wurde kein Verband bei dem Lungenbruch angewendet, er blieb unbedeckt, Patient wusch ihn gelegentlich; er hatte wenig Schmerzen oder Dyspnö; nach 24 Tagen hörte die Galle auf zu träufeln und war der Lungenbruch beträchtlich verkleinert. Schliesslich Genesung des Pat.

178. Gurlt (l. c.) Schusswunde auf der rechten Seite 4″ über der crista ilei, 6″ von der Wirbelsäule, verlief von oben und innen; die Kugel blieb stecken. Husten mit blutigem Auswurf, crepitirendem Rasseln im unteren Lappen der linken Lunge. Profuse Gallenabsonderung aus der Wunde, heftige Schmerzen in der Lebergegend, aber keine Zeichen von peritonitis. Nach etwa 5 Wochen verminderte sich die Entleerung von Eiter und Galle aus der Wunde; grosse Neigung zur Obstipation. In $4^1/_2$ Monaten vollständige Heilung.

179. Gurlt (l. c.) 23jähr. Mann. Eintritt der Kugel im rechten hypochondr. unter der 10. Rippe, Austritt hinten, $1^1/_2$″ nach rechts von der Wirbelsäule, unter Verwundung des colon und der Leber, indem noch am 18. Tage eine faecale Ausscheidung aus der Wunde, vermischt mit Galle und die Symptome einer traumat. peritonitis vorhanden waren. Nach 3 Monaten die Ausgangs- nach 14 Tagen später die Eingangsöffnung geheilt.

180. Hennen (Demme's Kriegschirurgie S. 137.) beobachtete einen Verwundeten, dem eine Flintenkugel zwischen der 8. und 9. Rippe von hinten eingedrungen war, und vorne zwischen der 7. und 8. Rippe, $4\frac{1}{2}''$ vom Brustbein entfernt, den Körper verlassen hatte. Es fand eine heftige Blutung aus beiden Oeffnungen statt. Aus der hinteren floss während 6 Wochen unaufhörlich Galle. Nach $\frac{1}{4}$ Jahr vollständige Heilung.

181. Hennen (Bemerkungen über einige wichtige Gegenstände der Feldarznei. 1820.) J. Cordeiro, Freiwilliger im 8. portug. Linienregiment, 20 J. alt, bei Salamanca 1812 verwundet. Die Kugel drang in der Mitte der linken Wange ein, ging scharf nach innen und unten zwischen beiden Kinnbacken durch den Hals; am Halse knisterndes Gefühl dicht am inneren Rande des Zitzenmuskels, bis zum Brustbein sich erstreckend. Ein ebenso knisterndes Gefühl zeigte sich rechts, unter dem Nabel beginnend bis zum hinteren Theile des rechten hypochondr., wo die Kugel gefühlt wurde, es war eine Kartätschenkugel von 2 Lth. Die Kugel scheint längs der inneren Brustwand ohne die Lungen zu verletzen hingefahren und dann in den Unterleib gedrungen zu sein, wo sie den Darmkanal und einen Theil der Leber verletzte. Heilung.

182. Hug (ärztl. bayer. Intelligenzbl. Nr. 16. 1869.) Selbstmord eines Handwerksburschen. Eine Querschlitzwunde in der Oberbauchgegend; durch diese Schnittwunde brachte sich der Mörder eine Schusswunde der Leber bei, wobei die Pistole zwischen den Wundlefzen steckte, da die glatten Ränder der Schnittwunde mit Pulver geschwärzt, aber nicht angeschossen waren. Die verletzten Lebergefässe hatten den Tod zur Folge.

183. Janes (Gurlt l. c.) Ein Rebellen-Corporal hatte einen Schuss durch den unteren Theil des rechten Leberlappens erhalten; es fand eine reichliche Entleerung von Galle durch die Ein- und Ausgangsöffnung statt; umschriebene Schmerzhaftigkeit bei Druck; die Gallenausscheidung dauerte 8 Wochen; einige Monate später ist Pat. vollständig geheilt.

184. Kuhn (Zeitschr. für Natur- und Heilkunde. 1825. u. Mediz. Zeitg. von Ehrhart. S. 121. 1828.) Ein 20jähr. Schuhmacher hatte sich im Monat Juli 1819 nebst einer unbedeutenden Schusswunde an der Stirne auch eine solche im Unterleibe als Selbstmordversuch beigebracht. Der Schuss drang in der rechten Weichengegend

zwischen der 11. und 12. falschen Rippe ein und linkerseits auf der Fläche des Rückens in der Entfernung von ungefähr 5'' nach aufwärts und zwar in schräger Linie von der crista oss. ilei und ungefähr 2'' in gleicher Richtung von der basis oss. sacr. wurde unter den allgemeinen Bedeckungen die Kugel entdeckt und ausgezogen; mit ihr gleichzeitig einige von den Seitenfortsätzen der Lendenwirbelbeine losgesprengte Knochensplitter und ein mitgerissenes Stückchen Tuch. Die Hauptzufälle, unter welchen die Krankheit bis zum 26. Dez. desselben Jahres als dem Todestage verlief, waren: Lähmung der unteren Extremitäten, blassgelbe Hautfarbe derselben und ein Gefühl von Kälte; bedeutende Schmerzen in der Tiefe des Beckens und der Lenden, Erbrechen, unwillkürliche Entleerung von Stuhl und Urin, später einige Zeit andauernde Verhaltung desselben, angespannter Unterleib, Anschwellung des rechten Testikels, ein mehrere Wochen anhaltender stinkender, tripperähnlicher Ausfluss aus der Harnröhre. Abmagerung der unteren Extremitäten und dann des ganzen Körpers und endlich ein lenteszirendes Fieber. Aus der Section ergab sich, dass die Kugel die Substanz der Leber in deren Mitte dicht neben der Gallenblase völlig durchdrungen hatte, dann durch die Gedärme, ohne dieselben verletzt zu haben, geschlüpft war, hierauf den Körper des 3. Lendenwirbels von innen nach aussen durchbohrt, die cauda eguina zur Hälfte zerrissen, nach aufwärts zurückgelegt und ein Stück von den Seitenfortsätzen weggesprengt hatte; der in der Leber vorgefundene Schusskanal war vollständig ausgeheilt, in den Lendenwirbeln aber hatte sich caries entwickelt.

185. Larrey (memoires de chirurg. milit. 1812. Tome IV. S. 269.) Ein junger Offizier wird in der Schlacht bei Dresden von einer Kugel im rechten hypochondrium getroffen. Bruch der 9. Rippe, oberflächliche Verletzung der Leber an der convexen Seite unmittelbar unterhalb des Ansatzes des diaphragma. Zerreissung einer arter. intercost. Heilung vor dem 70. Tage ohne besondere Zufälle.

186. Lidell (the american Journal of the medical sciences. N. S. LIII. 1867). Smith, 18 Jahre alt, am 30. Mai 1864 durch einen Schuss in's abdomen verletzt. Die Kugel drang durch das rechte hypochondr. ungefähr 5'' von der Mittellinie und vom unteren Rande des thorax ein. Sodann ging sie nach unten, rückwärts und innen, in ihrem Laufe die Leber verletzend und trat ein wenig

über dem rechten ileum aus, ungefähr 2″ von der Mittellinie entfernt. In's Hospital gebracht klagte er über viel Schmerzen und Empfindlichkeit im Verlaufe der Wunde und in der Nachbarschaft; eine dünne viszide gelblich gefärbte, galleähnliche Flüssigkeit floss in grosser Menge vom Eingange der Wunde ab. Strengste Ruhe, Wasserüberschläge, anodyna und Milchdiät. Er war sehr unruhig, besonders Nachts, und am 6. wurde ihm 1 gr. Opiumpulver verordnet. Keine Ausleerungen vorhanden; er wurde sehr mager und schwach und erhielt Stimulantien (Milchpunsch) und tonica (tinct. ferr. mur.) Den 21: Heftige Schmerzen in den Beinen, besonders Nachts. Potass. iodid. gr. VI. Tinct. cinchon. 2 Unz., 4 mal im Tage. In wenig Tagen war er schmerzfrei. Den 4. August: Anfall von Diarrhö, beseitigt durch Subnitrate of Bismuth. Während dieser 2monatlichen Periode wurde die Wunde besser; die Ausgangsöffnung war fast ganz geheilt; Ende Juli, und ungefähr eine Woche vorher die Eingangsöffnung. Den 10.: Die Ausgangsöffnung auch geschlossen, jede Absonderung hat aufgehört. Er wird nun stärker und verlässt das Bett. Den 7. Sept.: Pat. geht auf Krücken herum. Wundöffnungen mit schönen Narben geschlossen. Den 8. Sept.: Pat. verlässt das Spital auf Urlaub für 60 Tage.

187. Lidell (l. c.) Soldat L. H. wurde am 6. April 1865 durch eine Carabinerkugel verwundet, welche durch das rechte hypochondr. von vorne nach hinten drang und den rechten Leberlappen getroffen hatte. Er blieb in einem Farmerhause bis zum 12. und wurde von da über schlechte Wege in Bwike's R. R. Junction gebracht. Am 15. war an der hinteren Oeffnung ein Ausfluss einer Galle ähnlichen gelblich gefärbten Flüssigkeit. Das übrige Befinden war nicht schlecht und Hoffnung auf seine Herstellung vorhanden. Appetit gering. Abdomen nicht aufgetrieben. Keine diffuse Schmerzhaftigkeit des Leibes. Ueber viele Schmerzen klagte er nie. Er war mager und die Haut gelblich gefärbt. Den 17. war die vordere Oeffnung rein und schön granulirend, die hintere Oeffnung gereinigt, ausgenommen eines kleinen Brandschorfes, welcher sich in der Mitte befand. Die Ausgangsöffnung etwas weiter als die Eingangsöffnung. Der Appetit besserte sich. Den 19. April, 13 Tage nach der Verletzung, wurde er in das Depot field hospital ad City Point transferirt; der Ausgang ist nicht weiter bekannt, doch nicht zu zweifeln an seiner vollständigen Herstellung.

188. Lohmeier (S. 165 cit. in Demme's Kriegschir. S. 157.) Ein Musketier erhielt am 4. Oktober 1850 eine Schusswunde, deren Eingangsöffnung unterhalb der rechten Brustwarze, deren Ausgangsöffnung am unteren Rande der 12. Rippe eine Handbreit von der Wirbelsäule entfernt lag. Die gewöhnlichen Symptome penetrirender Brustwunden mit Verletzung der Lunge waren vorhanden. Erst am 6. Tage findet sich der abfliessende Eiter durch Gallebeimischung dunkelgelb gefärbt. Diese Erscheinung erhielt sich 3 Wochen lang. Der Kranke magerte zwar stark ab, ertrug aber dennoch die Eiterung, welche allmälich abnahm. Die hintere Oeffnung schloss sich in der 6. Woche. Am 12. Dez. konnte der Verwundete von Delve nach Rendsburg transportirt werden. Hier sah ihn L. den 21. Jan. 1851 zum letzten Male in ziemlichem Wohlsein, obwol die vordere Oeffnung noch nicht geschlossen war.

189. Maisonneuve (neueste Vorträge der Pariser Chirurgen über Schussw. von Dr. Wierrer, 1849.) Schuss auf die Lebergegend. Austritt der Kugel an der linken Lendengegend. Tod in einigen Stunden.

190. Michaelis (Nachrichten aus Newyork in Richter's Bbthb. B. VI. S. 731.) Einem Soldaten ging die Kugel zwischen der 5. und 6. Rippe der linken Seite hinein und rechterseits in der Lebergegend wieder heraus. Galliger Ausfluss. Nach $^1/_4$ Jahre Heilung; drückender Schmerz in der Lebergegend blieb zurück.

191. Niemann (Henke's Zeitschr. für Staatsarzneik. u. Fischer l. c. S. 867.) Bauer. Selbstmord. Pistolenschuss. Wunde unter dem proc. xiphoid. 2″ lang, $1^1/_2$″ breit; aus ihr ragt ein Stück Leber hervor. Ausgang links zwischen der 2. und 3. falschen Rippe, nahe der Wirbelsäule. Kugel durch Leber, pancreas, Netz, Zwerchfell; rechter Ventrikel zerrissen, Wirbel zersplittert, 1 Mass Blut in Brust- und Bauchhöhle.

192. Niemann (l. c.) Wilddieb erschossen. Schuss durch den linken Oberarm, von hier aus zwischen 7. und 8. Rippe in die Brust, Lunge; Zwerchfell durchlöchert, Milz zerrissen. Die Leber sternförmig an ihrem rechten Lappen zerrissen, die Kugel durchgedrungen. In der Bauchhöhle eine Tasse voll Blut; in der Brust $1^1/_2$ Mass Blut.

193. Niemann (l. c.) Schusswunde in der rechten Lunge, Herzbeutel, in den linken Ventrikel, den unteren Lappen der linken

Lunge und Austritt zwischen 5. und 6. Rippe. Zweite Kugel durch den rechten Leberlappen. In der Bauchhöhle bedeutendes Blutextravasat. Die Leber selbst durch Blutung dunkel gefärbt.

194. Ochwadt (Kriegschir. Erfahrungen 1865. S. 346.) Der Däne Chr. N. wurde am 18. April durch einen Flintenschuss verwundet. Die Eingangsöffnung oberhalb des Nabels, die Ausgangsöffnung in der Gegend der unteren Rippe in der regio epigastr. dextr. Es entleert sich Galle aus ihr. Allgemeinbefinden vortrefflich; kein Fieber, kein erheblicher Schmerz im abdomen, Appetit gut, Stuhlgang geregelt. Am 22. Tage nach der Verletzung bildet sich rechts vom Nabel und etwas nach unten von diesem in den Bauchmuskeln ein Abscess von der Grösse eines Handtellers. Am 119. Tage nach der Verletzung und am 102. Tage nach dem Entstehen des Abscesses Eröffnung mit Entleerung einer grossen Eitermenge. Die Wunde in der reg. epigastr. schloss sich allmälich. Das Allgemeinbefinden blieb vortrefflich. Am 27. Tage nach der Eröffnung des Abscesses wurde ein vollständiger Zündspiegel aus der Wunde herausgezogen, die Eiterung nahm rasch ab. Pat. konnte am 135. Tage (24. Sept.) geheilt entlassen werden.

195. Pew (in medical and philosophic. Commentaries by a Society in Edinburgh. Vol. 5. 1777 u. Richter's Archiv B. V. S. 280.) Die Kugel ging im Rücken an der linken Seite ein und blieb in der rechten Achselgrube sitzen, verletzte den Magen, die Leber und Lunge und heilte innerhalb 11 Wochen. Zurückblieb ein eitriger Auswurf.

196. Podrazki (allg. Wiener mediz. Zeitung. 1863. Nr. 16.) Der 21 Jahre alte Soldat erhielt den Schuss den 3. April Morgens. Er wurde bewusstlos zu Boden liegend gefunden; die Blutung soll nicht stark gewesen sein. Stat. praes.: Pat. blass, mit Schweiss bedeckt, ängstlich, sehr matt und hinfällig. Temperatur bedeutend gesunken; Respiration schnell, blutig schaumige sputa unter starkem Hustenreiz entleert. 1″ unterhalb des proc. xiph. und etwas nach links von der linea alba befindet sich eine etwa silbergroschengrosse, die Bauchwand penetrirende Wunde mit ziemlich scharfen Rändern und von Pulver geschwärzter Umgebung, aus welcher zeitweise schwarzes mit brökligen Massen untermengtes Blut hervorsickert. Die eingeführte Sonde dringt bis in die Herz-Muskulatur. Herzschlag deutlich. Herztöne schwach. Linke Thoraxseite sehr schmerzhaft.

Percussionsschall links oben bis zur 5. Rippe tympanitisch, von da an leer, rechts hell und voll. Respirationsgeräusch links undeutlich, rechts rauh, vesiculär. Unterleib etwas aufgetrieben, Bauchdecken gespannt, hart, schmerzhaft. Percussion in der Nähe des Nabels hell tympanitisch, an den übrigen Stellen leer. Puls 92, schwach. Die nächsten Tage Allgemeinbefinden besser, Puls 88. 3. Tag: Puls 98, Bauch weich, schmerzlos, Respiration ruhig, Auswurf nicht blutig. Appetit. Am 6. Tage Verschlimmerung. Pneumonie. Tod am 10. Tage. Section: Linke Pleurahöhle voll Blut, die hintere Fläche des linken oberen Lungenlappens enthält eine grössere Oeffnung; an der hinteren Fläche des linken Ventrikels eine Risswunde. Die Leber ist hart, hellbraun, die Pfortaderäste mit locker geronnenem Blute gefüllt; 1‴ vom lig. susp. hepat. und ½″ vom unteren Rande entfernt an der vorderen Fläche des linken Lappens befindet sich eine zerrissene Oeffnung, die in einen Kanal führt, der ½″ weit ist und mit grünlich gelben Gerinsel ausgekleidet. Am lig. triang. ist die Ausgangsöffnung, die in's Herz führt.

197. Porta (Demme's Kriegschir. S. 137.) Ein 25jähr. österr. Cadet von schlankem Körperbau und zarter Constitution wurde bei Magenta am 5. Juni 1859 verwundet. Die franz. Kugel hatte das rechte hypochondr. von vorne nach hinten durchfetzt, auf diesem Wege mehrere Rippen zertrümmert und Fragmente mitgerissen. Geringe Blutung. Dagegen während 12 Tagen permanenter Abfluss fast reiner Galle. Es fehlten beinahe alle Symptome. Dagegen traten von Zeit zu Zeit Frostschauer und Fiebererregungen auf. Nach und nach vermindert sich der Gallenausfluss. Es beginnen frische Granulationen den Schusskanal zu schliessen. Nach 7 Wochen vollkommen wohl evacuirt.

198. Porta (l. c.) Schusswunde im rechten hypochondrium. Austritt der Kugel in der Nähe der Schulterspitze. Keine Erscheinung einer Lungenverletzung. Geringer Schmerz. Keine hepatitis. Anhaltender Gallenabfluss. Kleine Fieberbewegungen. Allmälige Granulation des Schusskanales und gänzliche Heilung im Laufe des zweiten Monats.

199. Purmann (Fünfzig sonder- und wunderbare Schusswunden-Curen 1721.) Kyrsky, 38 Jahr alt, im Oktober 1677 bei Stettin verwundet; die Kugel drang 3 Finger breit über dem Nabel zur rechten Seite hinein und seitwärts nahe den kurzen Rippen wieder

heraus. Der Schuss hatte einen grossen Theil der Leber berührt. Den 1. Tag hielt sich Patient gut, den anderen klagte er über grosse Schmerzen, konnte nicht Urin lassen; Urin blutig; am 3. Tage Durchfall mit viel Blut, gestillt am 7. Tage. Heilung in 10 Wochen.

200. Purmann (l. c.) Werkutsch, 28 Jahr alt, 1677 vor Stettin verwundet; die Kugel drang links über dem Nabel in's abdomen ein, berührte die Leber und trat an der Seite 8 Finger breit davon wieder aus ohne Verletzung der Därme. Heilung in 13. Wochen.

201. Renard (Revue der Wiener mediz. Halle. Jahrg. 1861. S. 122. u. Gazette des Hôpitaux. 1861. Nr. 2.) Schusswunde im rechten hypochondrium, Verletzung der Leber und Niere, Urinfistel, Nierenabscess in Communikation mit den Bronchien, Tod nach 90 Tagen. Ein 25jähr. Fourier erhielt bei Magenta einen Flintenschuss schräg von links nach rechts und von oben nach unten, der den Knorpel der 9. Rippe rechts durchbrach, in die Bauchhöhle drang und rückwärts in der Höhe des ersten Lendenwirbels rechts von den Dornfortsätzen herausging. Er stürzte zusammen, ohne jedoch das Bewusstsein zu verlieren. Während der ersten 4 Tage soll der Urin nach seiner Angabe blutig gewesen sein. Bis Ende Juni befand sich Patient gut; die vordere Oeffnung des Schusskanals war schon vernarbt, von einer Verletzung der Leber gab kein Symptom Zeugniss. Aus der hinteren Oeffnung des Schusskanals floss immer Eiter. Ende Juni wurde er nach Genua transportirt, was keinen schädlichen Einfluss übte. Sein Appetit war vortrefflich; der Urin normal und enthielt kein Eiweiss; doch trat am 11. Juli Schwellung der Augenlider und Füsse ein. Am 16. begann Pat. über Schmerzen in der rechten Brusthälfte und über Athmungsbeschwerden zu klagen. Anfangs August war der Kranke schwach, mit Schweiss bedeckt, seine Haut strohgelb gefärbt, Augenlider und Füsse ödematös, die Respiration schwer und häufig. Schlaflosigkeit. An der Basis der Lunge etwas Dämpfung und feuchtes Rasseln. Die Leber von normaler Grösse. Die vordere Wunde völlig vernarbt; an der hinteren Seite des Stammes zwei Oeffnungen an der oben angegebenen Stelle, deren obere unregelmässig geformt, der Richtung des Schusskanales entsprechend war. Ausserdem noch tiefer eine absichtlich erzeugte Gegenöffnung, welche mit der eigentlichen Schusswunde durch ein Haarseil in Verbindung erhalten war. Aus beiden

Oeffnungen ergoss sich Eiter von urinösem Geruch, nach einigen Tagen jedoch nur Harn. Von Mitte August an traten die Hustenbeschwerden immer heftiger auf, die sputa waren zäh, von abscheulichem Geschmack, wie der Kranke angab. Zugleich hörte der Ausfluss von Harn aus der Fistel auf, mit der Sonde gelangte man in keinen Harnabscess. Der Kranke lag stets auf der linken Seite, Kopf und Schenkel an den Stamm angezogen. Gegen den 20. verschwand das Fieber, welches bisher fortgedauert hatte und Appetit stellte sich ein. Am 21. traten jedoch neue heftige Hustenanfälle mit übelriechenden sputis auf. Der Puls war klein, die Haut heiss. Am 22. wieder Ruhe. Doch hatte sich hydrops anasarca im Gesicht und an den Füssen gesteigert; grosse Schwäche. Am 23. kein Fieber, aus den hinteren Oeffnungen fliesst nur wenig Eiter. Aus Furcht vor dem Husten machte der Verwundete nicht die geringste Bewegung. Am Abend dieses Tages traten wieder heftige Hustenanfälle ein und bis zum 31. gesellten sich die Erscheinungen einer peritonitis dazu. In der Nacht vom 5. auf 6. Sept. starb der Kranke. Section: Bauch aufgetrieben, bei Druck auf denselben fliesst eine Menge grünlicher Flüssigkeit bei Mund und Nase heraus. Die dünnen Gedärme sind durch Pseudomembranen zu einem Paket zusammengeballt; in der Peritonealhöhle eine gelbliche Flüssigkeit von mässiger Quantität, worin Flocken herumschwimmen. Die vordere Fläche des rechten Leberlappens ist durch einen fibrösen Strang an die Innenfläche der falschen Rippen geheftet, und 1″ nach aussen und rechts von der Gallenblase und ebensoweit vom scharfen Leberrande befindet sich die Insertionsstelle dieses Stranges, welche dem Punkte entspricht, wo das Projectil die Leber getroffen haben muss. Zwischen der Leber und den falschen Rippen befindet sich ein Eiterherd, worin nur wenig einer schwärzlichen stinkenden Flüssigkeit sich befindet. Dieser Herd wird durch die verdickten Blätter des peritoneum gebildet, seine Wände sind grau, flockig von Pseudomembranen. Die Leber, durch den Inhalt dieser Tasche comprimirt, zeigt auf ihrer Oberfläche eine 2 centim. tiefe, 4 Finger breite Rinne, welche schräg von unten nach oben, von innen nach aussen, von vorne nach rückwärts läuft. Nach oben ist die Tasche durch 2 oder 3 kleine Oeffnungen in dem fleischigen Theile des Zwerchfells mit der Brusthöhle in Verbindung, auswärts durch einen Fistelgang mit der rechten Niere. Die Leber ist an ihrer unteren Fläche fest an die rechte Niere geheftet und zwar durch einen dicken, resistenten Strang von Narbengewebe, welcher am oberen Ende der Niere eine fibro-cartilaginöse Haube bildet, und durch die m. sacro-lumb. und long. dorsi sich bis an die Ausgangsöffnung des Schusskanals fortsetzt. In diesem Strang ist ein Fistelgang, welcher die Niere einerseits mit dem Herde an der Oberfläche der Leber, anderseits mit der Ausgangsöffnung der Kugel in Verbindung setzt; die Niere selbst zeigte ihr oberes Stück ganz getrennt vom Reste der Niere; in dem Unterlappen der rechten Lunge ein nussgrosser, leerer, schwarzgrauer Herd, der durch das diaphragma mit dem grossen Herde an der Leber communizirt. Schleimhaut der Bronchien in der Umgebung rothbraun.

202. Roux (Recueil périodique d'observations de medicine, chirurgie etc. Vol. XIX. S. 355. 1763. Paris.) Den 2. Nov. wollte ein 29jähr. maréchal des logis du régiment auf der Jagd über einen Graben springen. Das Gewehr ging los und verletzte ihn im rechten hypochondrium an der dritten und vierten falschen Rippe. Er machte noch einen ziemlichen Weg, um nach dem nächsten Hause zu kehren, von wo aus er nach Hause gebracht wurde. Bei der Untersuchung fand man eine Wunde von eigrosser Oeffnung mit zerrissenen Rändern; die Fingeruntersuchung zeigte mehrere zerbrochene Rippen und eine beträchtliche Zerstörung. Entfernung der fremden Körper, Bleikörner und Theile der Weste, Dilatation der Wunde. 3. und 4. falsche Rippe zerbrochen; die 3. überdies war von ihrem Ansatze bis zu ihrer Mitte zu Brei zermalmt. Der zurückbleibende Theil bildete ein spitzes, schneidendes Ende, das abgetragen wurde; das peritoneum war zerrissen. Quere Wunde im grossen Lappen der Leber mit Substanzverlust, ungefähr 3″ lang, $^1/_2$″ breit und ebenso tief. Mit dem Finger fühlte man mehrere Knochensplitter und Bleikörner, die entfernt wurden. Wunde mit Charpie geschlossen; Einreibungen des Bauches und emollirende Fomente. Venaesect. Die Leber geschwollen, Leib aufgetrieben. Schorf an der Wunde am 3. Tag entfernt. Grosse Eiterung derselben. Der peritoneale Ueberzug ist in viel grösserer Ausdehnung durch die Entzündung ergriffen als die Leber; der Substanzverlust der Letzteren ist in Kurzem ausgeglichen durch eine gute Narbe. Nach 1 Monate klagte der Kranke über Schmerzen oberhalb der Spitze des rechten Schulterblattes, 3 Finger von der Wirbelsäule;

es fühlte sich eine Fluctuation dortselbst. Incission und Entleerung von Schrottkörnern und Westenstücken. Unter dem grossen Rückenmuskel ebenfalls Fluctuation; Incission und Entleerung eines Knochensplitters, 1'' lang, 2''' breit. Im Verlaufe entleerten sich noch einige Schrottkörner. Heilung in 2½ Monaten.

203. Verga (Demme's Kriegschirur. S. 138.) Ein bei Solferino verwundeter franz. Infanterist wurde am 7. Juni im Osped. Maggiore aufgenommen. Er war in der Gegend der 10. rechten Rippe getroffen. Leichte periodische Reizung. Wiederholte Blutungen von geringer Bedeutung. Keine Ausschussöffnung. Gallig gefärbter Eiter, der nach einigen Tagen abnimmt; constanter Schmerz in dem rechten hypochondrium, bei Druck gesteigert. Der eingeführte Finger fand das zurückgebliebene Projectil nicht. Allmählich beginnt sich die Schussöffnung zu schliessen, auch der fixe Schmerz verliert sich. Am 24. Juli Evacuirung. Die Kugel wahrscheinlich eingekapselt.

204. Volkmann (Deutsche Klinik 1868. Nr. 1. u. G. Tornwaldt, de hepatis cystaeque felleae laesionibus. Diss. inaug. Halis 1866.) A. R., 29 Jahre alt, erhielt am 27. Juni 1866 bei Langensalza einen Schuss, der vorne die Insertion der 7. Rippe an den Rippenknorpel traf, die Leber von vorne nach hinten horizontal perforirte und eine Hand breit von der Wirbelsäule wieder herausging. Heftige Blutung. Compression. Eis. Am 28. Juni etwa 24 Stunden nach der Verletzung war der Kranke ziemlich anaemisch und klagte etwas über Schmerz, die Blutung stand. In den nächstfolgenden Tagen wurde die Umgebung der Eingangsöffnung ziemlich empfindlich; der Kranke bekam heftiges Fieber, aber alle Zeichen von diffuser peritonitis blieben aus. Am 3. Juli entsteht plötzlich eine ungemein heftige, venöse Blutung. Compression. Am 4. Juli nach Entfernung des Verbandes entleert sich eine ziemliche Menge blutiger stark mit Galle vermischter Jauche. Der Kranke ist sehr hinfällig; das Fieber fällt; Appetit vorhanden. 5. Juli: Aus beiden Schussöffnungen wird mit dem Wundsekret sehr viel Galle, in den folgenden Tagen fast reine Galle entleert. Fieber. Schüttelfrost. Leichter icterus. Am 20. Juli hat der Gallenausfluss an der hinteren Schussöffnung ganz aufgehört. 24. August: Befinden noch wechselnd. In der Eingangsöffnung, deren Umgebung angeschwollen, schmerzhaft und geröthet ist, präsentirt sich ein

durch Eiter, Galle und kleine Lebertrümmer fast unkenntlich gewordener Tuchfetzen, der mit der Pinzette entfernt wird, worauf Steigerung des Gallenausflusses, aber entschiedene Besserung folgt. Am 30. August Befinden wieder schlechter. Ein neuer Uniformfetzen extrahirt. Von jetzt ab rasche Besserung. Anfang September, also circa 9 Wochen nach der Verletzung, sind die Wunden geschlossen.

205. Volkmann (l. c.) J. E. erhielt am 3. Juli bei Königsgrätz aus einer Distanze von 150 Schritt einen Schuss vom preussischen Zündnadelgewehr in den Rücken. Das Geschoss trat rechts eine Handbreit von der Wirbelsäule und in der Höhe der 8. Rippe ein, durchbohrte die Leber und schlug vorne in der Mammillarlinie die 7. Rippe zertrümmernd wieder heraus. Die Blutung war nur mässig, dauerte jedoch 24 Stunden in gleicher Stärke fort. Erst am 2. Tage begann ein rasch an Menge zunehmender Ausfluss von Galle aus beiden Schussöffnungen. Patient ist ziemlich hinfällig und etwas anaemisch, schläft jedoch und hat auch etwas Appetit. Keine peritonitis, kein Brechen, keine Anschwellung und keine Schmerzhaftigkeit der Leber. Die Menge der abfliessenden, fast reinen Galle wird in den ersten 8 Tagen auf täglich mindestens ein Bierseidel geschätzt. Am 12. Juli, also nach 9 Tagen, ist das Befinden des Kranken ein äusserst befriedigendes. Er ist allerdings abgemagert, aber ohne Fieber. Puls 90. Lebergrenze normal; das Organ bei Druck unempfindlich. Nur in der unmittelbaren Umgebung der Ausgangsöffnung, der frakturirten Rippe entsprechend, Geschwulst und Schmerzhaftigkeit bei Druck. Aus der vorderen Schussöffnung fliesst continuirlich fast reine Galle in grossen Massen ab, hingegen hat der Gallenausfluss aus der hinteren Wunde, die sich anscheinend schon zu schliessen beginnt, fast ganz aufgehört, wenngleich der spärliche Eiter auch hier noch eine deutlich gallige Beimischung zeigt. Hautfarbe normal; icterus nie vorhanden gewesen. Stuhl von dunkler Färbung, war jedoch in den ersten 6—8 Tagen abnorm hell. Den 16. Juli: Die hintere Wunde liefert keine Galle mehr und ist in der Schliessung begriffen; auch vorne wird sehr viel weniger Galle ergossen. Ende Juli: Der Gallenausfluss aus der vorderen Wunde ist ebenfalls bis auf Spuren vorbei. 18. August: Der Gallenausfluss hat seit 8 Tagen ganz aufgehört, die Ausgangsöffnung granulirt nur noch oberflächlich und wird dem

nächst ganz vernarben. Der Kranke ist im besten Wohlsein und nimmt continuirlich an Körpergewicht zu; er hat starken Appetit und geht täglich spazieren.

206. Volkmann (l. c.) U. am 27. Juni bei Alt-Rognitz von einem preussischen Langblei in das rechte hypochondrium getroffen. Die Kugel schlug vorne, etwas nach aussen von der linea mammillaris in der Höhe des interstitium der 7. und 8. Rippe, die letztere frakturirend, ein und drang hinten etwas näher der Medianlinie, der 11. Rippe entsprechend wieder heraus. Die Blutung war eine sehr lebhafte und kehrte in den ersten 8 Tagen trotz eines angelegten Compressionsverbandes sehr oft wieder, so dass Patient sehr anämisch wurde. Doch traten keine erheblichen Fieberbewegungen und namentlich keine periton. Erscheinungen hinzu. Am 8. Juli ist Patient fast fieberfrei, sehr schwach. Beim Aufrichten im Bette Flimmern vor den Augen und Ohnmachts-Anwandlungen. Schlaflosigkeit, Appetitmangel. Die Schusswunden eitern sehr stark; der Eiter ist sehr dünnflüssig, jedoch nicht stark gallig gefärbt. Der Schusskanal wird täglich mittelst des Irrigators mit einer Lösung von Kal. hypermang. ausgespritzt. Chinin. Säuren. Am 7. August wird durch den in die Eingangsöffnung geführten Irrigator ein Borsdorferapfel grosses Stück Leberparenchym aus der etwas weiteren Ausgangsöffnung herausgeschwemmt. Dasselbe hat eine unregelmässige kugelige Gestalt, zottige Begrenzungsflächen und zeigt ein stark erweichtes oder vielmehr mazerirtes, eitrig infiltrirtes Gewebe von sehr heller, mehr grauer Farbe. Diesem Leberstücke folgt ein ziemlich grosser Schwall von missfarbigem Eiter, der offenbar durch dasselbe zurückgehalten worden war, obwol Symptome einer Eiterretention oder eines Leberabszesses nicht bemerkt worden waren. Von jetzt ab tritt in dem Befinden des Kranken eine entschiedene Besserung ein, er schläft und bekommt Appetit, die Eiterung lässt nach. Einige Tage darauf verlässt Patient das Bett und versucht etwas in der Stube herumzugehen. Am 17. August spült der Irrigator abermals 2 Leberstücke aus der Wunde; die beiden Stücke sind etwa 1½'' lang, ⅓—½'' breit und 2—3'' dick, haben glatte Flächen und scharfe Ränder und bestehen aus relativ festem Lebergewebe, ohne Spuren fast von Fäulniss oder Eiterung. Rasche Besserung.

207. Wallmann (mediz. chir. Monatshefte von Friedrich,

1859. S. 116 u. Zeitschr. d. Gesellsch. der Aerzte in Wien. Nr. 36. 1858.) Ein Soldat, 26 Jahre alt, machte einen Selbstmordversuch, indem er das Gewehr in der Nähe des Schwertfortsatzes knapp an die Haut anlegte und losdrückte. Bei seiner Aufnahme in das Krankenhaus sah man eine hanfkorngrosse Oeffnung rechts vom Schwertfortsatze mit zerrissenen Rändern, zwischen denen ein rother, warzenförmiger Körper hervorragte; 2—3″ im Umfange dieser Oeffnung war die Epidermis blasenförmig erhoben und fetzig losgetrennt; das corium bedeutend geröthet. Der Kr. ist sehr hinfällig, bei vollem Bewusstsein, hat wenig Fieber, weder Blutbrechen noch Bluthusten. 3 Tage nach der Verwundung wurde das Projectil, das zwischen der 9. und 10. Rippe rückwärts rechts stecken geblieben war, durch eine Incission entfernt. 2 Tage darauf zeigten sich die Erscheinungen einer Pneumonie des rechten unteren Lappens, zu der sich bald intensiv icterische Hautfärbung gesellte. In der 4. Woche waren die Hautwunden bereits vernarbt und Patient in der Reconvalescenz. In der 5. Woche zeigten sich ohne nachweisbare Ursache die Erscheinungen einer pneumonia duplex, in deren Folge Patient am 39. Tage nach der Verletzung starb. Section: Die rechte Lunge an der Basis mit leicht zerreisslichen Schwarten bedeckt und mit dem diaphragma verklebt; die unteren Lappen beider Lungen, sowie der rechte mittlere sind leberhart, brüchig, die übrigen Partien durchfeuchtet. In den Verästelungen beider Lungenarterien sind fest adhärente, zähe, gelblich graue, obturirende Gerinsel enthalten, welche vom rechten Herzen und bis in die Verästelungen in den Lungen sich fortsetzen. Der Hautnarbe entsprechend findet sich an der fasc. rect. abdom. eine rundliche strahlige Narbe, von welcher bis zum linken Leberlappen neben dem lig. suspens. hepat. und mit diesem theilweise verwachsen ein bindegewebiger Strang sich ausbreitet. Gerade neben dem lig. suspens. ungefähr in der Mitte des linken Leberlappens ist eine oblonge, zollgrosse, narbige Einziehung; beim Einschneiden in dieselbe gelangt man in eine wallnussgrosse, unregelmässige Höhle, welche mit gelbgrauer Masse ausgefüllt und mit einer zarten, zottigen Membran ausgekleidet ist. Die Höhle communizirt mit einigen Gallengängen und Lebergefässverästelungen; letztere sind grösstentheils mit gelblich grauen breiigen Massen erfüllt. An der hinteren Leberfläche und dem tuberc. caudat. lobi Spig. ist ebenfalls eine narbige

Einziehung. Das oberste Ende der rechten Niere zeigt eine $^1/_2$'' grosse wie angenagte, schmutziggraue Stelle der Nierensubstanz. In der ven. cava ascend. ist von der ven. iliac. angefangen bis zum oberen Leberrande geronnenes Blut enthalten, von der Lebervene aus bis in die cav. infer. und von da bis in's rechte Herz sind die Gefässe mit adhärenten gelblich grauen Massen erfüllt.

208. Mediz. Zeitschr. v. V. f. H. in Preussen. 1835. Nr. 2. u. Schmidt's Jahrb. B. IX. 1836. S. 55.): Ein Uhlane behauptete, dass ein Schuss mit einer Platzpatrone nicht in den Körper eindringe. Um diess zu beweisen drückte er das Pistol gegen seinen Unterleib und fiel wie ein Todter zu Boden, verschied kurz darauf. Section: Eine in die Magengegend und Bauchhöhle dringende Wunde. Magen, Leber, Milz zerrissen. Blut und Mageninhalt im abdomen.

V. Schusswunden der Gallenblase.

209. Guthrie (l. c.) Soldat; Schuss durch eine Kugel; dieselbe trat auf der rechten Seite in's abdomen und blieb stecken. 2 Jahre darnach starb der Kr. in Folge einer Lungenaffection und bei Eröffnung des Körpers fand sich die Kugel in der Gallenblase, die aber selbst keine Narbe zeigte. Während der Behandlung war der Mann gelb für lange Zeit.

210. Lovele (Lancet. Decemb. 1866.) Es fand sich bei einem Pat. nur eine Schussöffnung, 4'' rechts vom Nabel, 1'' unter dem Knorpel der letzten Rippe. Nach Abstossung des Brandschorfes konnte man durch eine schmale Oeffnung in der Mitte der Wunde eine Sonde von 4'' in die Bauchhöhle einführen. Beim Druck auf die Lebergegend floss dicke Galle aus der Schusswunde. Der Tod trat 5 Wochen nach der Verletzung ein. Section: Grosser Abscess im unteren und inneren Theile des mittleren Lappens der rechten ganz adhärenten Lunge; die Leber sehr gross, auf der Oberfläche frische, fibrinöse Auflagerungen; die Gallenblase adhärent den Bauchwandungen, die Sonde gelangte von der Wunde aus in dieselbe. In der Gallenblase lagen Reste der Kleidungsstücke, das Projectil wurde vergeblich gesucht.

211. Paroisse (opuscul. de chirurg. S. 255. u. Emmert,

B. III.) machte die Beobachtung, dass eine Bleikugel in die Leber gedrungen und in der Gallenblase liegen geblieben sei und sie daselbst nach dem Tode, der durch eine ganz andere Ursache herbeigeführt wurde, vorgefunden worden sei.

212. Stromeyer (Maximen der Kriegsheilk. S. 455.) hat eine Schussverletzung der Gallenblase glücklich heilen sehen. In diesem Falle zeigten sich in den ersten Tagen heftige Schmerzen, welche über den ganzen Unterleib verbreitet, in der Gegend der Wunde am heftigsten waren.

213. Thompson (Harlan in amer. med. ch. Rev. July 1859. S. 698. u. Demme (l. c. S. 135.) theilt den Heilungsfall einer Schussverletzung der Gallenblase mit. Der Verwundete starb 2 volle Jahre später an einer Brustentzündung. Die Section zeigte die in der vernarbten Gallenblase eingeschlossene Kugel.

VI. Stich-Schnittwunden der Leber.

214. Babington (medical records and researches. London 1798. S. 59. Nr. 4. u. Fischer l. c. S. 814.) Ein Marinesoldat fällt auf's Bajonett, das unter den linken falschen Rippen perpendiculär bis zum Griffe eindringt. Patient zieht es ohne Hilfe aus, geht 8—10 Schritte, fällt ohnmächtig hin. Wenig Schmerz, Wunde über 2″ über der Hüfte, dringt in die Bauchhöhle. Trotz anscheinend geringer Blutung grosse Schwäche, Kälte, Puls kaum fühlbar. Tod plötzlich an Erstickung nach 9 Stunden. Wunde dreieckig, links mitten zwischen linea alba und Rückgrat; 1″ breit, klaffend, schräg auf- und einwärts; colon, Magen 2″ vom pylorus, linker Leberlappen, Zwerchfell verletzt; von da in die Brust. Wunde des pericard. und des rechten Ventrikels und der Lunge. In der Bauchhöhle und im pericard. wenig Blut; in der rechten Brusthöhle mehr als 2 Quart.

215. Beck (l. c.) 3 Fälle von tiefen Bajonettstichen; Tod in den ersten Tagen. — Eine Verwundung mittelst eines Fleurets verlief günstig, doch klagte der Genesene noch in späterer Zeit über gestörte Funktion der Leber und sein sog. Leberfuchser machte sich häufig fühlbar.

216. Bericht über den Volksgesundheits-Zustand im russischen

Kaiserreiche 1859 u. Canstadt's Jahresb. 1864. S. 174: Eine in dem Gefängnisshospital zu Kamenetz-Podolsk beobachtete Stichwunde wurde schnell tödtlich. Section: Die mit einem Messer beigebrachte Wunde ging durch die Bauchwandungen, den vorderen Rand der Leber und das kleine Netz. Das Bauchfell hyperaemisch, 4 Pfd. Blut in der Bauchhöhle.

217. Bernt (Beobacht. und Abhandl. aus dem Gebiete der ges. prakt. Heilk. von österr. Aerzten. B. III. 1823. u. mediz. Zeitg. von Ehrhart. B. 2. S. 315. 1823.) theilt über einen Meuchelmord durch Stich mit: In der Bauchhöhle fand man ein aufgelöstes übelriechendes Extravasat und am linken Lappen eine 11''' lange Wunde, die durch die ganze Substanz der Leber ging.

218. Bernt (mediz. Jahrb. des österr. Staates. B. IV. Stück III. 1817. S. 106.) Ein 25 Jahre alter Candidat der Medizin erhielt in einer Frühstunde den 12. Mai in einer abseitigen Gegend des Praters in dem Augenblicke, als er eine Pflanze pflücken wollte, auf der linken Seite der Brust einen Stich. Zweifelhaft, ob Bajonett-, Messer- oder Dolchstich. Das Befinden verschlimmerte sich noch denselben Abend; er starb am 20. Mai, 8 Tage nach der Verwundung. Section: Der 1'' breite Stich war durch die Substanz des linken Leberlappens bis in die äussere Haut des oberen Magenmundes eingedrungen, und mit einer nicht zu entfernenden Blutansammlung von 6 Pfd. in die Bauchhöhle verbunden gewesen. Er starb an der Entzündung der Unterleibseingeweide.

219. Blanchard (Anatomia practica rationalis Amst. 1688. u. Hennen's Militärchirurgie u. Lond. medic. Gazette. Vol. II. 1846. S. 112.) erzählt von einem Soldaten, welcher einen Degenstich in der Lebergegend erhielt. Bedeutende Blutung. Ohnmachten. Nachdem die Blutung aufgehört, zog man mit der Pinzette ein Stück des vorderen Randes der Leber, das durch die Waffe getrennt war, aus der Wunde. Der Kr. genas nach schweren Zufällen. 3 Jahre nachher starb er und bei der Section fand man, dass eine kleine Portion der unteren Partie des verletzten Leberlappens fehlte. Die anderen Eingeweide waren gesund.

220. Bohn führt eine Stelle aus Tulpius an, wo eine Wunde der Leber mit Bluterguss den 40. Tag tödtlich endete und bei der Section ein Eiterdepot an dem Orte der Verwundung sich zeigte.

Das verletzende Instrument war ein Dolch gewesen. Pat. starb am hektischen Fieber; viel stinkender Eiter.

221. Bonnet (traité complet des maladies du foie. 1841. S. 31.) Ein Soldat im Duell mit Fleurets verletzt am 16. Mai 1815. Die Wunde lag rechts vom sternum zwischen der 3. und 4. Rippe, wenn man von unten nach oben zählt, und war 3—4''' breit. Das Fleuret war aber 4—5'' von oben nach unten in den Körper eingedrungen und hatte die Leber durch das Zwerchfell hindurch verletzt. Unbeschreibliche Angst, grosse Schwierigkeit zu athmen, Schmerz, der sich bei jeder Inspiration steigerte, und der in der Zwerchfellsgegend sass. Verband der Wunde mit Charpie, Compressen in Campherspiritus getaucht und eine Binde um den Leib. Aderlass. Strenge Diät. Dec. gram. Den nächsten Tag war das hypochondr. gespannt und schmerzhaft bei Druck; die Respiration rechterseits geschah nur durch die Rippen; Puls frequent, hart und voll. Aderlass. Cataplasm. Am 3. Tag war die Anschwellung des hypochondrium grösser, der Schmerz dehnte sich auf die ganze Seite der Brust bis zur Schulter aus. Bitterer Geschmack im Munde, gelb belegte Zunge; Brechneigung. Lavement gegen die seit der Verletzung bestehende Obstipation. Den 4. Tag keine Besserung; biliöses Erbrechen. 5. Tag: Heftige Cephalalgie; Zunge trocken, braun, rissig; Durst; ausgedehnter Leib; Puls klein, frequent und unterdrückt. 6. Tag: Eiterung der Wunde, aber die Eiterung schien nicht von der inneren Wunde zu kommen. Schmerzen nicht geringer, heftiges Fieber. 7. Tag: Niedergeschlagenes Aussehen, Augen matt, thränend, Zunge mit schwärzlichen Borken bedeckt, Abends Delirien. 8. Tag: Aeusserste Prostration, Gesichtszüge ganz verändert, Puls beschleunigt; Delirien fast unausgesetzt. Vesicatoire auf jedes Bein. 9. Tag: stat. idem. 10. Tag: Verschlimmerung der Symptome. China. 11. Tag: Extremitäten kalt, Puls intermittirend, Flockensehen, mussitirende Delirien. Ves. ad nucham. Tod den 12. Tag um 10 Uhr Morgens. Section: Die rechte Lunge im Unterlappen hepatisirt; röthliche, geruchlose Flüssigkeit in grosser Quantität im Pleurasack dieser Seite. In der äusseren und oberen Partie der convexen Oberfläche der Leber war eine Oeffnung, die mit der äusseren Wunde communizirte. Das ganze Organ war sehr gross und von dunkler Röthe; im rechten Lappen ein grosser Abscess. Die Leber an einigen Stellen mit dem diaphragma ver-

wachsen; letzteres im Umkreise der Verletzung stark geröthet; Magen und duodenum injizirt.

222. Bopp (Gerichtl. mediz. Aktenstücke im Archiv für mediz. Erfahrungen von Horn. B. 69. 1836. S. 269.) Die Ehefrau des A. St. hatte ihren Mann durch 2 Messerstiche getödtet. Wundränder klaffend, nicht entzündet, auf der linken Brustseite liegend; 1'' lang, $^{1}/_{2}$'' breit. Unterleib gespannt; in der Bauchhöhle blutiges Wasser; Gedärme entzündet und brandig. Verwachsungen. An der linken Seite der Bauchhöhle unter dem Zwerchfell eine grosse Menge Eiter; Leber sehr gross, an der Oberfläche entzündet. Im linken Leberlappen 1'' lange Wunde, die mit der äusseren linkseitigen Brustwunde communizirte und 2'' tief in die Leber drang; auf der unteren Fläche des kleinen Lappens der Leber ein Geschwür, welches mit der Leberwunde in Verbindung steht.

223. Casper (Wochenschr. der ges. Heilk. 1848. S. 102.) Eine Verletzung des Zwerchfells, der Leber und des Magens durch einen Messerstich tödtete nach 12 Stunden. Die äusseren und inneren Ränder der Stichwunde fanden sich sugillirt. Das diaphragma war in seinem musculösen Theil dicht neben dem sehnigen Spiegel 1'' lang eingeschnitten, und die Ränder dieser Wunde sugillirt. Der scharfe Rand des linken Lappens war $^{3}/_{8}$'' lang eingeschnitten und in der vorderen Fläche des Magens fand sich eine $^{5}/_{4}$'' lange Wunde.

224. Chianea (Rec. de mém. de Méd. et de Chir. milit. T. XI. p. 85. Paris 1822. u. Fischer (l. c.) Soldat, Messerwunde, Tod nach 36 Stunden. Wunde des rechten Ventrikels und der Leber. Blut in der pleura.

225. Constantin (Journ. hébd. Nr. 14. 1834. u. Schmidt's Jahrb. B. IV. 1834. S. 65.) Ein 26jähr. Matrose erhielt am 29. Nov. 1830 2 Uhr Nachmittags einen Bajonettstich in das rechte hypochondr. zwischen 10. und 11. Rippe. Nach einer Stunde Blässe, Frost, deprimirter Puls, sehr starker Schmerz in der Lebergegend, der sich nach der rechten Schulter erstreckte; Erbrechen, Unmöglichkeit sich gerade zu richten; lebhafter Durst. Diagnose: Verletzung der Leber, Erguss in die Bauchhöhle. Opium-cataplasma. Abends 6 Uhr Puls besser, Haut warm, Schmerz weniger umschrieben, Erbrechen. Aderlass von 24 Unz. Warme Fomente auf den Leib. 10 Uhr Abends noch 30 Blutegel auf die schmerzhafte Leber-

gegend. Am 30. Schlaf; Puls fast normal; galliges Erbrechen; viel Durst; leichter Schmerz in der Schulter. 1. Dez.: Unruhige Nacht; icterus; harter frequenter Puls; kurze, schmerzhafte Respiration, aufgetriebener schmerzhafter Bauch, brennender Durst, trockene Zunge, Erbrechen, blutiger Harn. 40 Blutegel. Opiumfomente. 6 Uhr Abends Verschlimmerung. 20 Blutegel. Um 12 Uhr: Stürmische Nacht, Schlaflosigkeit, Erbrechen, lebhafter Schmerz auf der linken Seite des Bauches. Ausbreitung der peritonitis. Husten. Um 5 Uhr Abends kleiner, zusammengezogener Puls, kalte Haut, gallig-blutiges Erbrechen; Durst. Sinapismen auf die unteren Extremitäten. 3. Dez. Morgens nach unruhiger Nacht das Gesicht componirter, Puls entwickelt, fieberhaft. Bauch weniger gespannt, Schmerzen auf Nabel und epigastrium beschränkt; Erbrechen weniger. 1stündiges warmes Bad. Um 4 Uhr Abends merkliche Besserung, wenig Fieber, beträchtliche Leibschmerzen. Zweites Bad. Am 4. die Nacht ruhig. Schlaf. Harn hell. Kein Erbrechen. Verstopfung. Puls normal. Clysma. Fomentationen. Successive Besserung. Lang dauernde Reconvalescenz. Lange Zeit besonders beim Beugen auf die linke Seite lebhafte Schmerzen in dem rechten hypochondrium.

226. Demme (Militärchir. Studien. B. II. S. 135.) Ein bei Magenta durch Säbelstich im rechten hypochondrium verwundeter Zuave starb am 5. Tage. Eine bereits begonnene Verklebung war durch den Transport wahrscheinlich wieder zerrissen worden. Die Section ergab eine Leberstichwunde, pseudomembranöse Verklebungen in der Nachbarschaft, peritonitis durch Blut und Galleerguss.

227. Dorsey (Elements of surgery, citirt von Simmons, Fall 311. u. Fischer l. c. S. 839.) Bajonett dringt durch colon, Magen, Leber, Zwerchfell in das rechte Herzohr und die Lungen.

228. Dressel (v. Graefe's u. Walther's Journal der Chir. u. Augenheilk. B. 20. u. Schmidt's Jahrb. B. I. 1834. S. 60.) Im Jahr 1828 stiess sich ein 9jähr. Knabe im Hofe ein Messer in die rechte Seite des Unterleibes; die Klinge war 3″ lang und 3/4″ breit. Hierauf ging er in die Stube zurück, Schmerz und Blutung gering. Die Wunde war in der reg. hypochondr. dextr. nach vorne zu, 3/4″ lang und ein 3″ langer, daumenbreiter, fleischiger Körper, das abgetrennte Stück des vorderen scharfen Leberrandes hing heraus. Das Stück ist unempfindlich, schmutzigblau, auf der oberen Fläche

rauh, auf der unteren glatt und wenig blutig. Kein Fieber. Ruhiger Schlaf. Erbrechen. Brennen in der Wunde. Am 5. Tage Abfall des Leberstückes, das abzutragen nicht gestattet wurde. Ohne jeden Zufall Heilung in 14 Tagen.

229. Fabrice von Hilden: Ein Schweizer erhielt einen Säbelhieb. Blutung und Ohnmachten folgten; ein vorliegendes Leberstück wurde abgetragen. Schwere aber vollständige Herstellung. Der Mann starb 3 Jahre nachher an Fieber und die zurückgebliebene Leber war vollständig gesund befunden.

230. Flaubert (neueste Vorträge der Pariser Chirurgen etc. l. c.) Verletzung am 28. April 1848. Degenstich auf der rechten Seite der Brust. Gegen den hinteren und seitlichen Theil des Brustkastens befindet sich eine Wunde von ungefähr 2 centim. Die Waffe drang zwischen der 8. und 9. Rippe ein, durchbohrte den rechten unteren Leberlappen, welcher 2 Wunden zeigte, das Zwerchfell, den unteren Theil der Leber und die Nierenkapsel der rechten Seite. In der Brusthöhle und im kleinen Becken viel Blut.

231. Fricke (Bericht über in der chir. Abthlg. des allg. Krankenhauses zu Hamburg aufgenommenen Kranken 1835 in Schmidt's Jahrb. B. XI. S. 207. u. Bluff, Leistungen etc. B. 5. S. 228, ferner Dieffenbach's Zeitschr. I. 1. u. Gaz. medic. B. V. S. 12. 1837.) Ein 10jähr. Knabe stiess sich ein Messer in schräger Richtung vom Nabel nach aufwärts beim Spiel gegen das Zwerchfell in den Unterleib. Starke Blutung. Ein Stück vom unteren Rande der Leber vorgefallen. Abtragung. Heilung in einigen Wochen.

232. Guthrie (l. c.) Ein Mann verwundete sich selbst die Leber. Er verlor eine beträchtliche Menge Blut; da aber nicht alles ausfliessen konnte, sondern sich in der Bauchhöhle ansammelte und Veranlassung gab zu einer Putrefaction des Blutes, wurde die Wunde erweitert, wodurch Blut und Eiter entfernt werden konnten, bis er genas.

233. Guthrie (l. c.) Bediente durch einen Messerstich in der Ausdehnung von 9″ verwundet. Syncope durch Blutverlust. 4 Finger breiter Schnitt in der Leber, aus welchem viel Blut drang. Naht. Verschiedene Blutungen folgten nach. Am Abend des nächsten Tages gelbe Hautfärbung, peritonitis. 30 Blutegel. Fomentationen. Unterleib fortwährend ausgedehnt, weniger schmerzhaft. Am 3. Abend Wiederkehr der schlechten Symptome. Blut im

abdomen entfernt durch die Wunde. Besserung. Den 4. Tag fortwährender Ausfluss. Stuhl durch ol. Castor. Den 5. Tag war der Kr. in jeder Hinsicht besser. Den 11. Tag Entfernung der Nähte. Den 15. Tag ging er herum; die Ränder der Wunde trennten sich und dazwischen lag der Rand der Leber; diess verursachte keine Beschwerden. Der Mann war am 30. Tage geheilt.

234. Guthrie (l. c.) Ein junger Mann stach sich, während er an einer Gehirnkrankheit litt, mit seinem Messer an 18 verschiedenen Stellen in den Leib. 8 dieser Wunden drangen in den Unterleib; Fieber, Ausdehnung des Leibes, Schwerathmigkeit, Uebelkeit und Erbrechen. Durch den Stuhl entleerten sich Klumpen von Blut. Er wurde in 2 Monaten hergestellt, nachdem man ihm in 4 Tagen 7 mal zur Ader gelassen. 17 Monate darnach stürzte er sich 3 Stock hoch herab und starb auf dem Platze. Bei Eröffnung des Körpers war der mittlere Lappen der Leber an die Bauchwand angewachsen, in der Mitte eine Narbe von 3‴ Länge und $\frac{1}{2}$‴ Breite. 2 Theile des jejunum unter einander adhärent; Narbe auf der vorderen Fläche des colon.

235. Guthrie (l. c.) Säbelwunde 8″ lang in der Abdominalwand, Leberwunde 2″ lang und $\frac{1}{2}$″ tief. Grosse Blutung. Naht. Lagerung auf die rechte Seite um dem Secrete Abfluss zu verschaffen. 4 Aderlässe in den ersten 18 Stunden. Klystiere. Anodyna. Fomentationen des Leibes. Der Ausfluss war serös gelblich und blutig. 6. Tag: Eiterung. Unterstützung der Kräfte des Kranken. Die Farbe der Haut und des Urins vom Anfange an gelb. Genesung am 26. Tage.

236. Mediz. Zeitg. fortges. von Hartenkeil. Ergänzungsband 31. 1821—1830. S. 338. u. Archiv für mediz. Erfahrgn. etc. von Horn, Nasse, Henke u. Wagner 1823 u. 1824: Duellwunde, $\frac{3}{4}$″ breit bis zu ihrem unteren spitzigen Ende und von mehr als 1″ an ihrem oberen Eingange; sie war durch die ganze Dicke des mittleren Theiles der Lebersubstanz gegangen. Enorme Blutung. Tod.

237. Hedelhoffer (Archiv. génér. de medic. S. 610. 1827.) Penetrirende Wunde des Unterleibes; Leber, Magen verletzt; primäre und consecutive Blutung, begleitet von Schluchzer, der 12 Tage dauerte und die nach 1 Monate tödtlich endete. Perforation

des Magens, Blutergüsse hinter dem Magen und ober der Blase; Adhärenzen im abdomen.

238. Henderson (Graevelle's Notizen. 1848. S. 324.) unternahm bei einem 60jähr. Hindu die Excision eines $1^1/_2$ Unzen schweren Stückes der Lebersubstanz, welches durch eine Speerwunde vorgefallen war und sich ohne Erweiterung nicht reponiren liess, nachdem zuvor eine Ligatur angelegt ward, durch welche der Stumpf in der äusseren Wunde festgehalten wurde. Abfall der Ligatur am 9. Tage. Genesung in 3 Wochen.

239. Jeston (British medic. Jornal 1857. S. 697. u. Gurlt's Lehrb. der Knochenbr. 2 Thl. S. 214.) Ein 15jähr. Knabe wurde durch durchgehende Pferde niedergeworfen und von der angespannten Pflugschaar auf der rechten Seite der Brust verletzt. Es fand sich eine grosse Querwunde in einer Linie mit der 9. und 10. Rippe, die 10. Rippe gebrochen und ausgerissen und am Körper nur mit ihrem knorpeligen Ende festsitzend, die obere Hälfte der Leber, Zwerchfell und ein Theil der rechten Lunge blosliegend. Im unteren Theile der Wunde war ein Stück der Leber ungefähr von der Grösse eines Schillings mit seinem Peritonealüberzug herausgerissen. Eine zweite nicht penetrirende Wunde am Nabel. Contusionen des Kopfes und Gesichtes, da Pat. einige hundert Schritte geschleift wurde. Puls kaum fühlbar, Zunge mit trockenem Belag, heftiger Durst. Wenn ermuntert beantwortete Patient die Fragen; lautes Stöhnen; keine Klagen über heftige Schmerzen; geringe Blutung. Entfernung der Rippe. Naht. 10 Tage lang Opium; täglich 4 Unzen Branntwein. Heilung in 6 Wochen.

240. Jobert de Lamballe (réflexions sur les plaies pénetrantes du coeur. Arch. général. de Medic. 1839. T. VI. p. 7. u. Fischer l. c.) Prévot, 21 Jahre, erhält am 30. April 7 Stiche mit einem Messer; 5 Minuten ohne Besinnung, sofort viel Blut aus den Wunden. Links vom epigastrium 6 Wunden. Plötzliche Erstickungsnoth. Tod am 9. Tage. Herzwunde am rechten Ventrikel, im pericardium; Bauchwunden in Leber, Magen; eine 1″ tiefe Leberwunde ist mit einem Pfropf bekleidet, welcher beide Lippen zusammenhält.

241. Léautaud (recueil périodique etc. Vol. XLVIII. S. 139.) Der 36. jähr. Sergeant L. erhielt einen Degenstich an der vorderen Partie des rechten hypochondr., 2 Finger weit von den falschen

Rippen. Bedeutende Blutung. Die Sonde drang in den rechten Leberlappen; heftiger Schmerz ausstrahlend gegen den proc. xiphoid., auf die rechte Schulter und rechte Halsseite. Heftiges Fieber. Leib aufgetrieben, gespannt. Anschwellung der Füsse. Erweiterung der Wunde. 6 maliger Aderlass. Emulsio. Lavements, Fomentationen; Narcotica. Das Fieber liess nach, Abnahme der Schwellung des Unterleibes und der unteren Extremitäten, Vernarbung der Leberwunde.

242. Lebrecht (Schmucker's verm. chir. Schriften. B. III. 1782. u. Richter's Biblth. B. VI. S. 402.) 3 Stiche in den Unterleib. Stück Leber in einer Wunde eingeklemmt. Abgebunden. Oefteres Galleerbrechen. Obstipation. Fieber. Meteorismus. Am 8. Tage Lösung der Ligatur; am 27. Tage Heilung.

243. Macpherson (Archiv. génér. de med. IV. Serie. 1846. S. 97. u. Schmidt's Jahrb. B. 53. 1847. S. 74. London med. Gaz. Jan. 1846.) Ein Indier, zwischen 60 und 70 Jahre alt, erhielt einen Lanzenstich in den Bauch ungefähr 3″ über dem Nabel und 2″ nach rechts und aussen; aus der Wunde war ein 4 Finger grosses Stück vorgefallen. Die Wunde selbst hatte mehr als 1″ Durchmesser und war durch die Leber geschlossen.. Der Mann erzählte, dass er im Dunkel 2 Stunden vorher die Verletzung erhalten und dass die Leber gleich nach der Entfernung der Lanze vorgetreten sei. Er fügte bei, dass er eine grosse Menge Blut verloren habe. Die Leber selbst schien nicht verletzt. Man konnte aber das Stück nicht zurückbringen ohne Erweiterung der Wunde; man schnitt daher das Stück ab, nachdem man zuvor um die Basis eine Ligatur gelegt hatte. Dennoch bluteten 2 Arterien und man musste sie unterbinden. Nach 1 oder 2 Tagen war der Mann recht krank, doch die Symptome besserten sich, nach 9 Tagen fielen die Ligaturen mit einem kleinen Leberstück ab. Die Wunde zeigte gute Granulationen und neigte zur Vernarbung. Nach 3 Wochen war der Kranke geheilt. Die exzidirte Leberpartie wog ohne Blut und nach Erhärtung im Weingeist während mehrerer Wochen noch $1^1/_4$ Unze; es war wahrscheinlich ein vorderer Rand des rechten Lappens. Das Berühren des vorgefallenen Stückes hatte keinen Schmerz erregt und die Entfernung war ganz schmerzlos. Während der Heilung ergoss sich niemals Galle. 2 Monate nachher

war der Kr. vollkommen gesund, die Leber war an der Bauchwand adhärent.

244. Mercier (Bullet. de la Société anat. de Paris. XII. Jahrg. S. 249. u. Fischer l. c. S. 823.) 45jähr. Mann, Selbstmord durch einen Degen. 9 Wunden am Bauch, von denen 3 unter dem Nabel, die anderen darüber. Verletzung des Herzens rechts unten im epigastrium. Tod nach 15 Stunden. Verletzt sind Netz, jejunum, ven. cava asc., Niere, Leber, Zwerchfell, pericardium, rechter Ventrikel, aorta, linkes Herzohr. Leib war gross, empfindlich, Puls klein, frequent. Wunden so klein, dass man an der Penetration zweifelte.

245. Mertzdorff (Beiträge zur gerichtl. Medizin im Archiv für mediz. Erfahrungen von Horn 1824. 46. S. 284.) Verwundung im Duell. Sectionsbericht: Die Wunde an der rechten Brustseite zwischen 7. und 8. Rippe, 4''' lang, verlief horizontal. Die Sonde drang schräg nach unten durch die musc. intercost. in die Bauchhöhle ein. Schnittwunde in der rechten Seite des Zwerchfells circa 3'' von dessen Anheftung an die Rippen der rechten Seite entfernt. Die Sonde führte hier in die Leber. Blutiger Erguss in die Bauchhöhle, 63 Unzen. In der oberen Leberfläche eine Schnittwunde, welche nach Richtung, Ort und Länge mit der Zwerchfellswunde correspondirte. Diese Wunde befand sich näher an der Mitte als an dem rechten Rande der oberen Leberfläche. Ihre äusseren Ränder waren zu beiden Seiten mit Einschnitten versehen, wie wenn das in die Leber eingedrungene schneidende Instrument bei dem Herausziehen aus der Leber die Richtung seiner Fläche verändert hätte. Die Leberwunde nahm ihre Richtung schräg von oben nach unten und von aussen nach innen gegen die mittlere Leberfurche, verengte sich, je tiefer sie in die Leber eindrang und erreichte ihr spitzes Ende ungefähr 1''' weit von der unteren Leberfläche entfernt. Leber von guter Beschaffenheit, Gallenblase unverletzt.

246. Niemann (l. c. u. Fischer l. c. S. 812.) Schmuggler mit krummen Säbel erstochen, geht 10 Schritte weit und stirbt. Wunde links 5'' über der crista ilei, in der Mitte der 3. falschen Rippe, $1^1/_2$'' lang, $1^1/_8$'' breit; Finger drang 1'' ein; Wunde unter dem 4. Rippenknorpel $^1/_2$'' lang. 5 Pfd. Blut in beiden Pleuren; pericardium rechts $^1/_2$'' verwundet. Wunde im rechten Ventrikel 1'' vom

margo acutus, und auf der Oberfläche, wo Zweige der art. coronar. verletzt waren. Zwerchfell, linker Leberlappen, Magen, Milz, colon descend., noch einmal Zwerchfell verletzt. Der $1^1/_8$'' breite Säbel muss mehr als mit dem 3. Theile seiner Länge gewirkt haben. Schärfe des Säbels muss nach unten gerichtet gewesen sein.

247. Nolleson (recueil périod. etc. Vol. XXII. S. 258. 1765.) Im Januar 1758 erhielt ein Soldat einen Degenstich in das rechte hypochondrium. Es stellte sich galliges Erbrechen ein, Durst, brennende Hitze, heftiges Fieber, fortwährender Schluchzer, bedeutende Ausdehnung des Unterleibes. Die Wunde wurde von unten nach oben beigebracht. Man vermuthete eine Verletzung der Leber und eine Reizung des aponeurotischen Theiles des diaphragma als Ursache des Schluchzers, eine Verletzung des lig. coronar. der Leber. Häufige Blutentziehungen. Strengste Diät. Fomentationen auf den Leib. Klystiere. Milch. Den 2., 3., 4. Tag waren die Symptome dieselben. Ordinat. ead. Am 7. Tage waren das Fieber und die übrigen Symptome sehr gemindert, aber der Schluchzer dauerte fort. Narcotica. Am 9. Tage grosse Schwäche; im Uebrigen besser, als man erwarten sollte. Bessere Nahrung. 24 Stunden darauf Gelbsucht. Urin dick, dunkel gefärbt. Leichte Abführmittel. Vom 15. auf den 16. heftiger, stechender Schmerz im rechten hypochondrium; Gefühl von Fluctuation an der Seite der Wunde. Cataplasmen. Verletzung wohl an der Basis der convexen Partie des grossen Lappens. Am 18. Punction; Entleerung eines Schoppen Eiters mit Blut gemischt, übel riechend. Die ersten 4 Tage entleerte sich immer, besonders bei Bewegung, blutig gefärbter Eiter. Alle diese Unfälle blieben allmälich aus. Im Verlaufe von 5 Wochen war die Wunde cicatrisirt.

248. Opitz (Richter's Biblioth. B. XI. S. 476.) Am 5. Febr. 1791 Abends 5 Uhr fiel ein 17jähr. Bauernmädchen beim Sprunge über einen Graben und stiess sich Scherben einer Flasche oberhalb des Nabels etwa 2''' breit in den Leib. Ein gänseeigrosses Stück des linken Leberlappens aus der Wunde gedrungen, eingeklemmt. Erbrechen. Convulsionen. Fieber. Abbinden desselben. Nach 4 Wochen Lösung der Ligatur. Heilung nach 5 Wochen.

249. Roux (rapport sur la memoire par Lacournère, Andral fils et Gerdy. Séance du 17. Juin. Canstatt's Jahresb.

B. 4. 1845. S. 27.) gelang die Heilung einer penetrirenden Bauchwunde mit ausgedehnter Verletzung der Leber und profuser Blutung. Die Wunde ging von dem hinteren oberen seitlichen Theile des Rückens längs dem unteren Rande der letzten falschen Rippe bis zur seitlichen Fläche des Bauches; die Leber war 4 Querfinger lang eingeschnitten und die Blutung äusserst heftig. Sogleich wurden 4 blutige Hefte angelegt. Grösste Ruhe. Eisumschläge. Der Verletzte war pulslos, erst am Abend kehrte der Puls zurück. Es traten mehrmals Nachblutungen ein. Am 3. Tage als keine Nachblutung mehr aufgetreten war, aber der Puls wieder frequenter, die Zunge trocken wurde, Borborygmen, heftige Schmerzen in der Schulter, Behinderung in der Deglutition und Respiration, starke Auftreibung des Leibes sich einstellten, wurde der Verband entfernt, um einer grossen Menge in der Bauchhöhle angesammelten Blutes Abfluss zu verschaffen. Mit dieser Entleerung Besserung der Zufälle. Man liess nun dieses Aussickern fortdauern, gab ol. Ricini, worauf grosse Erleichterung folgte und weder Blutung noch sonst heftige Zufälle wiederkehrten. Den 11. Tag Entfernung der Nähte; den 30. war die Heilung erreicht.

250. Scrivens erzählte in der Société médic. de Londres 1828 die Geschichte eines Mannes, der sich selbst in die Lebergegend stach. Blutung bis zur Ohnmacht; trotzdem starb der Kranke erst am 11. Tage nachher in Folge eines Uebergenusses von Alkohol.

251. Speyer (Henke's Zeitschr. für Staatsarzneik. 4. Heft S. 342. 1825.) Ein 56 jähr. Mann erhielt eine Stichwunde mit dem Messer in den Unterleib. Rascher Tod. In der rechten Seite der Brust, in der Gegend der 6. und 7. wahren Rippe eine quer laufende Stichwunde $^1/_2$'' lang; an der linken Seite des Unterleibes eine Handbreit unter dem Nabel eine Stichwunde von 1'' Länge; Wunde des Zwerchfells; in der Mitte des grossen Leberlappens fand man eine der Zwerchfellswunde genau entsprechende Wunde, welche $2^1/_2$'' tief in die Lebersubstanz eingedrungen war und die Pfortader mitverletzt hatte. Die Unterleibshöhle mit 2 Mass geronnenen Blutes gefüllt.

252. Steidele (Richter's Archiv. B. V.) Stich in die Leber. Die Wunde drang zwischen den zwei letzten falschen Rippen

3 Querfinger breit vom Rückgrate in den Leib. Gelbsucht. Ausfluss von Galle. Tod am 54. Tage, hektisch. Keine Section.

253. Sussi (Journal de medicine, chirurgie et pharmacie 1777. T. 48. u. Richter's Archiv B. IV. S. 708.) Stich in den grossen Lappen der Leber; glückliche Heilung. Die vornehmsten Zufälle waren heftiger Schmerz in der Gegend des proc. ensiform., der sich bis in die rechte Schulter und Seite des Halses erstreckte, meteorismus und heftiges Fieber.

254. Targioni und Lecchini (1848; bei Zannetti, studii supra le ferite del cuore piu specialmente pella utilita della pratica medico-forense. Sec. ediz. Firenze 1866. u. Fischer l. c. S. 827.) 9''' lange Wunde des linken Ventrikels; Verletzung der Leber, Tod nach einigen Stunden an Blutung. Viel Blut im Bauche und thorax.

255. Theden's Bemerkungen II. Thl. 1782 in Richter's Bibliothek B. VI. S. 288.) Ein melanchol. Mensch schnitt sich mit einem Messer den Bauch auf. Die dünnen Därme fielen heraus; vom Netze war ein Stück abgeschnitten, vom Rande der Leber war gleichfalls ein Stück 1/4'' breit und 3'' lang abgeschnitten. Der Kr. heilte.

256. Tulpius (Obs. med. Lugd. Batav. Ed. V. Lib. II. cap. 18. 1642. u. Fischer l. c.) 2 Wunden: a) in Leber, Magen, Zwerchfell; b) durch mediastinum in den rechten Ventrikel. Tod am 2. Tage.

257. Walter (Brit. med. Journ. 1859 u. Schmidt's Jahrb. B. 105. S. 73. 1860. u. Pirogoff, Kriegschir.; ferner mediz. chir. Monatshefte von Friedrich. 1860. S. 328. u. Demme's militär. chir. Studien. B. II. S. 135.) Ein 47 jähr. Mann erhielt mittelst eines breiten Messers einen Stich in die Magengrube, der ungefähr 4'' tief schräg nach aufwärts in die Bauchhöhle eindrang. Starke Blutung. Collapsus. 1'' lange verticale Wunde nahe an der rechten Seite des proc. ensiform., aus der venöses Blut fliesst. Der eingeführte Finger fand einen tiefen Riss in der concaven Fläche des linken Leberlappens. Compression der aorta durch die Bauchdecken hindurch stillte die Blutung. Kranker blass, kalt; Puls langsam, kaum fühlbar, Athem nicht beschleunigt; heftige Schmerzen in der Wunde, durch Schlucken, Bewegen und tiefes Inspiriren vermehrt; Krampfanfälle im Unterleibe; von der Magengrube nach den Win-

keln der beiden Schulterblätter ausstrahlende Schmerzen, die alle Viertelstunden wiederkehrten. Die Haut um die Wunde geschwollen. Man liess die Wunde offen und legte den Kr. auf die rechte Seite. Eisblase auf's abdomen, stdl. 1 gr. Opium; grösste Ruhe; wenig Getränk. Nachts Schlaf. Am folgenden Tage Puls langsam, sehr klein, Haut kühl, Durst heftig, Würgen, häufige Brechanfälle, welche durch Blutegel um die Wunde und Opium gemässigt wurden. Am Abend des 3. Tages heftige Kolikschmerzen in den Hypochondrien nach der Leistengegend und den Schulterblättern ausstrahlend, verbunden mit Aufstossen und Anschwellen der Magengrube. Auf Abführmittel reichlicher Stuhl. Auftreibung und Schmerzhaftigkeit der Leber mit Verstreichen der Intercostalräume, Flatulenz, trockene, heisse Haut, grosser Durst, trockene Zunge, icterus, bitterer Geschmack; Puls und Athem nicht beschleunigt. Reichliche Blutentziehungen, innerlich Hyoscyam. u. Calomel bis zur Salivation, sowie zeitweilige Laxantien verhinderten einen Fortschritt der Leberentzündung. Die Wunde schloss sich durch prima intentio. In der nächsten Zeit trat noch eine rechtzeitige parotitis und ein linkseitiger bubo auf. Nach 3 Wochen verliess der Kr. das Bett und 14 Tage später das Hospital. Wegen Disposition zu einer Bauchhernie trug er ein Bruchband.

258. Mason Warren (the Boston medical and surgical Journal. Vol. LII. 1855. S. 181.) Murphy, 30 J. alt, ein kräftiger, gesund aussehender Irländer bekam wahrscheinlich in trunkenem Zustande Streit und erhielt 3 Dolchstiche. Der erste Stich schien in die Gallenblase gedrungen, da eine grünliche Flüssigkeit aus der Wunde floss. Die 2. Wunde war 1⅛" lang und 2½" von der linken Hälfte des sternum entfernt. Diese Wunde schmerzte am meisten. Ein 3. Stich befand sich oberhalb des linken ileum, 1" lang und ging fast bis auf den Knochen. Patient erbrach eine grünliche Flüssigkeit; er hatte viele Schmerzen und suchte auf der rechten Seite zu liegen. Respiration beschleunigt; er konnte nicht tief athmen. Einige Rasselgeräusche wurden auf der linken Rückenseite gehört; Schmerz bei Druck fehlte; Haut heiss; Puls 120, klein; Urin normal. Fortwährendes Erbrechen. Puls stieg in den nächsten Tagen bis zu 150 Schlägen, den anderen Tag auf 170 und so starb er am 19. um Mitternacht, in 72 Stunden. Section: Der untere Theil der Brust und der obere des abdomen zwischen den

äusseren Bedeckungen und den Rippenknorpeln zeigt sich ecchymosirt. Eine grün-gelbe Flüssigkeit war in der Gegend ergossen. Der Stich auf der linken Seite erstreckte sich theilweise durch die Knorpel der letzten 3 Rippen und durch den unteren Rand der Leber und war 1" lang. Eine $^3/_4$" lange Wunde befand sich auf der vorderen Wand des Magens. Derselbe war halbvoll von einer grünlichen Flüssigkeit. Das abdomen angefüllt mit Blut; die Eingeweide mit röthlicher Lymphe und kleinen Blutcoagulis bedeckt. Die Gallenblase unversehrt.

259. Weinhold (Hufeland's Journ. der prakt. Arzneikunde. 1813. u. Fischer l. c.) Degenstich in die rechte Seite. Bald eiskalt wie Marmor, wahrscheinlich Verletzung eines grossen Blutgefässes. Tod nach $^1/_4$ Stunde. Der Mann war stehend rechts unter den falschen Rippen getroffen. Wunde drang in den grossen rechten Leberlappen, von da musste der Degen zurückgezogen sein, der Verletzte sich zugleich gewendet haben, denn 5" vom Ende der Wunde begann ein 2. Stich, welcher das centrum des Zwerchfells, pericardium, rechten Ventrikel durchbohrte. Aussen nur ein 1" breiter Stich, welcher dennoch innen einen oberen 11" langen Kanal zum Herzen, einen unteren 6" langen zur Leber bildete. Beim 2. Stich war der Degen über die Leber hinweg in's Herz gegangen.

VII. Stich-Schnittwunden der Gallenblase.

260. Guthrie (l. c.) Sergeant Meuzies war durch einen Degenstich den 30. Okt. 1728 verwundet; dreieckige Wunde, 2" rechts vom Nabel. Grosse Ausdehnung des Unterleibes bis zum Tode am 7. Tage. Stuhl fehlte. Puls voll, kräftig und gleichmässig, aber nicht schnell bis zum letzten Tage, wo er intermittirte. Haut ohne Fieberhitze; Zunge natürlich, wenig trocken, wenig Speichel, zeitweises Würgen und Schluchzer; kein Schmerz. Während 7 Tagen schlief er täglich nicht mehr als $^1/_2$ Stunde nach Anwendung von Opium. Bei der Untersuchung fand sich, dass die Degenspitze leicht das omentum verletzt und den Grund der Gallenblase durchbohrt und eine kleine 3 eckige Wunde gemacht hatte. Die Ge-

därme mit Luft ausgedehnt; in dem abdomen fanden sich 3 Quart stark mit Galle tingirter Flüssigkeit. Keine Entzündung.

261. Emmert (Chirurgie B. III. u. philosoph. Transact. Nr. 414. S. 341.) In einem Falle von Lessueurs erfolgte nach Verletzung der Gallenblase der Tod in 4 Tagen.

262. Sabatier (Lehrb. für prakt. Wundärzte. A. d. Fr. von Borges. Thl. X. Berl. 1797. S. 34. u. Emmert's Chirurg. B. III.; Richter's Biblioth. B. XIV. S. 498; Guthrie l. c. u. Sabatier S. 154. Vol. 2. med. operat. Paris 1822.) Stichwunde mit Verletzung der Gallenblase. Plötzliche Aufschwellung des Unterleibes, schweres Athemholen, Spannung und Schmerzen in der reg. hypoch. dextr., kleiner, frequenter Puls, kalte Extremitäten, entfärbtes Gesicht. Zwei am ersten Tage gemachte Aderlässe brachten kaum Erleichterung. Einer dritten-Aderlässe folgte bedeutende Schwäche und Erbrechen grünlicher Materie. Am 3. Tage Bauch rechts prominent und fluktuirend. Punction und Entleerung einer grünlichschwärzlichen geruchlosen Flüssigkeit. Wenige Stunden nach der Operation Tod. Section: Grosse Menge Galle zwischen Bauchfell und den Gedärmen; die Gallenblase zusammengefallen, fast leer, mit einer $1\frac{1}{2}'''$ langen Wunde am Grunde. Der Stich war zwischen der 3. und 4. falschen Rippe von hinten nach vorne und von oben nach unten eingedrungen.

263. Stuart (Abh. aus den philos. Transakt. Thl. II. 1775 in Richter's Biblioth. B. III. S. 550. u. Emmert's Chirurg. B. III.) Verwundung der Gallenblase. Tod am 7. Tage. Abdomen aufgetrieben; Stuhlverstopfung, Schlaflosigkeit; Wunde sezernirt wenig Eiter, blass, welk. Urin sparsam, safrangelb gefärbt. Puls voll, langsam. Keine Fieberhitze. Die Wunde war auf der rechten Seite des Nabels und hatte den Boden der Gallenblase eröffnet. Därme ausgedehnt; in der Bauchhöhle trübes, Galle gefärbtes serum.

VIII. Stich-Schnittwunde der Leber und Gallenblase.

264. Bodenmüller (Henke's Zeitschr. für die Staatsarzneik. B. 17. S. 211.) J. M., 24 Jahr alt, durch eine Stichwunde früh

1 Uhr verletzt; Tod nach 12 Stunden. Auf der rechten Seite der Brust liegt $1/2''$ von dem rechten Brustbeinrande einwärts gegen das Brustbein eine $12^1/_2'''$ lange, $6'''$ breite, klaffende Stichwunde; das verletzende Instrument war von rechts oben gegen links unten eingedrungen. Das Zwerchfell durchtrennt, die Lunge unverletzt. Die Wunde der Leber war $1/2''$ rechts vom Leberrand und $17'''$ vom vorderen Rande derselben; in der Mitte der Gallenblase linkerseits zeigte sich eine $3'''$ grosse Verletzung. Der Leber- und Gallenblasenwunde entsprechend drang der verletzende Körper in den Magen; die ganze Wunde $6''$ lang. Die Symptome waren: blasses Aussehen, schweres Athmen, Bauch weich, Extremitäten kalt, Puls schnell und schwach, Schmerz wenig; grosse Unruhe; nach 3 Stunden heftige Schmerzen im Unterleib, besonders in der Magen- und Nabelgegend, Beklemmung auf der Brust gesteigert, öfters Husten. Bauch schmerzhaft bei Berührung. Kein Brechreiz, kein singultus; Extremitäten klebrig, kalt, Puls gehoben. Seitenlage unmöglich. Tod bei vollem Bewusstsein.

IX. Stichwunden der Leber.

265. Lambron (Gazette medic. de Paris. B. 10. S. 620. 1842. u. Arch. de méd. 1842. S. 129. u. Frerichs S. 387.) Der Journalist R., 69 Jahre alt, trat am 4. Juni 1841 in die Pitié ein, beklagte sich seit einigen Wochen über Magenschmerzen, Brechneigung und Verstopfung. Den 5. Juni ist der Puls beinahe normal, die Respiration ohne Störung; er hat Brechreiz, und im rechten hypochondrium einen continuirlichen Schmerz mit Exacerbationen, die der Kranke mit heftigen Krämpfen vergleicht. Druck auf diese Gegend ist kaum schmerzlich; Leber und Milz zeigen die normale Grösse. Unregelmässige Frostschauer. Dieselben Symptome dauern die folgenden Tage fort und steigern sich; die Haut zeigt eine gelbliche Färbung die zunimmt. Den 13. simuliren die Fiebererscheinungen ein intermittens, das auf China nicht weicht; es kommt Schluchzer, icterus, Schmerzen im rechten hypochondrium. Eine Verletzung am Körper fehlt. Die Milz ist normal; man diagnostizirt daher eine phlebitis hepatica. Das Fieber remittirt, Lungen-

ödem und Tod am 30. Juni. Section: Leber normal, Farbe gelb, Gallenblase voll Galle. Die ven. port. ist gefüllt von einer weinhefeartigen Flüssigkeit. Man findet eine Fischgräte, die im Kopfe des pancreas sitzt und quer durch die vordere Wand dieser Vene gegangen ist; die Länge ist ungefähr 3 centim. Die ven. mesent. thrombosirt. Die ven. port. ist nicht obliterirt, aber verengt durch Auflagerungen an den mässig verdickten Wandungen. Einzelne Aeste derselben sind angefüllt mit einer weinhefeartigen Flüssigkeit, zum Theil gesund, zum Theil entzündet und verdickt und mit graulichen Auflagerungen versehen. Andere enthalten nur Blutgerinnsel, die sich bis in die kleinsten Verzweigungen fortsetzen. Die Leber zeigt keinen metast. Abscess, aber im Rayon des Pfortadersinus ist sie weich. Nieren, Milz, Gedärme gesund. Die rechte Lunge im Zustande einer hypostat. Pneumonie.

266. Wasdale Warren (Lancet Vol. II. Nr. 15. 1868. und Revue der Wiener mediz. Halle. S. 109. 1868.) S. M., $11^1/_2$ jähr. Mädchen, klagte seit $1^1/_2$ Jahre über Schmerzen in der reg. epigastrica; seit 1 Jahre wurde sie von heftigen epileptiformen Convulsionen heimgesucht; zu zwei verschiedenen Malen soll sie Blut per anum entleert haben. Am 17. Mai Nachts wird die Pat. leblos mit den Zeichen des eintretenden Todes unter Convulsionen. Section: Gehirn und Hände hyperaemisch; alte Adhäsionen in der linken Lunge, an dem pericard. Milz vergrössert, Herz, Lunge gesund. Die Leber erschien natürlich und gesund; beim Aufheben zeigte sie sich adhärent an den Magen und zwar gegen die rechte Seite hin gelagert. Bei genauerer Untersuchung dieser Adhäsion entdeckte man eine $1^1/_2''$ lange Nadel, welche den Magen perforirte und in der Länge von mindestens $^1/_2''$ in die Lebersubstanz eingebettet war.

X. Stichwunde der Gallenblase.

267. Tebbles (London medical Gazette B. I. N. S. 1845. S. 363. u. Boston med. and surg. Journ. u. amer. Journal of med. scienc.) Ein 2jähr. gesunder Knabe wurde plötzlich unterleibskrank und starb am 10 Tage. Section: Magen und dünne Ge-

därme entzündet. Milz, pancreas, Nieren, Blase gesund; Leber zweimal so gross als normal, entzündet. Gallenblase ausgedehnt, mehr als 2mal so gross, mit dunkler Galle gefüllt und eine gewöhnliche Nähnadel enthaltend, die zu ihrem vierten Theile mit der Spitze nach aussen ragte. Die Innenseite der Gallenblase war desorganisirt in Folge der durch die Nadel hervorgerufenen Entzündung. —

Literatur.

Motto: „So seyndt doch die Künst und die Lehr nicht alle verschlossen in Eines Vatterland, sondern sie seyndt ausgetheilt durch die ganze Welt. Sie müssen zusammen geklaubt werden, genommen und gesucht, wo sie Seyndt."

Paracelsus.

Chirurgia Argelate cum Albucasi 1424. — Chirurgia Albucasis 1544. — Amonn, die chir. Pathologie 1839. — Auvert, selecta praxis med. chirurg. 1848. — Chirurg. Joh. Andreae a cruce, 1573. — Americ. med. chirurg. Rev. — Archiv der Heilkunde. — Archiv für die holländ. Beiträge. — Abercrombie, pathol. u. prakt. Untersuchungen über die Krankh. des Magens, Darmkanals, der Leber etc. aus dem Engl. von Gerhard van der Busch. 1843. — The americ. Journal of the medic. sciences. — Mittheilungen aus dem Gebiete der Heilk. von Anke, Blumenthal und Levestamm, Moskau 1845. — Archives générales für die Medizin. — Blätter für gerichtl. Anthropologie.

Billroth u. Pitha's chir. Sammelwerke. – Busch, Chirurgie. — Bluff, Leistungen der Medizin. — Blätter für gerichtl. Anthropologie. — Archive de la medicine belge. — Burggraeve, les appareils ouatés. — La presse medical Belge. — Barbette Paul, oevres chir. 1674. — Botallus (Leon) de curand. vulnerib. sclopet. 1583. — Büttner, Leitfaden, 1869. — Bilguer, chirurg. Wahrnehmungen im preuss. Feldlazareth. 1763. — Beck, Bernh. Die Schussw., gesammelte Erfahrungen von 1848 u. 1849. — Beck, Bernh. Kriegschir. Erfahrungen von 1866. — Aerztl. bayer. Intelligenzblatt. — Bardeleben, Chirurgie. — Blanchard, anatom. pract. rational. 1688. —

Chirurgie von Hyeronimus Braunschweig 1497. — Billroth, histor. Studien über die Beurtheilung und Behandlung der Schusswunden 1859. — Bonnet, traité complet théoretique et pratique des maladies du foie. 1840. — Budd, die Krankheiten der Leber, deutsch von Henoch. 1846. — The Boston medic. and surgical Journal. — Berliner klinische Wochenschr. — Journal medic. de Bruxelles. — British medic. Journal. — Mittheilungen des badischen ärztlichen Vereines.

Cauliace Guido de. Ars chirurg. 1546. — Chelius, Handbuch der Chirurgie. 1839. — Chirac, observat. de chirurg. 1742. — Choulant, Auswahl von Gutachten med. forens. und med. polizeil. Inhaltes 1853. — Allg. mediz. Centralzeitung. — Revue medical par Cayol. — Casper's Wochenschr. für die ges. Heilkunde. — Casper, gerichtl. Medizin. — Canstatt, Jahresber. über die Fortschritte der ges. Medizin. — Vierteljahresschrift für gerichtl. und öffentl. Medizin von Cooper. — Casper, Handbuch der Chirurgie.

Demme, allg. Chirurgie der Kriegswunden 1861. — Chirurgie clinique par Delpech de Montpellier 1828. — Dieffenbach, operative Chirurgie. — Dupuytren's Vorlesungen über die Verletzungen durch Kriegswaffen 1836. — Desault, oevres chirurg. 1801 par Bichat. — Desport, traité de plaies d'armes à feu. 1749. — The Dublin Journal. — The Dublin medical Presse.

Emmert, Lehrb. der Chirurgie. — The Edinburgh Journal. — Erichsen, prakt. Handb. der Chirurg. 1864. — Edinburgh Review. — Ehrhart, mediz. Zeitung.

Hieronimi Fabrizii ab Aquapendente oper. chir. 1666. — Alfons Ferrius, de sclopet. vulnerib. 1553. — Fergusson, Handbuch der prakt. Chirurgie. — Mediz. chir. Monatshefte von Friedrich. — Friedreich, Centralarchiv für die ges. Staats-Arzneikunde. — Frerichs, Leberkrankheiten. — Funke, Lehrbuch der Physiologie.

Guthrie, on wounds and injuries of the abdomen 1847. — Graefe's u. Walther's Journal der Chirurgie. — Greifswalder mediz. Beiträge von Ziemssen. — Graevelle's Notizen. — Magazin der Heilk. von Gerson u. Julius. — Gurlt's Knochenbrüche.

Hermann, Compend. der Kriegschir. 1870. — Heister, chirurg. 1731. — Hennen, Bemerkungen über einige wichtige Gegenstände der Feldarznei 1820. — Henke's Zeitschr. für die Staatsarzneikunde. — Hermann, Centralbl. für die mediz. Wissenschaft. — Holocher, hannoversche Annalen der ges. Heilkunde. — Haeser's Archiv für Medizin. — Harless, rheinische Zeitschr. — Horn, Archiv für die mediz. Erfahrungen. — Hufeland's Journal der prakt. Arzneikunde. — Zeitschrift für rationelle Medizin von Henle u. Pfeufer. — Hyrtl, Anatomie. — Henle, Anatomie.

Mediz. Jahrbücher des österr. Staates. — Josef, Herm., über den Einfluss der chem. u. mechan. Reize auf das Lebergewebe. Diss. inaug. Berlin 1868. — Jenaische Zeitschrift.

Kleinert's allg. Repertorium der deutschen mediz. chir. Journalistik 1827. — Deutsche Klinik. — Klenke's allg. Zeitg. für Militärärzte.

London med. Gaz. — Landmann, Centralarchiv für prakt. Mediz. 1845. — Löffler, Grundsätze und Regeln für die Behandlg. der Schussw. im Kriege 1859. — Lombard, clinique des plaies récentes 1800. — Larrey, mémoires de chirurg. milit. 1812. — The Lancet. — London. medico-chirurg. Transact. — Langenbeck's Archiv. — Gazette medical de Lisboa. — Luschka, Anatomie.

Mangeti, Biblioth. chirurg. 1721. — Maisoneuve, cliniq. chirurg. 1863. — Mehée, traité des plaies d'armes à feu 1800. — The Monthly Journal of medic. Scienc. — Mezler's mediz.-chirurg. Zeitg. — Revue medico-chirurg. par Malgaigne. — Presse medicale par Mayer. — Le Moniteur des hopitaux. — Memorabilien. Heilbronn. — Museum der Heilkunde. Zürich 1794.

Nothnagel, Handb. der Arzneimittellehre. 1870.

Ochwadt, kriegschir. Erfahrungen 1865. — Oesterr. mediz. Wochenschrift. — Oppenheim's Zeitschr. für die gesammte Medizin. — Oesterr. Zeitschr. für prakt. Heilkunde.

Theophrastus Paracelsus, opera 1565. — Les oeuvres d'Ambroise Paré 1664. — Pfaff's Mittheilungen. — Pirogoff, Kriegschirurgie, 1864. — Purmann, fünfzig sonder- und wunderbahre Schusswunden-Curen. 1721. — Vierteljahresschrift für die prakt. Heilk. in Prag. — Gazette medical de Paris. — Mediz. Zeitung vom Vereine für Heilkunde in Preussen.

Ryff, die grosse Chirurgie 1545. — Richter's chirur. Bibliothek. — Ravaton, Abhandlungen von Schuss-, Hieb- und Stichwunden. 1767. — Rheinische Monatsschrift für prakt. Aerzte. — Récueil periodique d'observations de medicine, chirurgie etc. — The british and foreign medico-chirurgical Review. — Magazin für die gesammte

Heilk. von Rust. — Mediz. Zeitung Russlands. — Allgemeine Zeitung für innere Heilkunde, Chirurgie etc. von Rohatsch. — Rindfleisch, Lehrb. der pathol. Anatomie.

Simon, Gustav, über Schusswunden 1851. — Schmidt's Jahrbücher. — Provincial medical and surgical Journal by Streeten. — Schweizer Monatsschr. für prakt. Medizin. — Archives medicales de Strassbourg. — Schweizer Zeitschr. für Medizin, Chirurgie und Geburtshilfe. — Annalen der ges. Staats-Arzneik. von Schneider und Schürmeyer. — Deutsche Zeitschr. der Staats-Arzneik. von Schneider, Schürmeyer und Knolz. — Stricker, Studien aus dem Institute für experiment. Pathologie in Wien 1870. — Stromeyer, Maximen der Kriegsheilkunst.

Med. Times. — Theden, neue Bemerkungen und Erfahrungen zur Bereicherung der Wundarzneikunst. 1795. — Bulletin de la société imper. de med. chir. et pharm. de Toulouse.

J. de Vigo lib. III. de vulnerib. 1518. — Virchow's Archiv. — Archivio italiano del Verga, Castiglioni, Biffi. — Jahresbericht von Virchow u. Hirsch.

L'union medicale. — Zeitschrift für Natur und Heilk. in Ungarn.

Wierrer, neueste Vorträge über Schusswunden 1849. — Wilhelm, klinische Chirurgie. — Würtemberg. Zeitschrift für Wundärzte etc. 1848. — Wiener mediz. Wochenschrift. — Wiener academ. Sitzungsberichte. — Revue der Wiener mediz. Halle. — Würzburger mediz. Zeitschrift. — Wiener mediz. Presse. — Allg. Wiener mediz. Zeitung. — Mediz. Neuigkeiten für prakt. Aerzte von Wintrich.

Kgl. Hofbuchdruckerei von Dr. C. Wolf & Sohn.

	Summa.	Männlich.	Weiblich.	Unbestimmt.	M. W. 1—10
Rupturen.					
a. Leber.	135	120	15	—	18 : 4
b. Gallenblase.	7	7	—	—	1 —
c. Leber u. Gallenblase.	5	5	—	—	— —
Schusswunden.					
a. Leber.	61	52	2	7	— —
b. Gallenblase.	4	4	—	—	— —
c. Leber u. Gallenblase.	1	1	—	—	— —
Stich-Schnittwunden.					
a. Leber.	46	35	1	10	2 : —
b. Gallenblase.	4	1	—	3	— —
c. Leber u. Gallenblase.	1	1	—	—	— —
Stichwunden.					
a. Leber.	1	—	1	—	— —
b. Gallenblase.	1	1	—	—	$2^1/_2$: —
c. Ven. port.	1	1	—	—	— —
	267	228	19	20	

Uebersichts

Alter: M. W. 30—40	M. W. 40—50	M. W. 50—60	M. W. 60—70	M. W. Ueber 70	Unbestimmt.	Civilpraxis.	Kriegspraxis.
4 : 1	4 : 2	4 : 1	1 : —	2 : 1	66	133	2[1)]
— —	— —	— —	— —	1 —	3	7	—
— —	— —	— —	— —	— —	4	5	—
4 : —	— —	— —	— —	— —	40	20	41
— —	— —	— —	— —	— —	4	—	3
— —	— —	— —	— —	— —	1	—	—
1 : —	2 : —	2 : —	1 : —	— —	31	34	12
— —	— —	— —	— —	— —	4	3	1
— —	— —	— —	— —	— —	—	1	—
— —	— —	— —	— —	— —	—	1	—
— —	— —	— —	— —	— —	—	1	—
— —	— —	— —	1 : —	— —	—	1	—
					133	206	59

… - Tabelle.

Geheilt.	Gestorben.	Gleichzeitige Verletzu… Schädel.	Clavicula.	Rippen.	Ob. Extr.	Wirbels.	Becken.	Unt. Extr.	Lunge.	Herz.	Pericard.	Zwerchfell.	Magen.	Darm.	Milz.	Niere.
18	117	12	2	26	9	5	1	5	16	8	1	6 [2]	2	—	15	11
—	—	—	—	—	—	—	—	—	—	—	—	—	—	—	—	—
—	—	—	—	—	—	—	—	—	—	—	—	—	—	—	—	—
40	21	—	—	12	—	3	—	—	8	3	—	6	5	3	4	4
—	—	—	—	—	—	—	—	—	—	—	—	—	—	—	—	—
—	—	—	—	—	—	—	—	—	—	—	—	—	—	—	—	—
20	26	—	—	—	—	—	—	—	3	10	—	10	10	5	1	3
—	—	—	—	—	—	—	—	—	—	—	—	—	—	—	—	—
—	—	—	—	—	—	—	—	—	—	—	—	—	—	—	—	—
—	1	—	—	—	—	—	—	—	—	—	—	—	1	—	—	—
—	1	—	—	—	—	—	—	—	—	—	—	—	—	—	—	—
—	1	—	—	—	—	—	—	—	—	—	—	—	—	—	—	—
78	167	12	2	38	9	8	1	5	27	21	1	22	18	8	20	18

Aorta.	V. cava asc.	Getroff. Lebertheil. R. Lappen.	L. Lappen.	Mitte.	l. Spig.	l. quad.	Unbest.
—	— [3 u. 4]	54	10	21	5	1	58
—	—	—	—	—	—	—	—
—	—	—	—	—	—	—	—
—	—	7	5	2	—	—	52
—	—	—	—	—	—	—	—
—	—	—	—	—	—	—	—
1	1	4	8	4	—	—	31
—	—	—	—	—	—	—	—
—	—	—	—	—	—	—	—
—	—	—	—	—	—	—	—
—	—	—	—	—	—	—	—
—	—	—	—	—	—	—	—
1	1	65	23	27	5	1	141

Anmerkungen.

1) Dupuytren (Vorlesungen über die Verletzungen durch Kriegswaffen 1836) sah im J. 1814 u. 15 häufig Contusionen durch Bomben.

2) Bryant (Guys Hosp. Rep Ser. 3. VII. 1861 u. S. Jahrb. B. 117. J. 1836 S. 189) fand in 9 Fällen von ruptura hepatis das Zwerchfell bei 5 Fällen verletzt.

3) Eine Statistik in Betreff der Häufigkeit der Verletzungen der einzelnen Unterleibsorgane, die ersichtlich machte, in welche Häufigkeits Scala die Leberverletzungen gehören, kann ich wegen Dürftigkeit der Angaben nicht geben. Stromeyer sah unter 1092 Verletzungen 2 Verletzungen des Dünn- und 2 Verletzungen des Dickdarms, 3 gestorben, 1 geheilt; 4 Verletzungen der Leber, 2 gest., 2 geh.; keine Milz-, keine Nieren-, keine Magenverletzung. Baillie hält die Leberzerreissungen, Kilgour die der Milz für häufiger.

4) Auffallend ist, dass in allen Fällen nicht einmal die Blase verletzt war.

Tafel I.

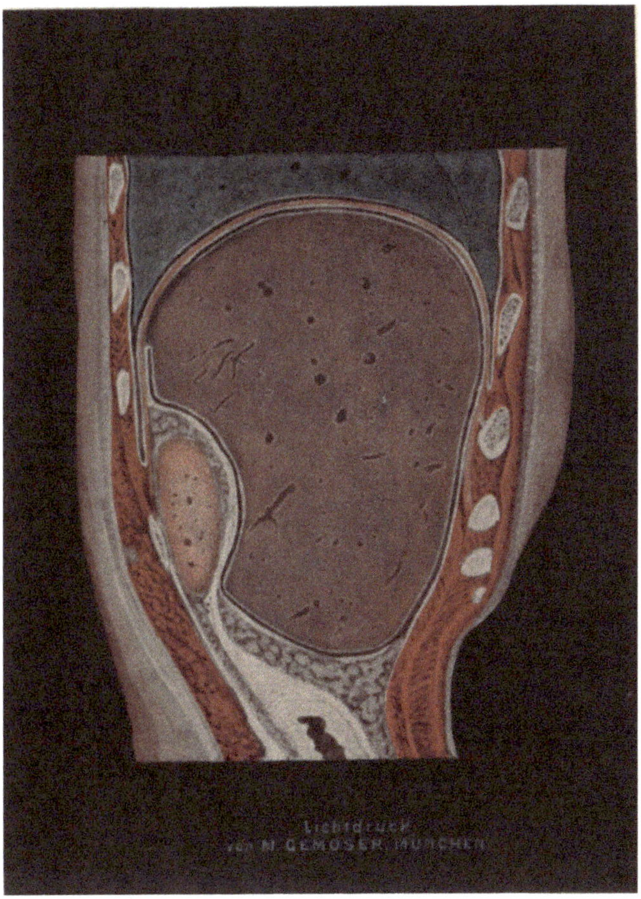

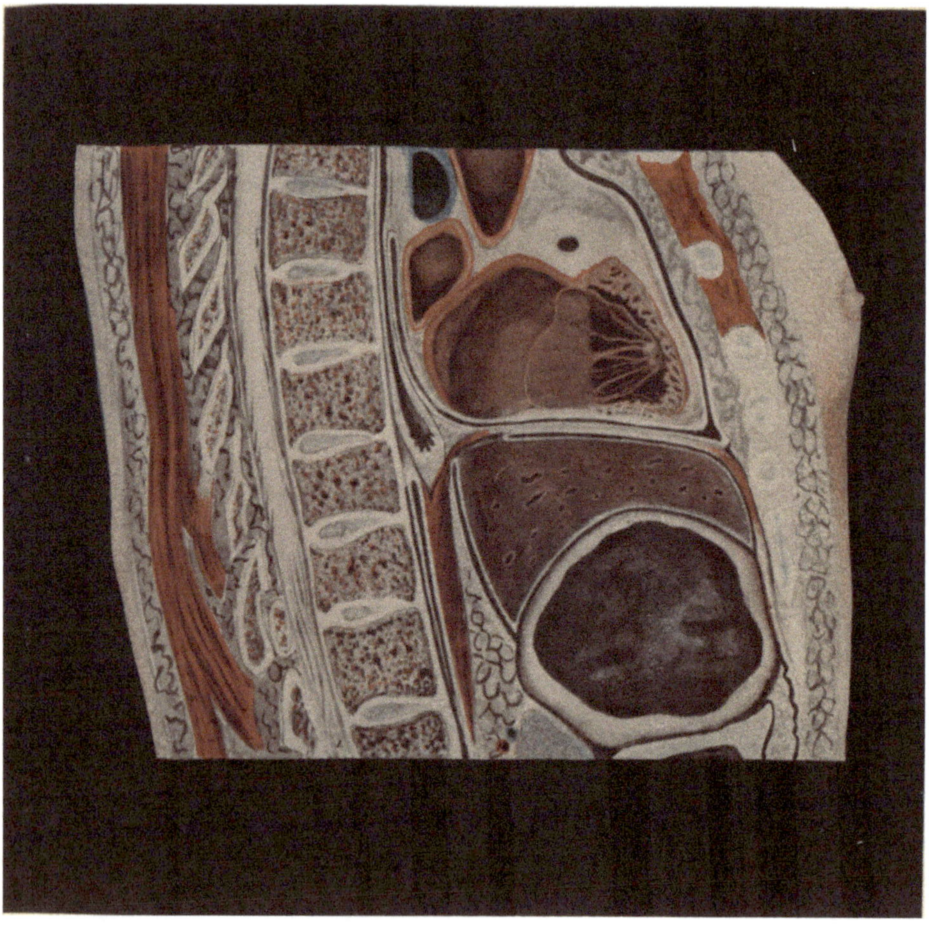

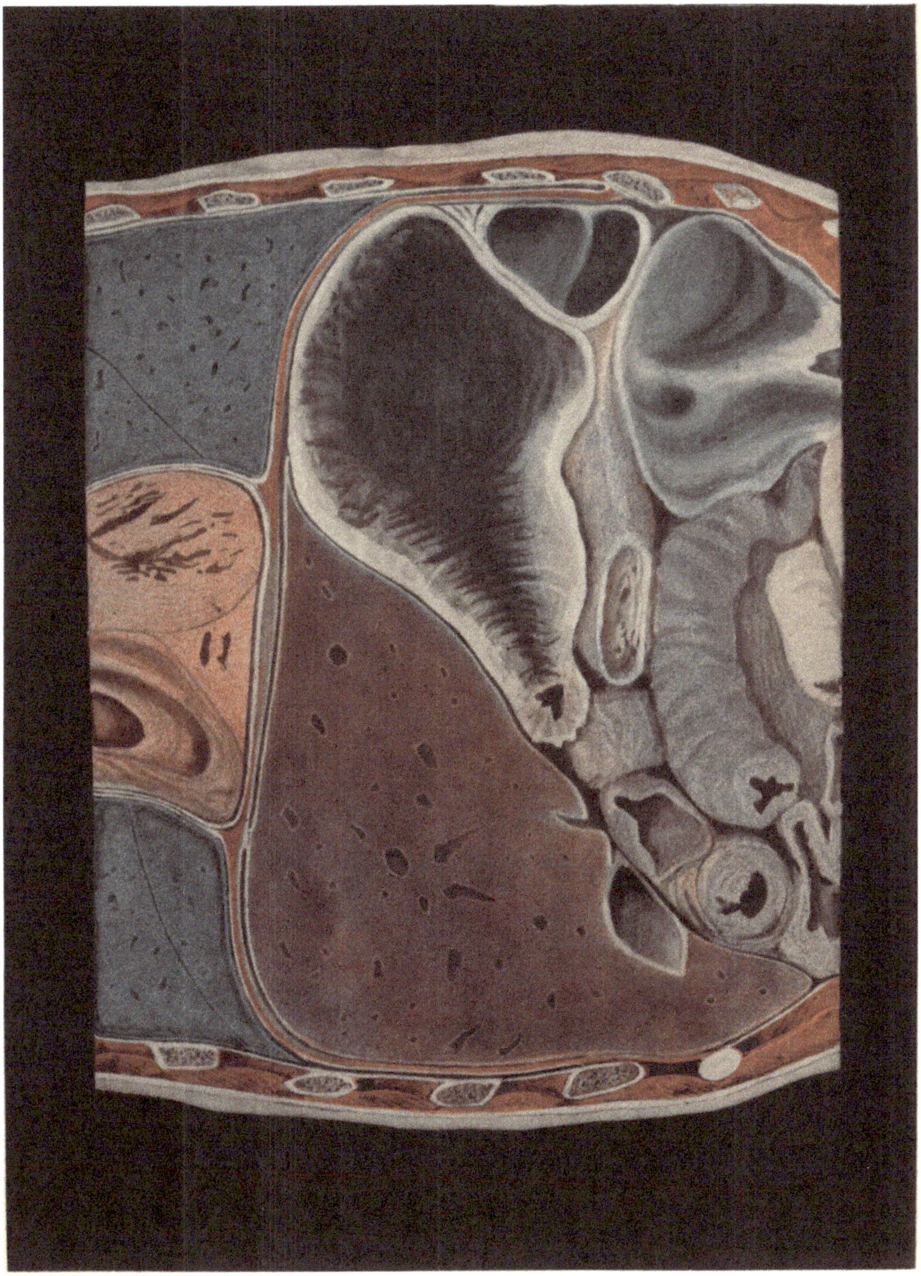

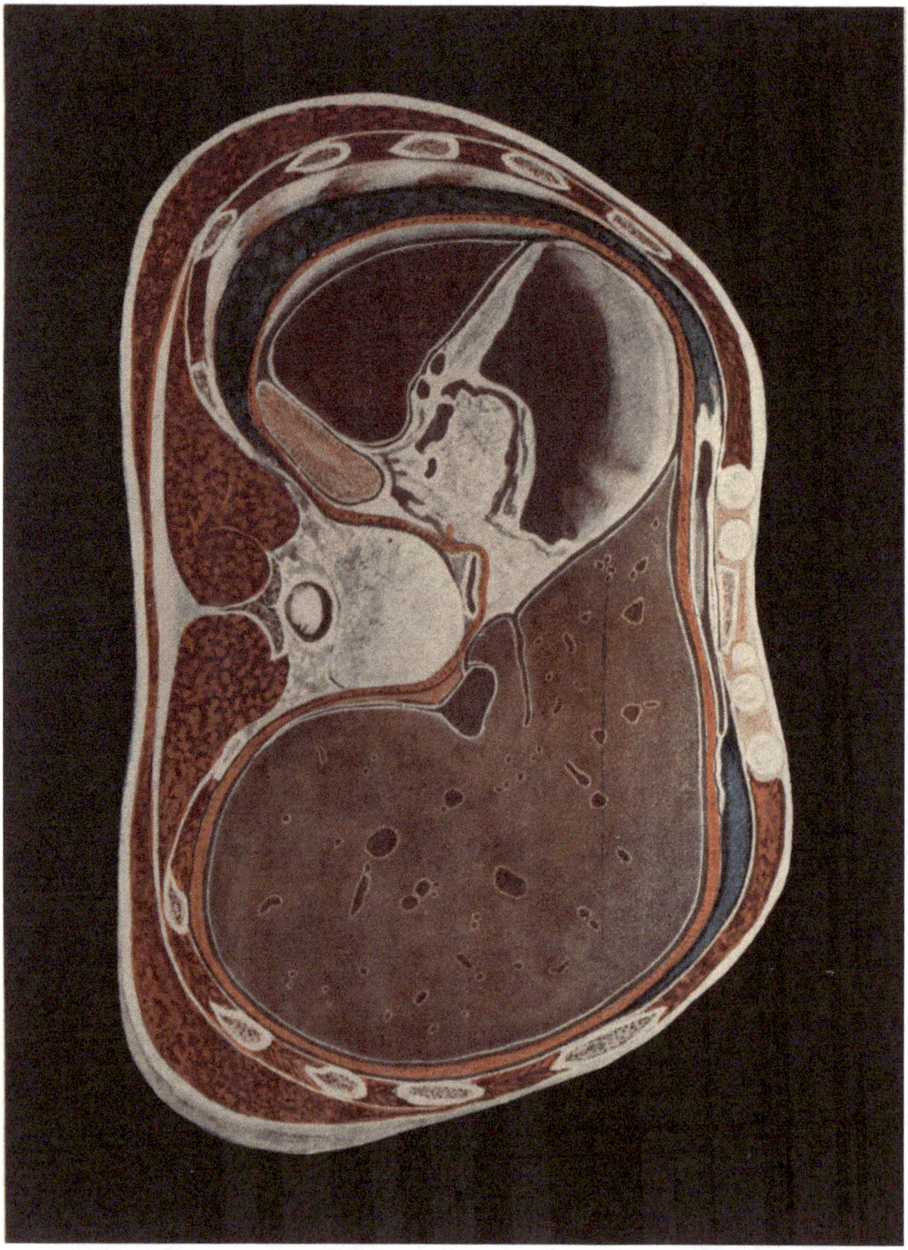

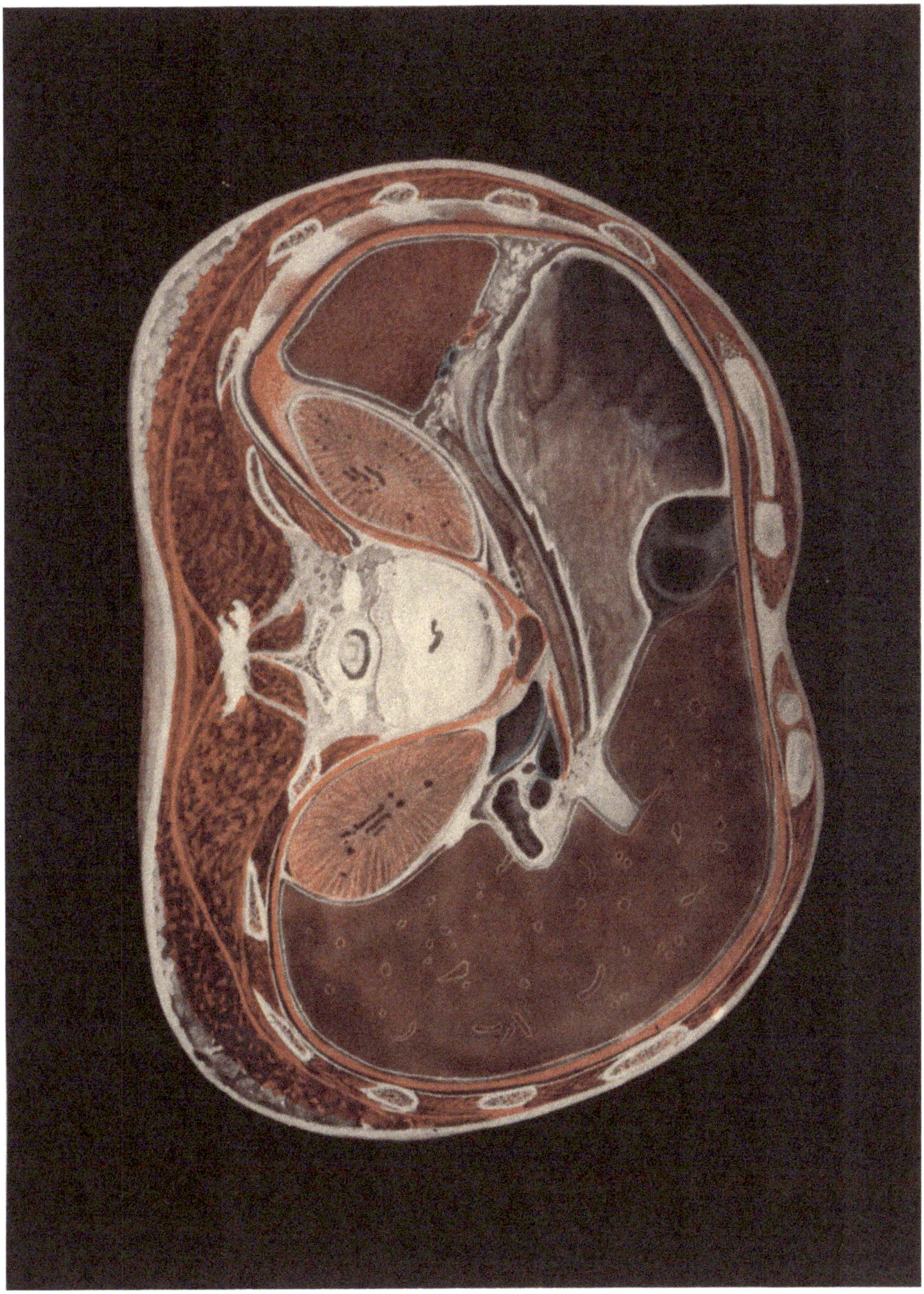

www.ingramcontent.com/pod-product-compliance
Lightning Source LLC
LaVergne TN
LVHW081352011026
849161LV00013BA/2797
* 9 7 8 3 4 8 6 7 2 3 2 7 4 *